广东省救助社会工作服务研究

GUANGDONGSHENG JIUZHU SHEHUI GONGZUO
FUWU YANJIU

李锦顺 等 著

中国社会出版社
国家一级出版社 · 全国百佳图书出版单位

图书在版编目（CIP）数据

广东省救助社会工作服务研究 / 李锦顺等著 . -- 北京 ：中国社会出版社，2024.8
ISBN 978-7-5087-7058-1

Ⅰ. ①广… Ⅱ. ①李… Ⅲ. ①社会救济－社会工作－社会服务－研究－广东 Ⅳ. ①D632.1

中国国家版本馆 CIP 数据核字（2024）第 110808 号

广东省救助社会工作服务研究

出 版 人：程 伟
终 审 人：陆 强
责任编辑：张 迟
装帧设计：尹 帅
出版发行：中国社会出版社
（北京市西城区二龙路甲 33 号 邮编 100032）
印刷装订：北京九州迅驰传媒文化有限公司
版　　次：2024 年 8 月第 1 版
印　　次：2024 年 8 月第 1 次印刷
开　　本：170mm × 240mm 1/16
字　　数：260 千字
印　　张：15.5
定　　价：59.00 元

客服热线：(010) 58124852 投稿热线：(010) 58124812 盗版举报：(010) 58124808
购书热线：(010) 58124841；58124842；58124845；58124848；58124849

本书编委会

主　任：李锦顺　王云松

副主任：叶媛媛　胡妮琴　陈少颜

委　员：黄俊杰　王　傅　刘惠苑　冯丽珊
　　　　刘楠铭　李佳恒

目　录

第一章

引　论

第一节　研究背景、意义和目标

一、研究背景

坚持以人民为中心，是习近平新时代中国特色社会主义思想的重要内容。习近平总书记在中国共产党第二十次全国代表大会上的报告中提出，坚持以人民为中心的发展思想。维护人民根本利益，增进民生福祉，不断实现发展为了人民、发展依靠人民、发展成果由人民共享，让现代化建设成果更多更公平惠及全体人民。

“民生无小事，枝叶总关情。”百姓冷暖、民生福祉是习近平总书记心头最大的牵挂。2018 年 5 月，中央全面深化改革委员会第二次会议召开，会议强调加强和改进生活无着的流浪乞讨人员的救助管理工作，要坚持以人民为中心的发展思想，按照兜底线、织密网、建机制的要求，深化体制机制改革，健全责任体系，明确属地责任，加强监督管理，强化责任追究，切实维护流浪乞讨人员的合法权益。

党的十八大以来，习近平总书记对社会救助作出了一系列重要论述，提出一系列新思想、新论断、新要求，系统回答了我国社会救助事业发展的重大理论和实践问题，为我们做好新时代社会救助工作注入了强大动力、指明了前进方向、提供了根本遵循。

流浪乞讨问题是历史性难题，也是世界性难题。流浪乞讨人员无力解决人生最基本的食宿问题，但他们并不享受城乡最低生活保障，既无亲人投靠，又无朋辈支持。面对这一群体，我国一直实施积极的社会救助。中华人民共和国成立以来，最初实施的救助制度是强制收容遣送制度。在今天看来，这一制度存在“刚性有余、柔性不足”的缺憾。该制度的政策设计初衷无可厚非，在数十年实施中，客观上对社会秩序和流浪乞讨人员的基本权益保障起到了积极作用，居功甚伟。但随着经济和社会发展，人们对美好生活的需要不断增长，对社会治理的要求逐渐提高。相比之下，传统收容遣送体制本身的弊端和实施中的偏差日渐明显，比如，收容遣送对象范围无原则扩大，存在错收和滥收现象，收容者的“施恩者心态”，对非户籍流动人口的歧视、污名化以及简单粗暴的工作方法，都是该制度饱受诟病的原因。

2003 年 6 月 18 日国务院常务会议通过的《城市生活无着的流浪乞讨人员救助管理办法》于当年 8 月 1 日开始施行，新办法废止了 1982 年的《城市流浪乞讨人员收容遣送办法》，终结了传统的强制收容遣送制度，而代之以“自愿求助”“主动救助”“人性化、亲情化救助”。新办法定位于对流浪乞讨人员实施社会救助，不再将治安管理职能嵌入其中。它将强制收容转为自愿救助，积极凸显了民间力量的作用，形成了多元化的救助格局，标志着官民合作观念的增强。

一直以来，流浪乞讨现象、流浪乞讨人员的救助工作是全社会普遍关注的问题，也是政府和民政部门关注的重点。广州作为改革开放的前沿城市，经济发展强劲，民风淳朴好善，吸引了众多外来流浪乞讨人员。如何让流浪乞讨人员同享改革开放的发展成果和得到社会救助的温暖关怀，是广州走在全国前列、创造新辉煌的“基础题”，也是不忘初心、践行以人民为中心的发展思想的“必答题”。

（一）城市流浪乞讨人员多，其生存环境恶劣，影响市容市貌

目前，我国城市流浪乞讨现象还是比较严重的，尤其是大城市的流浪乞讨人员有增无减。2012 年至 2022 年，10 年间，广东省共救助流浪乞讨人员 110 万人次。2018 年以来，扎实开展流浪乞讨滞留受助人员寻亲送返专项行动，帮助 9850 名不明身份的流浪乞讨受助人员成功寻亲，数量和成功率在全国领先，护送 17519 名特殊困难流浪乞讨受助人员返乡团聚，为 3366 名未查明身份的长期滞留人员办理了落户安置，切实维护了受助人员

合法权益。[①] 城市流浪乞讨人员的人数不仅多，还呈现一个增长的趋势。他们来到城市，其落脚点大多在桥底、路边、商业中心、寺庙等地方，其生存环境恶劣，威胁自身安全，同时也带来治安问题，增加了城市管理难度。

（二）国家和各级民政部门对流浪乞讨人员救助十分重视

由于流浪乞讨人员的福利和权利保障也是社会建设的一个重要部分，国家和各级民政部门对改善流浪乞讨人员这一特殊群体的生存和生活状况十分重视，充分认识到促进流浪乞讨人员融入社会，对营造和谐的社会环境具有重大意义。党的十八大以来，加快完善社会保障体系，健全社会救助体系走上快车道。2014 年 7 月，广东省民政厅下发了转发民政部关于印发《生活无着的流浪乞讨人员救助管理机构工作规程》的通知，其中规范了生活无着的流浪乞讨人员救助管理机构的工作规程，包括接待服务、在站服务、离站服务以及机构管理几大方面，有效提高了城市流浪乞讨人员救助管理工作效率。

（三）社会力量参与流浪乞讨人员救助得到了政府的大力支持

2012 年 12 月，民政部印发了《关于促进社会力量参与流浪乞讨人员救助服务的指导意见》，提出要充分认识社会力量参与流浪乞讨人员救助服务的重要意义，明确指出社会力量要开展主动救助服务、提供专业救助服务、做好预防帮扶服务等，加大对社会力量参与救助服务的支持力度。根据文件精神，广州开始通过购买社会服务，让社会组织承接救助服务，促进社会力量参与流浪乞讨人员救助服务的探索。2017 年，广州市民政局出台《“社工+流浪救助”实施方案》，服务项目覆盖全市 11 区和 6 家救助管理机构。2020 年，广州市民政局出台《关于促进社会力量规范参与生活无着的流浪乞讨人员救助服务的实施意见》，促使全市社会力量参与流浪乞讨人员救助服务工作走向制度化、规范化、标准化。从 2013 年开始，发

---

① 广东省民政厅．广东民政这十年丨社会救助［EB/OL］．（2022-10-09）．［2023-7-1］．http：//smzt. gd. gov. cnlgkmlpt/content/4/4022/mpost_ 4022830. html#753.

展到2021年底，广州全市共有19家社会组织参与救助服务，累计共开展28个与流浪乞讨人员救助相关的服务项目。

二、研究意义

目前，国内外学者对城市流浪乞讨人员救助的研究多集中在救助困境、救助维度、救助制度、救助治理和救助安置等方面，探讨了如何通过社会救助实现公平正义，从而进一步完善救助管理制度。从总体来看，对城市流浪乞讨救助的研究不多。本书的研究意义体现在以下方面。

（一）理论意义

1. 有利于深入认识社会救助工作的本质和规律

通过研究民间力量参与多中心社会救助体系建设，社会工作介入滞站人员的救助安置工作和参与流浪乞讨人员救助的路径研究，深入解析社会力量与民间力量参与城市流浪乞讨救助的心理意愿和行为因素，探究其作用机理和路径关系，有助于深入认识城市流浪乞讨救助工作的本质，总结社会救助工作的规律，深化对救助工作一般科学方法的认识。

2. 有助于深入认识我国社会救助体系鲜明的中国特色

广东是我国改革开放的前沿，其社会力量、社会工作参与社会救助也走在全国的前沿。本书结合广东城市社会救助发展历史，在对一些关爱外来人员工作室等机构的流浪乞讨人员救助案例进行分析的基础上，梳理出民间机构和社会工作救助城市流浪乞讨人员面临的困境，探讨民间力量和专业力量介入城市流浪乞讨救助的优势，多种形式参与流浪乞讨救助的不同行为策略，深入认识我国社会救助体系中的中国特色。

3. 有助于拓宽我国社会工作专业的研究领域

党的十八大以来，我国的社会工作作为一种“舶来品”，经过近10年的发展，虽然已经渗透到社会各个领域，但总有“水土不服”的因素，社会工作在实务过程中缺乏相关的理论指导，在社会救助社会工作领域的研究相对不足，结合流浪乞讨人员的研究更是匮乏。开展流浪救助社会工作实务，探索社会救助社会工作的本土方法，把社会工作价值理念进行再建构，运用于实践，并在实务发展中总结提炼，不但可以充实社会工作实务的研究成果，还可以将实务经验提升到理论层次，进一步丰富社会工作理论体系。

（二）现实意义

1. 有利于拓宽社会救助新思路和新视野，完善救助管理政策体系建设

我国传统流浪乞讨人员救助一直是政府发挥绝对性作用，采用收容遣送的强制执行方式，社会力量作用微小。本书借鉴国内外先进经验，对民间力量和专业力量参与城市流浪乞讨救助问题的现状、制约因素、微观机理进行深入研究，有助于提高社会对城市流浪乞讨救助现状及规律的认识，可以为政府部门有针对性地构建政策机制，拓宽救助安置内容，提高社会各界参与城市流浪乞讨救助的积极性和有效性，形成具有本土特色的流浪救助安置系统和救助模式，推进我国社会救助体系建设，为救助管理政策法规的创新和立法提供一定的借鉴作用。

2. 有利于政府职能转变和民间力量发挥作用

本书基于多中心治理理论、增能理论、社会支持理论和社会学习理论等，认为仅依靠政府救助站的力量，难以高效解决当前城市流浪乞讨人员面临的问题。这些问题有政策本身的因素，同时也与社会救助站力量有限有关。因此引入多元社会力量成为城市流浪乞讨人员救助的重要补充力量，有利于政府职能转变和民间力量发挥作用，让政府、社会分别发挥最大的效能，能够为我国城市流浪乞讨救助社会化、多元化供给体系的制度建设提供借鉴参考。

3. 有利于提升居民和社会力量自发参与社会救助的规范水平

随着我国实现全面建设小康社会的目标，公益力量、慈善服务深入人心，乐善好施的人群开始越来越多地加入社会救助领域，但也出现了扎堆救助、无序救助、失范救助、野蛮救助等现象，出现了一批衣来伸手、饭来张口的懒人。他们身体健康，致富有门，但是却把社会救助当成理所当

然的福利，躺在救助服务上睡大觉，嫌弃救助不及时、水平不够，把居民个人给予的金钱拿去买酒，甚至赌博。这些现象削弱了社会大众的同情心及对特殊群体的关注与救助。本书有利于规范救助，提升救助的专业水平。

三、研究目标与本书结构

（一）研究目标

流浪乞讨是一个世界性问题，非一朝一夕形成，也不可能瞬间消除。本书借助国家与社会宏观框架下的一些理论，以G市和Q市流浪乞讨人员社会工作介入和社会力量服务项目的实践为研究基础，开展流浪乞讨救助的救助机制和服务路径探讨。本书采用个案研究的方式，通过文献收集、参与式观察以及访谈的方法获取相关素材，分析当前流浪乞讨救助服务的状况及其存在的问题，重点剖析在政府购买社工服务背景下，社工与民政部门、义工、企业以及其他研究团体的联动救助服务，分析其策略和路径的有效性，在此基础上，总结专业力量和社会力量采取多方联动救助策略的经验，以期对流浪乞讨救助行业提供服务借鉴。

（二）本书结构

第一章引论，主要对研究进行整体布局。

（1）主要介绍本书的研究背景、研究意义，提出要研究的问题，对国外和国内关于社会救助、流浪乞讨和民间力量参与的研究现状进行梳理和评述。

（2）核心概念界定及理论依据，主要对研究中出现的核心概念进行界定，并阐释研究依托的理论。这些理论是本书的研究视角和基础。

第二章民间力量参与城市流浪乞讨救助服务。以S关爱外来人员工作室为例进行分析，阐述了项目的背景、项目的实施过程以及社会力量在城市流浪乞讨救助中取得的成效；分析城市流浪乞讨救助中民间力量介入的困境，发现在救助制度、资金、设施和人才、民间力量参与度以及救助可持续性方面存在的问题；概括当前城市流浪救助面临问题的原因，提出民间力量介入城市流浪乞讨救助的建议。

第三章多方联动参与流浪乞讨人员救助服务。介绍D社会工作机构开展流浪乞讨专项救助服务的背景和基本情况，描述D机构服务群体的特征，阐述承接流浪乞讨救助专项服务的缘由、目标和服务形式等，阐述D机构采取多方联动救助策略的因素和条件；对社工采取“多方联动”救助的具体策略进行了具体的分析，研究“多方联动”救助的具体策略和具体策略的实施内容；对社工采取“多方联动”救助策略的服务成效进行概括，总结完善“多方联动”救助机制的对策建议。

第四章社工参与政府救助管理站滞站人员的救助服务。随着流浪乞讨人员中的滞站人员数量越积越多，加上目前的救助管理制度中没有明确的安置办法，救助站成了“福利院”“孤儿院”“老人院”；通过归纳国外的先进经验，在利用社会工作的价值理念和方法开展个案和小组实务工作的基础上，展现对该特殊群体进行社工实务介入的实况，对介入效果进行评估、反思和总结；提出社会工作介入滞站人员救助工作中的策略和建议。

第五章社会救助“联”和“动”的督导服务。流浪乞讨社会救助联动机制的“联”，流浪乞讨社会救助联动机制的总特征是政府引领、社会参与。政府与社会工作机构之间，社会工作机构与志愿者之间，社会工作机构与职业培训机构、企业之间，社会工作机构与高校之间如何联；流浪乞讨社会救助联动机制如何“动”。

第二节 文献综述

一、国外研究现状

（一）关于社会救助的研究

关于社会救助，不同学者的观点存在差异。虽然多数学者认同社会救助的价值，但也有不少学者论述了其负面影响。如托马斯等认为社会救助福利会降低就业率。[①] 丹尼尔·海鲁对非洲非政府组织向埃塞俄比亚儿童提供的总体社会救助服务的性质进行了民族志评估，分析后认为非政府组织提供的社会援助不足、不可预测、不稳定和质量低劣，未能满足使社会援助成为打破贫穷代际传递有效工具的条件。[②] 勒伦认为，在高收入国家的福利研究中羞耻和污名化处于中心地位，但这些问题只存在于中低收入国家迅速扩大的社会救助实践和研究的边缘。[③] 福尔埃针对德国的决策者越来越注意不接受社会救助人员的现状，通过评估一个带有内生私人转移和工具样本选择的福利参与模型，发现社会救助在减轻贫困及其强度方面比私人转移更有效。[④] 可以看出，社会救助是一把"双刃剑"，既能扶危济困，也能削弱受助者脱贫的斗志，但其价值是不能被抹杀的。

（二）关于流浪乞讨的研究

流浪乞讨现象不是中国特有的，欧美国家自工业革命以来均出现过严重的流浪和无家可归问题。对于流浪乞讨人员，西方学者一般以无家可归者（Homeless Person）描述之。多数学者对无家可归者持关心态度，认为社会对其关注度需提升，以防止产生社会负面影响，也有少数学者认为可以淡化处理。戴维斯和庞德的《都铎时期英格兰的贫困流浪问题》对都铎王朝时期英国的贫困和流浪问题进行了梳理和总结。[⑤] 福克斯以调查的方式对美国多城市无家可归者的家庭年龄等方面的情况进行了分析，发现约七成无家可归者拥有中学以上文化程度，超八成的无家可归儿童的父母年

---

① THOMAS, LEMIEUX, et al. Incentive effects of social assistance: A regression discontinuity approach [J]. Journal of econometrics, 2008, 142 (2): 807-828.

② DANIEL, HAILU. An ethnography of social Assistance to ethiopian children by non-governmental Organizations: types, adequacy and predictability [J]. Social policy & administration, 2015, 51 (5): 817-836.

③ ROELEN K. Receiving social assistance in low-and middle-income countries: negating shame or producing stigma? [J]. Journal of social policy, 2020, 49 (4): 705-723.

④ FOURRIER-NICOLAI, E. How family transfers crowd-out social assistance in germany [J]. AMSE working papers, 2020. 48.

⑤ DAVIES, C S L, POUND, J. Poverty and vagrancy in tudor england [J]. Economic history review, 1972, 25 (2): 3.

龄不超过 40 岁①。卡格同样对无家可归者进行细化分类时，发现单身者居多（约 54%），但也有相当一部分有家庭和孩子（约 38%）；半数以上存在精神疾病和性传播疾病（约 51%），相当一部分参加过战争（约 36%）。②

流浪乞讨有着复杂的社会和经济根源，包括失业、健康、保险等因素，其中许多人有精神疾病或滥用药物等问题。美国加利福尼亚州拥有全美数量最多的亿万富翁和美国最富有的社区，但拥有占全美总量 30%的无家可归者。美国流浪乞讨危机日趋严峻，洛杉矶和纽约是无家可归者最多的城市，加利福尼亚州洛杉矶县甚至曾宣布进入紧急状态，以应对日趋严重的无家可归者危机。2020 年 3 月至 2021 年 7 月，洛杉矶有至少 1493 名无家可归者死亡，平均年龄 47 岁。这些死者中，非洲裔占比达 25%，远超当地人口结构中非洲裔占比。无家可归者死亡地点主要是在高速公路地下通道、公园、人行道、废弃建筑、公交车站等。美国部分地区甚至把“无家可归者”在城市流浪定义为犯罪，把在公共场合定居定为重罪，并清除无家可归者居住的帐篷。③

（三）关于民间力量提供公共服务和社会救助的研究

社会救助（Social Assistance）属于典型的公共服务，即公共产品。传统经济学代表人物萨缪尔森认为，公共产品具有非排他性和非竞争性，无法依靠市场主体提供，只能靠政府来提供，否则可能会引发市场失灵。④然而，政府这只“看得见的手”存在垄断性和信息不对称性等不足，导致资源配置中出现寻租、低效供给等问题，无法实现“帕累托最优”，即政府失灵。⑤ 由于政府和市场均存在失灵情况，有学者提出公共产品多元化

---

① FOX N C. A snapshot of family homelessness across America ［J］. Political science quarterly, 1999, 114（2）: 289-307.

② KARGER H J, STOESZ D. American Social Welfare Policy ［M］. American Social Welfare Policy. Longman, 2009.

③ 李志伟 . 美国无家可归者危机日趋严峻［N］. 人民日报 · 海外版 . 2023-03-02.

④ SAMUELSON P A. The pure theory of public expenditure ［J］. Review of economics & statistics, 1954, 36（1）: 1-29.

⑤ JAN-ERIK, LANE, DOMINIC, et al. Institution building and spillovers ［J］. Swiss political science review, 2004.

供给的观点，尝试政府和市场相结合的手段，要求政府放松管制，发挥市场机制作用，鼓励民间力量参与供给公共产品，推进公共服务的民营化改革。考尔从全球化的角度看公共产品的提供，认为全球公共产品不再能够仅仅通过国内政策行动来充分提供，而是需要国际合作来充分提供，要使全球化惠及所有人，公民社会组织（CSO）能更系统地参与国际谈判与合作。① 施米茨等认为，政府和非政府组织（NGO）可以投资公共产品，在存在谈判摩擦的合理假设下，最优所有权结构取决于技术方面和双方的估值。② 可以发现，西方学者对于民间力量提供公共服务持肯定的态度，甚至认为其不逊于政府力量。

斯特鲁伊克等分析了俄罗斯联邦的社会救助，认为该国为应得到社会服务的人口群体提供社会服务主要是地方政府的责任，市政机构处于垄断地位，但政府也采取竞争的方式将民间力量纳入进来，以便为有需要的个人和家庭提供援助。③ 特凯·德雷利等认为灾难发生之前、期间和之后，人们使用社交媒体，大量输出都是通过社交媒体活动获得的，社交媒体已成为灾害管理不可或缺的一部分，Twitter 也成为协调事件的重要力量。④ 克里斯托斯卡等分析了英国的社会救助方案的假设、组织、形式、优点和局限性，认为英国的救助理念和实务可以对波兰有所启发，特别是在重视志愿组织服务这一方面。⑤ 由此可知，西方学者对于民间力量提供社会救助极为认同，并认为发达国家民间力量发挥的作用较大，值得发展中国家借鉴。

---

① KAUL I. Global public goods：what role for civil society? ［J］. Nonprofit & Voluntary sector quarterly，2001，30（3）：588-602.

② SCHMITZ P，ECONOMICS，J O P，BOADWAY R，et al. Government versus private ownership of public goods：The role of bargaining frictions［J］. CEPR Discussion Papers，2015.

③ STRUYK R J，CORVINGTON P A. Russian social assistance nonprofits as potential contractors to local governments［J］. nonprofit review，2003，2：63-72.

④ TÜRKAY DERELI，ELIGÜZEL N，ETINKAYA C. Content analyses of the international federation of red cross andred crescent societies（ifrc）based on machine learning techniques through twitter［J］. Natural hazards，2021：4-5.

⑤ CHROSTOWSKA B. The potential of mentoring and befriending as a complementary form of support for aprofessional social service. System，2021. Praca Socjalna，35（6）：59-77.

二、国内研究现状

（一）对流浪乞讨现象的研究

早期对于乞讨现象的研究偏向于描述性分析，重视展现乞丐的生活方式和生存状态，对其制度分析则不甚深入，如《乞丐史》（曲彦斌著）、《中国古代乞丐风俗》（王光照著）、《中国的乞丐群落》（刘汉太著）、《乞丐的历史》（周德钧著）、《卧底当代丐帮》（占才强著）等。后期对此类现象的研究逐渐深入。如尹铎等以A市流浪乞讨者为研究对象，发现在地方城市政策对流动性与公共秩序进行限制的双重压力下，在流浪乞讨者的日常生活实践中，不仅有针对管治行动者而刻意为之的特殊营建，亦有基于程式化生活流程对自我身份认同的重塑与真情实感的展演。地方政府基于空间目标的救助与真实存在的日常生活实践之间存在一种张力。① 朴美兰、金宝森认为，对于民族地区流浪乞讨人员，要探索与国情相符的本土化社会救助模式，优化社会救助主体之间的整合与协调机制，实现从生存型救助到发展型救助的转变。② 谢敏认为社会工作介入流浪乞讨人员社会救助存在伦理困境，这种伦理困境既源于社会工作专业的道德特质和价值观冲突，也深受"岗位购买"社会工作服务形式的影响，社会工作者需要根据环境变化调整专业工作框架，遵循"道德优先"和伦理抉择的一般步骤，审慎决定伦理抉择的优先次序。③

汤秀娟认为城市流浪乞讨人员救助管理制度也是社会治安防控的积极手段，流浪乞讨群体常以非法操控乞讨、明讨暗偷、欺诈强讨等恶性手段组织乞讨活动，具有隐藏性高、侵害性大、组织性强、区域性明显、流动性频繁的特点，对社会治安构成严重威胁，为此必须进一步完善救助管理

① 尹铎，蔡慕言，等．广州城市流浪乞讨者的空间管治与日常生活实践［J］．地理科学，2019（3）．

② 朴美兰，金宝森．民族地区流浪乞讨人员社会救助路径创新研究：以延边地区为例［J］．黑龙江民族丛刊，2020（4）．

③ 谢敏．社会工作介入流浪乞讨人员社会救助中的伦理困境［J］．理论月刊，2018（8）．

制度，建设统一的救助管理网络，培育社会救助力量，加强救助机构人才资源建设，以增强社会治安防控的主动性。①

（二）对民间力量参与社会救助特别是城市流浪乞讨救助的研究

国内对民间力量参与社会救助研究不多。陈云梳理了中国古代民间力量参与社会救助的整体情形和社会条件，认为中国古代民间力量参与社会救助具有主体多元、形式多样、内容丰富的特点，民间救助资源更丰富、更人性化、更具有针对性，效果更好，这对于当今中国社会保障事业的完善与发展具有借鉴意义。② 郭文佳分析了宋代民间力量参与社会救助的情况，发现在宋代社会救助过程中，除政府作为主体救助力量，民间力量也发挥了重要作用。宋代民间力量作用于社会救助主要采用劝分、售卖度牒和创办义庄等形式。③ 闫亚平分析了太平洋战争爆发后 G 省民间力量对回国难侨的救济，认为民间力量对难侨的救助既配合了政府的救侨活动，既稳定了社会，又增加了近代中国救济事业的新内容。④ 罗秀兰探析了民间力量参与海上公益性救助的激励机制，认为民间力量参与海上公益救助具有重要的现实意义，国家应当根据海上公益救助的具体情形，对参与救助的民间主体给予不同性质的补偿或奖励，以弥补私法逻辑的局限，为其积极参与海上公益救助解除经济利益损失的后顾之忧。⑤ 总之，国内尚缺乏对民间力量参与社会救助特别是城市流浪乞讨救助的实务性研究，多数停留在理论阐释和文献梳理层面。

（三）文献评述

从上述国外和国内学者关于社会救助、流浪乞讨和民间力量参与的研

---

① 汤秀娟．“收容”到“救助”：社会治安防控模式的转型［J］．贵州大学学报（社会科学版），2014（5）．

② 陈云．中国古代社会救助事业中的民间力量［J］．三峡大学学报：人文社会科学版，2014（6）．

③ 郭文佳．民间力量与宋代社会救助［J］．新乡学院学报：社会科学版，2008（3）．

④ 闫亚平．太平洋战争爆发后广东地区民间力量对回国难侨的救济［J］．广东石油化工学院学报，2018（2）．

⑤ 罗秀兰．民间力量参与海上公益性救助的激励机制探析［J］．广东海洋大学学报，2011（5）．

究成果可以看出，国内外关于社会救助的研究相对比较完善，但对于流浪乞讨现象和民间力量参与流浪乞讨救助的研究则相对不足。具体体现在以下三个方面。

1. 对社会救助研究极为深入

无论是国内还是国外，学者对社会救助制度、内容、体系、政策、问题和对策均进行了深入的研究，越来越重视社会资本、人的综合发展，以消除“救助依赖”，避免贫困的代际传递。这些研究对探讨民间力量参与城市流浪乞讨救助具有重要意义。

2. 对流浪乞讨现象的研究相对浅泛

无论是国内还是国外，学者对于无家可归或者流浪乞讨现象的研究均比较浅表，或者仅仅是描述性研究，或者是叙事性探究，或者是停留在想象和政策法规建议层面，未曾深入无家可归者的内心。因此，需要进一步深入流浪乞讨人员的心灵深处进行探讨。

3. 对民间力量参与社会救助研究较为零散

学者对于民间力量参与社会救助的研究较为零散，多数是对历史上民间力量参与救助的整理和现实借鉴。对于现实中民间力量如何参与城市流浪乞讨救助，目前尚未见到较为深入的研究。为此，有必要对民间力量参与城市流浪乞讨救助进行深入探讨。

第三节 核心概念界定及理论依据

一、核心概念界定

（一）民间力量

民间力量，就是民间各社会阶层的力量，即非政府的力量或社会力量。从“国家-社会”的二元结构来看，民间作为一个“民众的活动空间”，并不简单排斥国家权威。民间与国家的关系是协调性的、合作性的和相互依赖的，而非截然可分的和对抗性的。因此，民间力量既有对官方科层制力量的依附性和从属性，也有一定的自主性甚至反抗性，这些特性是辩证的统一。民间力量不能单单被理解为社会组织的力量。民间力量的主体，既包括社会组织，也包括企业和其他机构，其作用和职能是生产和供给公共产品和公共服务。参与社会领域各种公共事务的，除了党政机关，还有其他的社会服务单位，包括法人（事业单位、企业、群众团体等）、非法人机构以及自然人等。民间力量涵盖了营利性或者非营利性的各种民间力量与慈善力量等。现阶段，参与社会救助主体主要有以下几类。

第一，社会组织。我国当下使用的“社会组织”概念，是狭义的社会组织概念，其实是综合了非营利组织和非政府组织的共同属性，指那些处于国家（政府）和市场（企业）体系之间，不以营利为目的，自愿而独立地从事互助或公益事业的民间组织。[①] 民政部门为了能够更好地进行对社会组织的管理和界定，将其分为三大类，即基金会（包括公募基金会和非公募基金会）、社会团体（包括行业性社团、学术性社团、专业性社团和联合性社团等）、民办非企业单位（包括教育、卫生、科技、文化、劳动、民政、体育、中介服务和法律服务等类型）。

第二，企业。企业是市场主体，一般是指以营利为目的，运用各种生产要素（土地、劳动力、资本、技术和企业家才能等），向市场提供商品或服务，实行自主经营、自负盈亏、独立核算的法人或其他社会经济组织。按投资人的出资方式和责任形式，可以将企业分为个人独资企业、合伙企业和公司制企业。社会救助是一种公共服务，利润微薄甚至毫无利润，与企业本身追逐利润的目的行为有着明显的差异。为此，社会救助通常由政府来负责。但企业若能够将部分盈利回馈社会，就能较好地展现其社会责任感，实现企业美誉度的提升，这对企业可持续发展是极为有意义的。

① 王傅，刘忠．社会组织基本知识［M］．广州：广东人民出版社，2017（3）．

第三，公民个人。指广大不同阶层的人民群众，他们通过个人志愿服务或者捐赠的方式参与社会公益事业和救助事业，其力量不容忽视。相关测算数据显示，2021 年全国社会捐赠总量为 1450 亿元，彩票公益金总量为 1062 亿元，志愿者服务贡献价值折现为 1954 亿元。高净值人群的慈善捐赠大幅增长，2021 年福布斯中国慈善榜上榜的 100 名慈善家的现金捐赠总额为 245. 14 亿元，较 2020 年增长 36. 87%。开展现金捐赠的同时，股权捐赠继续受到国内慈善家的青睐。2021 年“99 公益日”期间，累计超过 6870 万人次捐赠，加上腾讯公益慈善基金会 6 亿元资金支持，总共募得善款 41. 69 亿元。捐赠人次较 2020 年增长 18. 86%，募款金额较 2020 年增长 53. 84%。①

因此，本书将民间力量界定为具备一定专业背景、资源和能力，能够参与并作用于社会发展的非政府的群体力量，主要包括社会组织、企业、其他机构和公民个人。其中社会组织常见有三种类型：一是具有官方背景的但已经与政府脱钩的社会组织，如青少年基金会、社会组织联合会等；二是自下而上自发成立的在民政部门登记的合法社会组织，如民办社会工作机构、行业协会、商会等；三是尚未取得合法地位的草根组织，其中部分是以企业名义注册的社会组织。

（二）社会救济与社会救助

1. 社会救济

社会救助的说法并不是从来就有的，2004 年之前最流行的称谓是社会救济。社会救济也并非当代中国的产物，古代和近代社会也有社会救济活动，当时称之为荒政与救荒。前现代中国社会的救济，多数基于施惠和同情的心理，是一种消极被动的临时性救济。

我国历史上第一部社会救济法律，是 1943 年国民政府颁布的《社会救济法》。中华人民共和国成立后，国家面临的国际国内形势极为严峻，

---

① 《慈善蓝皮书：中国慈善发展报告（2022）》在京发布［EB/OL］.（2022－11－03）［2023－11－01］. https：//baijiahao. baidu. com/s？ id＝1748461647695371975&wfr＝spider&for＝pc.

民众遭受贫困、疾病甚至死亡的威胁。在“应急”话语体系指引下，中央人民政府成立内务部，采取“改造、救济、安置相结合”的政策措施和实物、教育、培训和以工代赈的多种救济方式实施社会救济。此一时期的救济常以文件和行政指令的形式贯彻，带有深刻的应急烙印和临时性特征，客观上对抚平战争的创伤和巩固新政权起到了奠基作用。在后续的社会主义建设时期，“国家-单位制”保障了大多数人的基本生活，对余下的少数人采取的是“生产自救，群众互助并辅之以政府的必要经济”的方式，如果仍然无法解决则由政府托底，以保证其最基本的生活。此时的社会救济，已经初现制度化和长期性的雏形。

改革开放以后，随着城市和农村最低生活保障制度的建立和不断完善，加之学界受到社会工作价值理念的影响已开始广泛使用“救助”一词，社会救助逐渐进入官方话语体系。2004 年，国务院新闻办公室发布《中国的社会保障状况和政策》白皮书，第一次使用“社会救助”，社会救济正式被取代。民政部相关职能部门也由“救灾救济司”拆分为“救灾司”和“最低生活保障司”，各种救助项目如医疗救助、教育救助、住房救助和临时救助等逐步建立。2014 年，第一部关于社会救助的行政法规《社会救助暂行办法》颁布，对各种类型的社会救助进行了规范。社会救助不再是应急性和边缘性制度，而是社会保障的基础与核心。

2. 社会救助

关于社会救助的概念，不同学者的界定有所不同，其中代表性的界定如下：郑功成将社会救助界定为，社会救助是国家和社会针对社会脆弱群体（包括不幸者与贫困人口），为其提供救济、扶助的基本保障制度，社会救助是国家应当承担的责任与义务，是无偿救助，目的是使那些社会脆弱群体的基本生活能够得到保障，使其摆脱生存危机，维护社会稳定。[①] 时正新将社会救助界定为，社会救助是政府针对因各种原因而无法维持最低生活水平的公民，依照法定程序为这些人群提供救济、服务，以保证其

① 郑功成．社会保障学［M］．北京：商务印书馆，2000：13-14.

基本生活水平的行为。[1] 贾楠认为，社会救助也是国家进行收入再分配的一种重要方式，那些因为社会、经济或者自然灾害等而陷入贫困的居民，可向国家申请社会救助，以维持最低生活水平。[2] 许琳将社会救助界定为，国家和社会通过立法，对因各种原因导致生活陷入困境，失去最低生活保障的社会成员给予物质援助，以维持其最低生存需要，维护其基本生存权利的一种社会保障制度。[3] 夏淑梅等认为，社会救助是国家通过国民收入的再分配，对那些因自然、经济、社会、个人生理和心理等原因而生活困难，以致无法维持最低生活水平的社会成员给予物质帮助，以保障其最低生活水平的一种社会保障制度。[4] 张思锋等认为，社会救助是国家和社会依照法定程序和标准，向因各种原因陷入生存危机或不能维持最低生活水平的成员提供最低生活保障，并帮助他们缓解生活困难，维持社会秩序稳定。[5]

为此，本书基于各学者和 2014 年《社会救助暂行办法》这一行政法规的基本观点，将社会救助界定为，对那些通过自身努力无法维持最低生活保障的公民，国家和社会通过立法对其给予物质援助和服务，以维持其最低生活标准，维护其基本生存权利。社会救助的主体，是各级政府和社会力量。社会救助的对象，是所有生活在最低生活水平及以下的个人和家庭，即无收入来源、无家庭依靠、无工作能力的人群，或者经济收入来源未达到最低生活保障的群体。社会救助的条件，是低于贫困线。

3. 城市流浪乞讨人员

乞讨是一种看起来与文明背道而驰却长期存在的历史现象，是一个世界性难题。流浪乞讨人员古称乞丐，其特征是无技、无名、无食、无洁衣、无居所、无积蓄。国家承平时期，乞丐独行者居多；社会动荡时期，

① 时正新．中国社会救助体系研究［M］．北京：中国社会科学出版社，2002：2.

② 贾楠．中国社会救助报告［M］．北京：中国时代经济出版社，2009：4.

③ 许琳．社会保障学［M］．北京：清华大学出版社，2005：203.

④ 夏淑梅，罗遐．社会保障概论［M］．合肥：安徽大学出版社，2005：189.

⑤ 张思锋，温海红，赵文龙．社会保障概论［M］．武汉：武汉大学出版社，2003：102.

乞丐则聚集成为游民，甚至啸聚山林，爆发民变。流浪乞讨可以分为两部分——流浪和乞讨。流浪，从字面上讲，指的是居无定所，到处漂泊。从动因来看，流浪可分为生存型流浪和精神型流浪。前者为了物质生计，如历史上的闯关东、下南洋；后者为了精神追求或者宗教信仰，如流浪的作家三毛和游方僧人。与乞讨有关的多为生存型流浪，如弃儿、弃老、离家出走者等。精神型流浪在物质匮乏时也会乞讨，如行脚僧的化缘。流浪不一定乞讨，但乞讨一定会流浪，流浪是乞讨的前提，二者相互影响，相互促进。

对于乞讨的定义，肖艳辉等认为，乞讨是乞讨者以其贫穷、疾病、灾难等非人道的生存状况换取施舍者的同情，而使其自愿转让一定的财产权利，以帮助乞讨者改善生存状况的一种事实行为。① 周德钧认为，乞讨是乞丐通过种种方式将自身艰困、苦难经历和悲惨际遇展现给世人，博得同情，进而获得施舍的行为过程。其实，并非所有施舍者都因同情而自愿转让财产，有些人是由于其他情感如嫌恶、厌烦或者恐慌等而不得已进行施舍。部分乞讨行为完全缺乏正当性，严重者反道德、反人性、反社会，甚至不惜践踏法律，如采用拐骗幼童进而殴打致残、致畸的方式来乞讨行骗。这些利益驱动下的乞讨行为，以人性扭曲为代价，与社会文明背道而驰。目前街头常见的乞讨人员主要有如下几种类型：一是生活无着者，即生活确有困难的乞讨人员；二是遭受遗弃或离家出走者，如遭家庭遗弃或离家出走的精神病人、老年人、儿童等；三是变相乞讨者，如江湖术士、杂耍、算命、歌手艺人等；四是失范型乞讨者，包括职业乞讨人员、被幕后操纵的老年人、儿童或残疾人，以及以乞讨为外在表象的不法分子等。②

参考以上学者观点和《城市生活无着的流浪乞讨人员救助管理办法》（以下简称《救助管理办法》）的实施细则，将流浪乞讨人员界定为因自身无力解决食宿，无亲友投靠，又不享受城乡最低生活保障，在城市以随

① 肖艳辉，王保庆．“乞讨权”的法理分析：从人权和自由的角度［J］．湖南师范大学社会科学学报，2005（1）．

② 周德钧．乞丐的历史［M］．北京：中国文史出版社，2005：55.

机的方式活动，期望通过特定行为方式得到他人给予食、衣、财、物等方面救济帮助以度日的人员。

4. 滞站人员

当今我国救助管理机构主要应对的流浪乞讨对象有以下几类：第一类，因务工不着、遭到意外、寻亲不遇等短期内无法摆脱困境，不得已流浪乞讨的人员，这类人属于《救助管理办法》规定救助之列；第二类，部分具有正常劳动能力，但钻救助政策的空子，无休止地辗转于全国各地的救助站，利用国家的救助资源逃避生活的压力，维持基本生活的人；第三类，“职业乞讨人员”，这类人有劳动能力，但好逸恶劳，喜欢不劳而获，以乞讨为职业，他们一般有住所，只乞讨不流浪；第四类，无劳动能力者，这一部分人主要包括未成年人、老年人、精神障碍患者、残疾人、病患等，他们流落街头，靠乞讨为生。

本书所指的滞站人员主要就是上述第四类流浪乞讨人员，一般无法查实其身份户籍信息，不能联系到家人朋友，不能被护送返乡，也不能靠自己的能力融入社会、回归家庭。

5. 救助安置

救助安置包括“救助”和“安置”，是为了保障城市流浪乞讨人员基本权益而实行的一种临时性救助行政制度。“救助”指的是社会救助，是国家与社会对贫困人口与不幸者组成的社会脆弱群体提供款物接济和扶助的一种生活保障政策。“安置”是针对特殊人群的一种社会保障制度和手段，本书指的是对流浪乞讨人员的安置，《广东省救助管理站站内服务规范》中对“安置”这一术语的定义为：对于无法查明家庭情况的老年人、残疾人等长期滞留人员，报请有关部门，将其长期安排在有关机构里予以供养的情形。

按照目前的救助政策和安置渠道，对于长期滞留于站的受助人员，由救助管理站承担起照料的责任，民政部、公安部出台的《关于加强生活无着流浪乞讨人员身份查询和照料安置工作的意见》指出，要建立滞留人员多元化照料安置渠道，各地可根据当地救助管理工作实际情况，采取以下一种或多种方式予以妥善照料安置：开展站内照料服务、开展站外托养服务、纳入特困人员供养等。

二、理论依据

（一）多中心治理理论

多中心治理（Polycentric Governance）理论是“多中心”与“治理”的融合，其中“多中心”是该治理理论的特征。多中心并不意味着无中心，也不意味着各个治理单位（“中心”）拥有相同的治理地位，而是意味着各个治理单位之间的关系和良性互动、积极合作和权力让渡。治理理念第一次被完整呈现，是在1995年全球治理委员会发表的《我们的全球伙伴关系》研究报告中。该报告对“治理”进行了这样的表述：“治理是各种公共和私人的机构管理其共同事务的诸多方式的总和。它是使相互冲突的或不同的利益得以调和并采取联合行动的持续过程。”从这个定义中可以看出，治理是“公共和私人的机构管理其共同事务”，是“调和利益”和“联合行动”。因此，这一定义已经初具“多中心”的特点。

系统性提出多中心治理思想的是埃莉诺·奥斯特罗姆和文森特·奥斯特罗姆夫妇。埃莉诺·奥斯特罗姆认为，政府与市场并不只是非此即彼的对立状态，公共产品供给主体并不只能是政府，而是可以多元化供给的；基于多种社会主体所处外部环境的结构性样态和互补性功能，更能实现公共产品有效供给和资源优化配置。[①] 文森特·奥斯特罗姆等认同此看法，认为公共产品的供给，可以超越政府单一供给模式，通过竞争性关系开展多种合作性和契约性事务。[②]

这就意味着多中心有多个决策中心，在形式上相互独立，在竞争关系

① 埃莉诺·奥斯特罗姆．公共事物的治理之道：集体行动制度的演进［M］．余逊达，陈旭东，译．上海译文出版社，2012：45.

② 文森特·奥斯特罗姆，查尔斯·蒂布特，罗伯特·瓦伦．大城市地区的政府组织//迈克尔·麦金尼斯．多中心体制与地方公共经济［M］．毛寿龙，李梅，译．上海：上海三联书店，2000：42.

中考虑对方的存在，通过契约开展合作性事务，利用核心机制解决冲突。多中心治理理论的特点体现在：社会治理的主体不仅是公共部门，还包括私人部门和公民个人，也就是社会力量；治理主体间需要协同合作和良性互动，而不是相互掣肘或各自为政，以保证多中心的效率和质量；多中心的各个治理主体并非完全等同，而是角色互动，政府尽管不是传统时代的资源垄断者，但也并非完全等同于社会力量，否则将陷入“无政府状态”。对于城市流浪乞讨人员救助，多中心治理理论具有重要意义。多中心治理意味着，救助流浪乞讨人员救助不仅是政府的责任，而且是社会的责任，政府和社会力量需要良性合作，发挥各自优势，共同努力去解决问题。

（二）增强权能理论

增强权能理论，也称增权理论，由美国学者芭芭拉·索罗门在《黑人增权：受压迫社区中的社会工作》一书中提出。他在书中描述了黑人群体在美国社会中的无权状态，认为这种状态是由于长期遭受强势群体与宏观制度负面评价导致的。这种无权状态，包括无力感、辨认权力障碍（类似于鲁迅笔下民众的麻木状态）等。[①] 学者对于增权和无权的描述多数带有自己的独特解读。如拉帕波特站在控制的角度进行解读，认为增权是人们、组织和社区对其事务获得控制的过程。[②] 斯威夫特和莱文认为，增权是一种精神状态，是权力再分配，是一个过程及目标。[③] 由此可见，增权在不同学者的眼里有不同的含义，宏观层面的学者容易上升到政治权力的高度，中观层面的学者将其解读为对人际群体的掌控力，微观层面的学者则强调个人内心的增能。

总之，增权理论基于人与环境的互动，其基本假设为个人的无力感（缺乏权能）是由环境的压迫产生的；环境的压迫和长期的负向经验造成

---

① SOLOMON B B. Black Empowerment：Social Work in Oppressed Communities ［M］. New York：Columbia University Press，1976.

② RAPPAPORT J. Terms of empowerment exemplars of prevention：toward a theory for community psychology ［J］. American journal of community psychology，1987：15（2）.

③ SWIFT C，LEVIN G. Empowerment：An emerging mental health technology ［J］. Journal of primary prevention，1987：8.

了被压迫者长期的自我负向评价，进而使其将自己认定为缺乏权能的人。以致即使环境中的压迫去除，或者到了新的环境，被压迫者仍然倾向于对自己给予负向评价。尽管如此，增权理论仍然积极地认为，权能并非稀缺资源，经过朋辈之间或者社会工作者与被压迫者的有效互动，权能是可以不断被发掘出来的。根据增权理论，从客体和主体两个方面分析流浪乞讨人员的无权状况，有利于使其深刻认识个体权利，促进主体意识的提升，进而争取合法权益，参加社会决策，融入主流社会。

(三) 社会支持理论

社会支持理论（Social Support Theory）开始于20世纪60年代后期探索生活压力对身心健康的影响研究，经过多年的发展，社会支持已经成为一个具有交叉学科性质的概念，社会学家、社会精神病学家及流行病学家等不同领域的学者都对社会支持提出了不同的定义。House认为，社会支持通常指处于痛苦煎熬中的个体周围存在有意义的，对其起支持作用的力量，这种支持包括实际的、社会情感和信息的帮助。其中社会情感帮助指他人对其表现出来的肯定、尊重、关心、仰慕等，信息帮助指他人就当前所处的困境来提建议、反馈及提供能使个人生活环境更为舒适的信息等。① 陈成文等认为，社会支持就是对社会弱者利用社会网络中的资源，在物质和精神方面进行无偿帮助的一种社会行为，为其构建个人的社会支持网络，对于增强内心世界、个人的发展和社会资源的流动有着至关重要的作用。②

本书利用社会支持理论对滞站人员的滞站原因进行分析，揭示社会支持体系的缺失现状。滞站人员处于社会的底层，脱离了家庭和社会，缺失亲情的关怀，他们需要得到社会的关注和温暖，满足基本的生活需求。社

① HOUSE J S. Work stress and social support [M]. Reading, MA: Addisoon-Wesley, 1981; TURNER R J, FRANKLE G, LEVIN D. Social support: conceptualization, measurement, and implication for mental health [J]. Research in Community and Mental Health, 1983 (3): 67-111.

② 陈成文，潘泽泉．论社会支持的社会学意义［J］．湖南师范大学社会科学学报，2000（6）．

会支持理论可以帮助滞站流浪乞讨人员链接各方可利用的资源，为其提供物质的支持及精神的慰藉，构建更全面的社会支持网络，提高生活质量。

(四) 社会学习理论

社会学习理论（Social Learning Theory）是试图用心理学中的行为主义原理系统地解释人们的社会行为的一种社会心理学说，是一种在“刺激-反应”学习原理及认知学习论基础上发展起来的理论。该理论的主要假定是：先前的学习决定着现在的行为。俄国的巴甫洛夫和美国的J. B. 沃森是这一观点的早期主要代表，美国的C. L. 赫尔和B. F. 斯金纳则是后期的代表。到了20世纪60年代，F. 奥尔波特、Q. 米勒和J. 多拉德把学习原则运用到对社会行为的研究上，并经班杜拉发展为一种理论方法。

该理论着重阐述人是怎样在社会环境中学习的。人的行为，特别是复杂行为主要是后天习得的，行为的习得有两种不同的过程，一种是通过“反应的结果”进行的直接经验学习，另一种是通过“示范”进行的间接经验学习。个体的认知意识、行为表现与所处的环境之间是相互影响的，要重视社会因素这一重要变量对于人类行为的影响，该理论主张在社会环境中研究人的行为，以及矫正行为问题。

该理论强调在人的行为获得中重视观察学习及榜样的作用，人的行为受自我引发的行为结果影响，主张奖励较高的自信心，组员会因为得到他人的表扬而获得心理上的满足感，在流浪乞讨小组中运用这些思想是十分可取的。比如，对于认知行为能力低下的滞站人员表现出的缺失一般常识性的意识和行为，可以通过开展成长互助小组，让小组成员在互动中相互学习。组员参与小组的过程其实也是一个相互观察学习的过程，小组成员间的互动是一个重要的学习环境。社工可以起到榜样示范的作用，在言语、动作、行为上起示范带动效应。为了增强学习的效果，在小组成员的招募过程中应充分考虑，严格筛选，尽量使小组成员各取所长，营造良好的学习氛围。

参考文献：

1. 王治坤．中国社会救助发展报告［M］．北京：中国社会出版社，2015.

2. 陈云．中国古代社会救助事业中的民间力量［J］．三峡大学学报（人文社会科学版），2014（6）．

3. 邓大松，杨晶．中国社会救助制度的帮扶效果及其影响因素分析［J］．经济与管理评论，2019（2）．

4. 关信平．论我国社会救助制度的结构调整与制度优化［J］．山西大学学报（哲学社会科学版），2020（5）．

5. 民政部低收入家庭认定指导中心．世界银行 TCC6 子项目“社会救助瞄准与居民家庭经济状况核对体系研究”成果汇编［M］．北京：中国社会出版社，2018.

6. 张浩淼．织密兜底社会安全网：社会救助高质量发展研究［M］．北京：中国社会科学出版社，2023.

7. 吴鹏森，戴卫东．社会救助新编［M］．上海：复旦大学出版社，2015.

8. 曹清华．农村老年社会救助机制优化研究［M］．北京：经济管理出版社．

9. 曹述蓉，侯国凤．社会福利视野下的发展型社会救助制度研究［M］．长沙：湖南大学出版社，2022.

10. 刘晓兵．刑事被害人社会救助研究［M］．北京：中国政法大学出版社，2021.

11. 胡芳肖．社会救助概论［M］．西安：西安交通大学出版社，2022.

12. 王海燕．日本社会救助［M］．北京：中国劳动社会保障出版社，2022.

13. 龙时．中国社会救助制度［M］．北京：社会科学文献出版社，2022.

14. 刘晓雪．我国城市老年照护社会救助研究［M］．上海：复旦大学出版社，2022.

15. 宁雯雯．非典型福利依赖：城市贫困者的就业选择与行动逻辑［M］．北京：社会科学文献出版社，2022.

16. 黄静．社会救助实务［M］．成都：西南交通大学出版社，2022.

17. 李鹏．兜底保障目标下中国社会救助瞄准机制研究［M］．北京：经济科学出版社，2022.

18. 安・帕切特．流浪的家［M］．熊亭玉，译．北京：中信出版社，2022.

19. 丹尼尔・希伊，管建华．墨西哥流浪者乐队音乐在美国［M］．花白，译．南京：江苏凤凰教育出版社，2016.

20. 何芳．“流浪儿”在美国：社会救助的制度、实践与培养［M］．上海：上海人民出版社，2013.

21. 杰西卡·布鲁德．无依之地：美国房车流浪者“田野调查”实录［M］．陈雅婷，译，南京：江苏凤凰文艺出版社，2019.

22. 夏小舟．我在美国的流浪生涯［M］．广州：花城出版社，2004.

23. 刘苏荣．战后英国社会救助制度研究［M］．昆明：云南大学出版社，2015.

24. 赵国玲，徐然，等．社会救助视野下的犯罪被害人救助实证研究［M］．北京：北京大学出版社，2016.

25. 刘娟，何少文．社会救助政策与实务［M］．广州：广东经济出版社，2016.

26. 刘娟．社会保障政策与实务［M］．北京：中国农业出版社，2018.

第二章

民间力量参与城市流浪乞讨救助服务

第一节　民间力量参与城市流浪乞讨救助服务的基本情况

本章选取A市S关爱外来人员工作室为研究对象。S关爱外来人员工作室成立于2016年2月，机构宗旨是遵守国家法律、法规和相关政策，遵守社会道德风尚，遵循社会工作专业理念和价值伦理；推动A市T区对流浪、流动人员的访苦送暖、亲情关爱、爱心帮扶、便民利民、邻里互助等工作，为其找回尊严、找回爱、找回家，进而营造互助共融的和谐社会氛围；凝聚“T区好人”力量，弘扬“T区好人”服务精神，打造T区流浪、流动人员定点特色服务平台。业务范围为：承接政府购买社会服务项目和外来流浪人员、老人、家庭、青少年服务。机构拥有一支专业的社工团队和数支活跃在A市各大社区的义工团队，中心志愿者服务总队在I志愿平台实名注册志愿者4038人，持证志愿者3715人，注册志愿者持证比例92.0%，参加过活动的志愿者1839人，志愿服务组织及团体9个，2017年1月至2020年6月期间，累计发布志愿活动1820场，累计开展志愿活动1670场，累计志愿服务时长381631小时，人均志愿服务时长155小时。机构理事长S先生被评为“G省道德模范”“G省好人”“中国好人”“第二届感动G省十大新闻人物”“G省最美街坊”“A市好人”“2017年度首届羊城慈善最具影响力人物”“G省五星级志愿者”“G省优秀志愿者”“A市最美志愿者”“中国慈善联合会第二届常务理事”，众多新闻媒体如中国网、《羊城晚报》、《南方日报》、《A市日报》、《南方都市报》、《新快报》、《信息时报》、G省电视台、A市电视台等以及相关政府部门和单位给予了报道。

本章之所以选取A市S关爱外来人员工作室作为研究对象，主要是基于以下几方面原因。

第一，A 市是中国改革开放的前沿阵地，社会流浪乞讨现象一直较严重，其是中国发展社会流浪乞讨救助服务较早、推广较快的城市之一。

第二，A 市 S 关爱外来人员工作室的民间救助服务具有一定的特色和影响力。A 市 S 关爱外来人员工作室历年公益创投项目得到前 G 省委宣传部副部长、省文明办和 A 市社会组织管理局领导的极力肯定，得到 A 市精神文明建设委员会、T 区精神文明建设委员会、共青团 T 区委员会等单位的鼎力支持。

第三，S 关爱外来人员工作室的民间救助服务还存在一定的问题和困难，具有研究的价值。比如，S 关爱外来人员工作室社工对专业流浪乞讨人员的救助技巧有限，使流浪救助停留在服务对象主动求助层面，有潜在需求的流浪乞讨人员得不到及时的救助，此外，志愿者投入力度不足，在社区探视活动和志愿者参与流浪救助活动中存在一定的问题，这些都有进一步研究和提升的空间。

一、民间力量参与城市流浪乞讨救助服务的背景

（一）政府职能转变，尝试引入民间力量参与

政府引入民间力量参与城市流浪乞讨救助的迫切原因，首先是在社会救助发展的初级阶段，政府救助站曾作为最根本的流浪乞讨救助唯一途径，但由于资金、政策等原因，这一模式走到今天并未很好地推动流浪乞讨救助工作。其次是为了更好弥补政府救助站的服务能力的不足，以大力推动社会救助中社会人才的职业化与专业化，更好地促进社会救助工作的开展。从某些层面来看，流浪乞讨人员的社会救助工作，实际上就是一种专业、科学地提供助人服务的工作，它能够较好地实现对各种社会问题的有效解决。作为具备相关专业方法、知识的民间力量，他们普遍具备了相应的社会工作职业水平证书，这与我们认识的传统民政工作有着明显的差异，民间力量具有更强的优势性，能够更好地有针对性地解决流浪乞讨人员问题，达到专业救助流浪乞讨群体的目的。

因此，政府通过引入民间力量参与流浪乞讨救助，不仅是社会的迫切

要求，也能汇聚各方力量，积极探索出符合中国国情的流浪乞讨救助完善的系统。随着社会的快速发展，在针对流浪乞讨群体的社会救助中，引入民间力量，将环卫工人、出租车司机、专业社工以及青年志愿者等带动起来，使他们共同参与对流浪乞讨人员的救助，即可构建起一个全新的社会救助联动体系，更好地激发民间力量，让流浪乞讨人员得到更好的救助。S关爱外来人员工作室在成立之初曾采取上街派发粮食、衣物等临时救助模式，后根据城市流浪救助的迫切需求由单一救助转为多种形式的救助模式，除采取有效的分类管理模式，还加强了对思路的研究和转变，引入更多社会工作专业志愿者，让他们能够以专业知识给予流浪乞讨人员生活、心理方面的救助，融入社会的能力、就业培训等，促使流浪乞讨人员的潜能得到更好的激发，从而走向自立。特别是在社会救助过程中，经常性地会遇到具有自残、自杀倾向或者因其他原因而导致情绪严重不稳的流浪乞讨人员，以及各种由于家庭关系失调而陷入生活困境的未成年人、妇女等，这些工作都需要专业社工的加入。

（二）民间力量成长：参与救助能力逐渐增强

政府开设的救助站，通常储备了较为充足的物资，有较为完善的设施设备以及相关资源支持，长期以来都是流浪乞讨人员救助的主要力量，尤其是在流浪乞讨人员临时安置、返乡安排等方面，更是发挥着非常重要的作用。与之相比，民间力量的工作机制、行动模式具有更高的灵活性、主动性，且擅长同流浪者的悉心交流和心理疏导等工作，同时在梳理网络信息和社会资源等方面具有更成熟的经验。在城市流浪乞讨人员的救助中，将民间力量带入其中，能够为他们提供一个更好的发展空间，使他们的独特专长和资源得以施展，与政府救助站进行有效的分工和协调，产生推动流浪者脱离困境的合力。为此，民间救助力量必须主动与政府的救助站对接，在政府救助站并未涉及和无法抵达的环节，展现自身的价值和作用，使救助体系不断完善，提升社会救助效率，以达到社会救助的真正目的。

在参与流浪乞讨人员的救助过程中，民间力量一方面强调救助的系统性，另一方面强调细节。被甩出正常生活轨道的流浪乞讨人员，他们多陷入绝望和孤独中。造成他们流浪乞讨的原因各有不同，部分是精神异常，部分是身患疾病，部分是身无分文、工作无着落进入绝境等。民间救助力量必须对每个流浪者进行细腻的分析，除为其提供相应的食物、住宿，还必须与其家人联系，为其进行心理疏导等，在获得其允许的情况下，还要对其进行长时间的跟踪干预，协助当地政府和其家人进行妥善的安置。通过这些措施，不仅能够保证流浪乞讨人员获得充分的照护，也能够促使民间力量更好地成长和壮大。

（三）政策环境优化，鼓励民间力量参与社会救助

民间力量的参与能弥补不足和更好地为城市流浪乞讨救助服务提供专业的帮助，确保流浪乞讨人员得到更好的救助服务。因此，民间力量的介入为解决城市流浪乞讨救助问题提供了契机，也是城市流浪乞讨救助迫切需要的。在《社会救助暂行办法》中针对流浪乞讨群体救助中社会民间力量的参与作出了明确的规定，具体包括：一是引导、鼓励广大民间力量积极参与社会救助，真正执行对民间力量参与救助的优惠政策，即针对民间力量减免相应费用，使其享受税收的优惠、享受财政补贴等；二是借助采购、承包或者委托等多种方式，实现对民间力量救助服务的购买，通过第三方的服务来弥补政府救助缺陷，引导民间力量参与流浪乞讨人员救助服务工作；三是发挥社会工作服务机构以及社会工作者的作用，为受助者提供相应的专业服务；四是完善民间力量与政府之间的协调配合机制，双方能够更好地实现对信息的快速共享，使其效用得到更好的发挥；五是培养救助参与主体服务的质量与能力。

（四）救助框架——多中心合作架构上的综合救助

在宏观上，目前A市的主要救助方式是政府作为推动者和监督者，官方救助力量作为救助主导者和支撑者，民间救助力量作为救助辅助者和增能者的多中心合作救助机制，具体如下。

1. 政府——流浪乞讨人员救助工作的推动者和监督者

A市政府负责救助的部门主要是民政部门，如果涉及危重病人、精神

病人和传染病人等流浪乞讨人员，卫生健康行政部门也会介入。民政部门在流浪乞讨人员救助工作中，主要起领导作用，统筹 A 市全市的流浪乞讨人员救助工作，管理官方救助力量和民间救助力量，推动救助工作的进行，并监督救助工作的合法性和有效性。

2. 官方救助力量——流浪乞讨人员救助工作的主导者和支撑者

A 市政府救助力量为市、区两级救助管理机构。市级救助管理机构有市救助管理站、市救助管理站市区分站和市民政局精神病院流浪精神病人救助区三大机构，其共同承担市中心各区的救助管理任务，并参与综治维稳和城市管理。区级救助管理机构则脱胎于原来 A 市代管的县级市救助管理站。这些救助管理站负责 A 市流浪乞讨人员的救助管理工作，救助是直接提供服务，管理则是对流浪乞讨人员实施管理，而非对 A 市的救助机构进行管理，因此，官方救助力量除举办者利用国有资产，其性质与民间救助力量无异。官方救助力量的救助管理工作包括：对符合救助条件者实施救助管理，对无力回家者跨省护送，对街头乞讨者指引、劝导和护送，对病卧街头者甄别接回等。官方救助力量资金雄厚，人力资源丰富，因此是 A 市流浪乞讨人员救助工作的主导者和支撑者。

3. 民间救助力量——流浪乞讨人员救助工作的辅助者和增能者

无论从救助规范化、人性化还是专业化等角度看，A 市官方救助站一直在努力。但由于科层制的管理方式和行政化的价值理念，其流浪乞讨救助工作多年来仍然处于解决求助人员临时生活需求的姑息性状态，未能从心理和社会适应上增强流浪乞讨人员的权能。因此，流浪乞讨人员数量未能明显减少，官方救助管理站只能反复救助，陷入“对流浪乞讨人员实施救助—流浪乞讨人员返回原有生活状态—流浪乞讨人员减少—流浪乞讨人员原有生活状态困窘—重新流浪乞讨—流浪乞讨人员数量反弹”的恶性循环。

为此，引入民间力量能够为官方救助实施有效补充。民间力量灵活机动且容易深入流浪乞讨人员内心、生活，能够解决官方救助管理内容以及救助方式过于单调的问题；民间力量人力资源管理不受制于人员编制和行政体制，可以主要据专业化水平来选择服务人才；民间力量缺乏行政强制力，但这正好避免了官方力量强制执行的弊端，以免违背《救助管理办法》的立法初衷。A 市 S 关爱外来人员工作室救助服务即是民间力量参与救助的典范。

（1）S 关爱外来人员工作室救助服务流程

S 关爱外来人员工作室是一个社会工作机构，其宗旨是遵守国家法律、法规和相关政策，遵守社会道德风尚，遵循社会工作专业理念和价值伦理；推动 A 市 T 区对流浪、流动人员的访苦送暖、亲情关爱、爱心帮扶、便民利民、邻里互助等工作，为其找回尊严、找回爱、找回家，进而营造互助共融的和谐社会氛围；凝聚“T 区好人”力量，弘扬“T 区好人”服务精神，打造 T 区流浪、流动人员定点特色服务平台。

S 关爱外来人员工作室对城市流浪乞讨人员开展救援服务通常遵循以下步骤。

首先，经常到流浪乞讨人员聚集地进行临时救助活动。其次，需要花很长的时间取得流浪乞讨人员信任，获取信息确认其身份。另外，还要与其亲属联系做好其亲属思想工作，达到使流浪乞讨人员重返家庭的目的。如流浪乞讨人员属于失去家庭监护或者无亲属的特殊群体，工作人员还要以专业知识给予流浪乞讨人员生活、心理救助，对其进行融入社会、就业等的培训。一切都是为了保证救助服务和物资能够真正帮助需要帮助的人。

（2）S 关爱外来人员工作室流浪乞讨人员救助情况

S 关爱外来人员工作室于 2016 年 2 月至 2019 年 4 月总共对 1020 位流浪乞讨人员提供了救助服务，2016—2018 年救助数量逐年上升，从 2020 年开始下降，2022 年又开始上升，但是随着流浪人数减少，救助对象也在减少。总体上看，2016—2020 年每年平均 150~200 人。

2016 年 2 月—2017 年 2 月：100 人。

2017 年 3 月—2018 年 3 月：330 人。

2018 年 4 月—2019 年 4 月：590 人。

2021 年 1—12 月：108 人。

2022 年 1—12 月：269 人。

在 2021 年 1 月—2022 年 12 月救助的流浪乞讨人员中，包括 8 名未成年儿童。总体中女性 45 人次，男性 334 人次；老年人（60 岁以上）74 人次；残疾人 24 人次（街头救助、站内救助）；救助危重病人 23 人次；精神病人 27 人次；护送返乡 2 人次；跨省区接送 1 人次。

S 关爱外来人员工作室根据《城市生活无着的流浪乞讨人员救助管理办法》中明确的相关要求进行日常工作，按照统一的标准为流浪乞讨人员提供相应的救助服务；结合统计结果来看，可以发现男性、老年人、跨省护送是 S 关爱外来人员工作室最主要的救助对象。其中大部分流浪乞讨人员因为与家人产生矛盾外出，远离家乡后不再返家。也有一部分人是因为家庭贫穷外出打工后无法获得经济来源以致无法返家。有的甚至已经与家人失去联系多年，部分流浪乞讨人员甚至已经被家人从户籍上删除，这也为 S 机构人员帮助他们寻亲返乡增加了难度。根据以上数据我们可以分析出，面对日益增加的求助人员以及所救助的大部分人群，S 关爱外来人员工作室近两年不断加强工作人员社会工作实务能力，并根据服务对象不同的年龄、性别、家庭背景、环境来提供相应的社会帮助，对不同的群体都有具体的服务流程和服务方法。并逐步将社会工作引入机构，使不同群体能够获得更为人性化、专业化、精细化的帮助。

S 关爱外来人员工作室在帮助流浪乞讨人员返乡时，积极与 A 市民政局救助站以及求助者家乡救助机构取得联系，帮助返乡人员购票。这一做法不仅能够实际地帮助寻亲返乡的求助者，也能够打击骗票和倒卖等行为。中国铁路联合民政部门加强对流浪乞讨人员车票的管理，并出台了《关于进一步加强生活无着流浪乞讨人员专用车票管理工作的通知》，救助站在为流浪乞讨人员提供车票时，会按照相关规定与车站建立起协商机制，并与流浪乞讨人员进行关于车票情况的沟通，在救助车票上专门打印“助”的字样。在推行该项专用车票服务之后，对流浪乞讨人员车票实现了封闭式管理，即便是出现改签、退票等情况时，流浪乞讨人员也无法接触票款现金，大大减少了通过救助站恶意骗取现金的情况。同时，为了最大程度上控制跑站骗助的情况，保证服务和资源能够真正给到有需要的人，在购票期间，机构人员会同时携带《专用车票购票凭证》通过相应窗口购票，若救助人员无法提供正确的身份证明，也能够凭借救助编号购票。该项措施的推行，使流浪乞讨人员的管理更为规范，并且有效遏制了跑站骗助情况。

改革开放以后，为了保障社会稳定和谐，我国在几十年时间里始终采取强制性收容遣送制度，随着社会的进步和发展，这种滞后的服务意识和工作理念也得到有效的改进。从S关爱外来人员工作室的实际情况来看，其救助服务工作是坚持“生命至上”“以人为本”的理念，尽量以人性化的服务来帮助流浪乞讨人员真正走出物资、精神困境与亲人团聚。S关爱外来人员工作室初建阶段主要实施24小时的轮班制度，定期安排志愿者上街进行日常和夜间巡逻，一旦发现有流浪乞讨人员，就为其提供主动的救助服务。尤其是针对寒暑季节以及重大节假日，并将银行ATM、车站、商场等作为重点巡查区域。随着救助工作理念的改变，S关爱外来人员工作室逐渐实现了从单一的派发食物、衣服等物资的临时性救助到病危救助、寻亲返乡等多种形式的救助的改变。

（五）救助实施——实施增强权能理念指导下的助人自助

1. 采用积极救助理念，注重发掘受助者优势

由于S关爱外来人员工作室是一个社会工作机构，在介入流浪乞讨人员救助服务时，会以社会工作的价值观为服务基础，主要以受助人员的需求为中心，以专业的工作手法和技巧，协助其满足凭自身努力无法满足的需求；可以在传统的物质救助基础上，了解受助人员更高层次的需求，帮助其树立正确的认知观，缓解心理压力，克服消极心态，从生理、心理等方面为流浪乞讨人员提供服务。下述案例即是S关爱外来人员工作室采用积极救助理念，注重发掘受助者优势的体现。

案例一：梁某，今年55岁，M市人，曾在S市垃圾堆填区工作，因工作时被利物刺伤右手臂受到细菌感染，感染扩散后全身经常发痒。2010年

病情开始恶化，后逐渐丧失劳动能力。随后数年间，梁某病情不断恶化，被细菌感染的右前臂开始坏死，不得已采取了截肢的手段。后来，感染扩散至头部，后脑勺部位瘙痒严重，并逐渐腐烂凹陷，面积约拳头大小，周围的皮肤也开始腐烂。由于家境贫穷，没有医治条件，梁某不想拖累家人，便离开家到A市流浪乞讨。由于长时间受病痛折磨，梁某开始神志不清，并产生自杀的念头。在一次救助活动中，S关爱外来人员工作室工作人员遇到了梁某，由于梁某已经神志不清无法表达个人意愿，工作人员及时联系120将其送入医院进行救治。经诊治，梁某身患多种疾病，包括低蛋白血症、高尿酸血症等。在经过数日救治之后，梁某病情好转，意识逐渐恢复正常。随后，S关爱外来人员工作室工作人员又带梁某到皮肤病医院，经多位专家会诊后，确诊为坏疽性脓皮病，经过两个月康复治疗，原来头部腐烂处已痊愈，并长出新发。S关爱外来人员工作室承担了梁某所有的治疗费用。

在梁某康复后，S关爱外来人员工作室的社会工作者采用积极救助理念，对梁某进行了专业化介入。

（1）问题评估

通过同梁某交流，根据增能理论，将其面临的困难总结如下。

①身体上，健康状况不良。梁某看上去比实际年龄苍老，在流浪过程中，无法保证卫生条件，身体上已出现了多处不适。由于家庭经济原因，幼年时的腿伤未能得到及时医治，一直迁延未愈。

②心理上，去权情况严重。梁某在流浪乞讨过程中处处被人看不起，环境压迫导致梁某产生强烈的无力感，对生活渐渐失去了信心。刚出来流浪时，心态尚属积极，为了自食其力，积极寻找零碎工作，但多年后，由于生活环境压迫，无力感累积，导致其宁愿流落街头乞食。

③人际上，朋辈支持缺失。梁某出身于贫穷的原生家庭，其亲戚经济条件亦不好，无法接济梁某。在走投无路之下，梁某只好走上流浪乞讨的道路。流浪多年，梁某从未和其亲戚有过联系。

④意愿上，渴望改变现状。梁某渴望融入社会，摆脱流浪乞讨生活。

梁某并不愿意持久处于流浪乞讨状态，希望能找到工作以彻底摆脱当前困境。在流浪途中，梁某曾多次尝试找工作，但要么是被人拒绝，要么做的都是临时性工作，做完即被遣散。

（2）优势资源评估

了解了梁某的困难与需求后，社会工作者对梁某的自身优势资源进行了评估。

①意愿优势。梁某具有比较强烈的找工作的意愿。这一点非常有助于梁某将来摆脱困境并实现社会融入。

②关系优势。梁某对家乡情况和亲友资源有全面具体的回忆，这对帮助梁某找到家人回归社会具有重要价值。

③能力优势。梁某拥有劳动能力。虽然梁某跛脚，但其身体从整体上看还算是健康的，有进行一些工作的能力。梁某沟通能力较强。梁某会说普通话，能与周围人正常交流，从精神上看也比较好，不像有其他精神疾病，这对帮助梁某找一份工作是非常有利的。

（3）服务计划

根据梁某的需求与其拥有的资源，依据多中心治理理论和增能理论，社会工作者为梁某制订服务目标和计划。

①与机构合作。寻求救助站医护的帮助，检查梁某的身体状况，必要的话为梁某申请救助金，带梁某到医院进行更深入的检查；联系残联和社保单位，为梁某推荐一份合适的工作。

②与民警合作。寻求民警的帮助，利用梁某提供的有关信息寻找梁某在家乡的亲人。

③为梁某增能。为梁某做心理辅导，鼓励梁某重拾对生活的信心。

（4）计划实施

①建立关系阶段。由于梁某是主动寻求帮助来到S关爱外来人员工作室的，因此并不排斥S关爱外来人员工作室的救助人员，社会工作者很顺利地同梁某建立了关系。梁某自我介绍时仅说出自己的姓名，在社会工作者的追问下才说出一部分自己的人生经历，说明梁某对社会工作者的信任

尚不充分。社会工作者在倾听梁某陈述中表现出较大的兴趣，但没有发表任何意见，让梁某在情绪平稳状态下说完基本情况。社会工作者发现，梁某回避谈论流浪乞讨过程细节。为了后期的深度介入，需要掌握详细情况，在同情与关心的基础上，社会工作者表示希望梁某能全面地说出经历，这样既有利于自己得到情感宣泄与放松，又有助于将来救助工作的开展，不用担心秘密泄露。在双方信任度提升以后，梁某说了一些具体经历。原来，梁某在父亲去世后，其寄居在亲戚家。亲戚经济条件差，是不太愿意接济梁某的，无依无靠的梁某只好走上流浪道路。在流浪过程中，梁某曾经在一些工地上做过一些活，但由于身体原因，无法长期做下去。因此当找到事做的时候就能有点微薄收入，找不到工作时就只有拾破烂、乞讨。当社会工作者向梁某问及其对现在的状态有什么看法时，梁某神情悲观，表示自己也不愿意处于现在这个状态，但自身的伤残无法治疗，工作也难以找到，可能自己这一辈子就这么过了，将来也不知道自己会死在哪里。根据这种情况，社会工作者对梁某进行了安慰，表示会为他去寻求各方面的帮助，会帮他联系以前的亲戚，找相关部门为他介绍工作。

②制订计划和实施阶段。社会工作者根据访谈内容，在回应梁某的救助期望，为梁某分析可用资源的基础上，同他一起制订了服务计划。根据计划，社会工作者做了如下工作。

第一，促进身体机能恢复。社会工作者链接医护资源为梁某做了免费身体检查，根据梁某的病情对症开药，并嘱咐今后要注意的一些卫生事项。在生活方面，为梁某提供洁净衣物和鞋袜，让其沐浴更衣，保护身体健康。

第二，增进心理状态恢复。对梁某进行心理辅导，运用倾听、宣泄和引导等手法，协助梁某释放心理压力，鼓励其尽可能将内心真实感受和苦闷说出来。运用社会工作“相信人能改变”的价值观，为梁某注入希望，让梁某相信困难能够解决，鼓励其恢复对生活的信心。

③权能增强与结案阶段。在本阶段，梁某已经对社会工作者信任有加，主动向社会工作者说明近况：吃药后，感觉身体状况明显好转；体检后，发现旧伤已达肌腱，由于未能及时治疗很难完全复原，但如果平时多

休息少做剧烈运动也不至于继续恶化。社会工作者发现梁某的情况同刚进来时相比明显好转，在心态上也更积极、更自信。

社会工作者告诉梁某，已经把他对家里情况的描述交给了公安系统，相信很快就能联系到他的亲戚。说到这里，社会工作者感觉到梁某的情绪有一些波动，通过追问了解到，原来梁某是担心家里的亲戚依旧会把他当作一个包袱，不接纳他，他也没有办法回去。社会工作者告诉梁某不要担心，这几天还联系了残联、社保局等职能部门，为他推荐了一个城市环卫工人的工作岗位，过几天就可以去报到上岗了。这时梁某才兴奋起来。当问到梁某是选择回老家还是留 A 市时，梁某表示自己愿意暂时先留在 A 市做好眼下这份工作，等将来赚了钱再同家里亲戚见个面。

经过 5 天的社会工作介入，本案顺利结案，服务计划基本完成，梁某生活状态实现了改变，对生活的无力感明显减少，权能得到增强。

2. 采用增强权能理念，减少流浪乞讨者无力感

由于 S 关爱外来人员工作室的社会工作机构性质，其流浪乞讨人员救助工作一直是综合性的，既为流浪乞讨人员提供相应的临时生活救助，包含吃住行等方面，也开展精神、心理等全方位的综合性的救助服务，减少流浪乞讨者由于环境压迫产生的无力感。

案例二：S 关爱外来人员工作室接到一名热心市民 H 求助电话，其在电话中表示在城区某隧道附近有一名流浪者很像自己大学校友，急需获得帮助。S 关爱外来人员工作室立刻安排工作人员根据电话的提示到达现场对相关情况进行了解，发现市民 H 提到的衣衫褴褛的流浪者对其问话充耳不闻，迷茫的眼神投向远方。市民 H 及其大学同学确认该名流浪者就是他们昔日的同窗阿 M，市民 H 回忆说记忆中的阿 M 是 G 省台山人，“80 后”，外表温文儒雅，性格随和且长相帅气，笑起来还有两个酒窝。市民 H 还记得，阿 M 是名副其实的学霸，高中时期就曾代表学校获得过全国竞赛奖。S 关爱外来人员工作室工作人员与附近市民交流了解阿 M 的行动轨迹以及精神状态后，耐心与他聊天获取他的信任，经过多天的沟通后核实了他的身份，阿 M 也表示愿意跟志愿者回 S 关爱外来人员工作室，机构人员为他

提供住所。工作室负责人有多年救助流浪者经验，他分析：“这些流浪者本身或多或少都存在一些精神问题，常人的思维不适用于去认识他们，他们共同的特点就是遇到任何事都很难主动向外界倾诉。而常年的独处更是加剧了他们的自闭。”他建议阿 M 的同学多与其相处，多花点时间陪他一起聊聊天。还安排了心理学专业的志愿者对阿 M 进行疏导，了解到阿 M 的妈妈在他大学时期到国外打工，基本没有回国，A 市还有阿 M 的伯父，S 关爱外来人员工作室工作人员在得知伯父的姓名以及大概地址后，联系属地派出所找到其伯父并获得阿 M 的妈妈的联系方式。阿 M 的妈妈在得知情况后很快回国与其伯父一起来到 S 关爱外来人员工作室，但是阿 M 在见到他们之后情绪非常激动，并拿起水果刀做出偏激行为。S 关爱外来人员工作室工作人员安抚其情绪后，将他送往区心理医院进行治疗，经过一段时间的治疗以及 S 关爱外来人员工作室志愿者长期的陪伴与沟通，阿 M 渐渐恢复正常并愿意跟妈妈回家。

（1）问题与资源评估

经过与阿 M 数天的接触与多次访谈，根据增强权能理论，将其问题总结如下。

①环境压迫造成无力感。阿 M 出身于病态原生家庭，早年丧父，缺乏父爱，依赖母亲，后与继父相处不融洽，在家中难以寻到温暖感，只有疏离感，然而凭自身力量无法改变现状，从而进一步造成无力感。

②错误认知加剧无力感。阿 M 觉得自己被抛弃，没有人喜欢自己，内心无法承受而最终选择离家出走。出走社会以后，由于身无长技，严苛的社会环境更加让阿 M 感知到人生的艰辛和无助，从而加剧无力感。

所以，对阿 M 来说，从内心改变对家庭成员的看法对其日后的成长以及正确价值观的树立都是极其重要的。

（2）服务理念

由于阿 M 的认知存在较大问题，依据增强权能理论，社会工作者建立了如下服务理念。

①改变认知，建立自信。改变认知，让阿 M 认识到用离家出走对待家

人是错误的行为，只会加剧环境的压迫；帮助其建立自信，消除其消极自卑情绪，使其相信自己并不缺少权能，自己的无力感是环境压迫所致。

②改变心态，重视互动。给予阿 M 合理的人生指导，协助其制订规划，让其为自己增能，帮助其学会以积极的态度面对问题，树立理想。加强良性互动，让阿 M 明白人际关系的重要性，改善并加强其与家庭成员之间的关系。

(3) 服务计划

首先，建立关系加强互动，社会工作者利用救助管理站内的资源，通过互动（上网、运动、一同进餐等）不断加强与阿 M 的工作关系。

其次，消除环境压迫造成的无力感，通过不断的访谈尽可能地发现问题以及问题的成因，同时评估阿 M 自身解决这些问题的能力。

最后，利用优势为自己增能，积极诱导阿 M 主动发挥其自身能力与优势，在此过程中与救助站工作人员一道在访谈中结合阳性强化法，最终协助阿 M 自主地回归家庭，回归主流社会，杜绝其再次流浪的可能性。

(4) 计划实施

计划实施的基本过程与案例一梁某类似，本案例的特殊之处在于：社会工作者更加重视增强权能。在实施中，运用增能系统理论对其自身系统与周边环境系统进行了分析，归纳出阿 M 自身具备的潜能与拥有的环境资源，在访谈中诱导阿 M 自身发挥其潜能并正确认识其周边的资源，在多次访谈期间社会工作者与救助站工作人员一道运用阳性强化法不断强化访谈成果。每当社会工作者与阿 M 进行过一次访谈后，社会工作者就会从侧面给予阿 M 正向的评价，如表扬、夸奖等，帮助阿 M 改变对自身的认识，弥补其人格缺陷，最终促使其主动脱离流浪群体，回归主流社会。

3. 采用"人在环境中"理念，重视人与环境的互动与改变

在时代的转变下，S 关爱外来人员工作室在为流浪乞讨人员提供相应的救助工作期间，不再仅仅是为其提供物资、帮助其寻亲返乡、购买车票等，而是随着其主动位置的改变，对流浪乞讨人员的实际情况和问题给予主动性的帮助，还包括主动对街头流浪人员进行妥善安置，将其

护送返乡后了解导致其流浪乞讨的根本原因，避免同类情况再次发生；对流浪乞讨人员的心理进行疏导，配合专业的技能知识给予其人性化的救助服务。同时，针对长时间滞留无法确定个人信息的流浪乞讨人员，S关爱外来人员工作室主动与公安部门、乡村、街道联系，通过 DNA 数据库比对、查对户籍资料，为其寻找亲人。在相关部门无法核对其身份时还通过网络资源将其个人情况发送到网上，配合新闻媒体的传播尽快为其寻找到亲属。

案例三：S 关爱外来人员工作室在开展日常流浪乞讨人员救助工作时，在 DD 路与 SS 路交叉口对流浪（露宿）人员进行临时救助。其中，一位露宿者期待的眼神引起了 S 关爱外来人员工作室工作人员的关注。S 关爱外来人员工作室工作人员在与他沟通后得知他名叫 ZDQ，江西赣州人，在家排行老二。他自述母亲双目失明，他 15 岁时大姐已嫁人，父亲去世后母亲跟另一个男人生活，男人带着他去“淘米”（俗称要饭），他很不喜欢于是离家出走。1993 年在 HN 因盗窃罪被判了 6 年，1999 年刑满出狱后去了 CS 以拾荒为生。2008 年，他流浪至本市。当晚，S 关爱外来人员工作室工作人员在派出所民警的帮助下很快核实到了他的身份信息并登记建档，这对后续帮助寻亲起到了关键的作用。经 S 关爱外来人员工作室人员耐心劝导，ZDQ 愿意到救助站接受救助。之后 S 关爱外来人员工作室的志愿者为其发布了寻亲启事。几天后当地志愿者就跟 S 关爱外来人员工作室取得了联系，并积极联系 ZDQ 的家人。很快当地志愿者联系上 ZDQ 的姐姐，起初其姐姐不敢相信自己的弟弟还活着，本来想和妹妹商量着第二天来 A 市接弟弟回家，但考虑到经济问题，姐妹俩暂缓了这场团聚行动。为了尽快让 ZDQ 与家人团聚，之后当地志愿者积极和当地村委会对接，请求当地村委出具相关证明，并找当地派出所盖章共同佐证。两地志愿者联合行动，商议 ZDQ 返乡接送事宜。据了解，因其姐姐家境贫穷，不能亲自前往 A 市接他，此时救助队工作人员成了 ZDQ 的认领人，为其签字办理认领离站等手续，并将其护送到 S 关爱外来人员工作室暂作休息，等待乘坐大巴返乡。次日凌晨 2 点半，失散 35 年的 ZDQ 和姐姐相见。

（1）问题与资源评估

在接案的基础上，通过收集案主 ZDQ 的相关资料，社工对案主 ZDQ 的问题、系统功能、案主 ZDQ 与环境的互动进行综合分析判断。

①案主 ZDQ 的问题分析。案主 ZDQ 无固定职业，没有生活来源，正常生活无以为继，是案主 ZDQ 面临的最大困难。父亲病逝，妈妈改嫁，案主 ZDQ 的家庭支持系统缺失，归属感和遭遇困境时能够获得的帮助无从谈起。另外，精神状态的偏差一步步将其推离正常的生活轨道，使其远离正常的社会生活。

②案主 ZDQ 的个人系统分析。因为家庭的缘故，ZDQ 无人照料和管教，朋辈群体缺失，使 ZDQ 对自身的认知模糊，他渐渐适应了在外游荡流浪的生活。别人对自己的看法、来自他人的异样眼光对他也不具有约束力了，生活失去方向和目标，变得漫无目的。空有健康的躯壳，丧失了对正常生活的追求。心理上，变得偏执冷漠，很少言语，对人有防备心理，与人交往沟通的意愿大大减弱。

③案主 ZDQ 的资源和环境分析。虽然父亲过世，妈妈改嫁，失去了最直接、最主要的生活和精神支持。但尚有爷爷奶奶在世，虽然两位老人年迈，但他们对于孙子还是爱护有加的，只是在管理方式和管理能力上存在明显的不足，他们对 ZDQ 的现状有时也表现得无可奈何。鉴于 ZDQ 的现实状况，其户口所在村为其申请了低保，ZDQ 领取到了最低生活保障金，有了固定的维持生存的收入。另外，ZDQ 的妈妈虽然改嫁，但并不是无法联系。

（2）服务计划

在接案和预估的基础上，希望通过社会工作者的介入服务，使案主 ZDQ 的现有困境得以缓解，进而改变案主 ZDQ 对自身及周遭资源和环境的认识，增强案主 ZDQ 的行动自觉，最终恢复其正常的社会参与能力。根据以上分析，制定了以下阶段性工作目标。

第一阶段，取得案主 ZDQ 的信任，缓解其紧张情绪，帮助其适应救助站。

第二阶段，建立良好关系，鼓励案主 ZDQ 吐露心声，反馈内心需求。

第三阶段，化解案主 ZDQ 内心的各种偏差，联系必要的环境资源解决其现实的困境。

第四阶段，帮助 ZDQ 发掘自身的潜能，增强对环境的适应力。

第五阶段，鼓励案主 ZDQ 主动融入正常的社会环境。

(3) S 关爱外来人员工作室服务介入

①接案和取得信任阶段。

服务对象刚进入救助站，对救助站工作人员有畏惧和猜疑情绪，表现得无所适从，对于救助站工作人员的安排虽有一定的迟疑，但还是悻悻地照着做，其间一直不言语。此时，社工并不直接与案主 ZDQ 进行交流，只是在一旁观察案主 ZDQ，辅助救助站工作人员对其进行安顿。服务对象在进站时，衣着褴褛，面容憔悴、身体散发异味，已经许久未曾进食，所以救助站工作人员先为其提供可口的餐食和安排其洗漱换洗。洗漱结束后，案主 ZDQ 渐渐地放下了警惕，主动开口说要睡觉，由于时间已近晚上 9 点，工作人员为其安排了床铺，让其休息。第一次与案主 ZDQ 接触，社工并未与服务对象直接交流，只是通过观察的方式了解服务对象。

②建立关系阶段。

通过第一次的接触，服务对象已经对社工有了初步的印象。第二天，通过观察服务对象状况，发现服务对象虽然不主动与周围的服务对象交流，但情绪稳定。此时，社工选择主动与其交流，把案主 ZDQ 引导至比较开阔且安静的活动区，尝试进行自我介绍，把社会工作的含义、内容、方法和价值观向案主 ZDQ 进行解释。案主 ZDQ 在社工解释时一直低着头，两手交叉握着，不时来回转动大拇指，不言语。社工问其是否听得明白，案主 ZDQ 不置可否，只是回答了一个“哦”。虽然有些答非所问，但由此可见案主 ZDQ 并不是不愿与人交流，只是还存有戒心，不知如何与人交流。社工通过鼓励和再保证的技巧增强案主 ZDQ 的自信和对社工的信任。在案主 ZDQ 沉默的时间里，社工起身给案主 ZDQ 倒了一杯温开水，递到案主 ZDQ 手上。看到有人主动给自己倒水，案主 ZDQ 显得有些意外，手足无措，终于抬头看了社工一眼，轻轻地说了句“让我想一想”。此时，社工意识到已经初步取得了案主 ZDQ 的信任，第二阶段的目的也已经达到，随即结束了此次交谈。

③化解内心偏差阶段。

开始第三次交谈时，案主 ZDQ 已经有明显改观。案主 ZDQ 在叙述时不再低着头，或平视前方，或侧眼看下社工。在本阶段，社会工作者认真倾听案主 ZDQ 讲述，并及时给予回应。积极关注案主 ZDQ 的不良情绪，接纳和尊重案主 ZDQ，倾听案主 ZDQ 的倾诉，鼓励案主 ZDQ 吐露心声，反馈真实需求。同时，社会工作者真诚地回应案主 ZDQ 的话语，为案主 ZDQ 提供充足的心理支持。在社工的接纳、尊重、真诚和耐心的关心下，案主 ZDQ 敞开心扉，将郁积多年的不开心、烦闷、茫然都吐露了出来，不良情绪一朝得到排解，心情一时非常舒畅，脸上浮现出了久违的微笑。根据案主 ZDQ 的言语，社工明确了下一步的工作计划。

④增强社会环境适应力阶段。

围绕第四阶段工作目标，社工做了不少工作。首先，通过与案主 ZDQ 户籍所在村取得联系，与村委会负责民政的同志建立关系，了解案主 ZDQ 个人及家庭的基本情况，还通过村委会联系到了案主 ZDQ 的妈妈。社工与案主 ZDQ 的妈妈通了电话，就案主 ZDQ 的基本情况向其做了说明，电话中 ZDQ 的妈妈表示理解儿子 ZDQ 的境况，但现在自己已经组建了新的家庭而且有了孩子，自己没有办法顾及这个“问题”儿子。电话中她对社会工作者对其儿子的帮助表达了感谢。社工把案主 ZDQ 目前的转变告诉了她，请其通过电话给案主 ZDQ 一定的正面鼓励，其妈妈答应了社工的请求。其次，通过进站时的初步观察，案主 ZDQ 在一定程度上存在心理认识上的偏差，社工通过资源链接，为案主 ZDQ 链接到了心理咨询服务，心理咨询师为案主 ZDQ 进行了专业的心理辅导，使案主 ZDQ 重新正确认识自我、探索自我、学会如何与他人交流相处和使用正确的态度与行为方式。最后，社工还在村工作人员的配合下对 ZDQ 的爷爷奶奶进行了访谈，了解到老人的真实生活近况和对孙子 ZDQ 的态度，老人表示因为身体的原因无力管束 ZDQ，但简单的照顾还是会尽量提供，社工就请其为 ZDQ 打扫干净住处。

⑤结案阶段。

在案主 ZDQ 进入救助管理站的第六天，社工在做好前期准备工作的基础上，与案主 ZDQ 进行交谈。经过在站里几日的休息和心理咨询师的介入，案主 ZDQ 的各方面情况持续好转。虽然有一定的情绪波动，但整体而言，案主 ZDQ 已具备了回归社会的潜力。

二、成效总结

（一）重视对环境分析和针对性救助

从上述救助实例可以看出，S 关爱外来人员工作室对流浪乞讨人员实施救助过程中极为重视对流浪乞讨人员周围环境的分析，并实施有针对性的救助。在实施中，对流浪乞讨人员的救助有以下特点：第一，被救助的流浪群体无须支付任何的费用，并且拥有接受救助的权利，若被救助的对象没有基本的生存能力或者固定住所，且是主动向救助站寻求帮助，在核实该人员有关情况符合相关救助规定后，应当为其提供相应的帮助。第二，根据其属地管理的相关条件，各个政府部门均具有为流浪乞讨人员提供帮助的责任，通过建立流浪乞讨救助管理机制，明确各个部门的相关责任，确保各项救助措施得到有效执行。第三，政府在整个救助活动中应当发挥主体作用，并推动民间力量积极参与，与社会各界共同努力构建起一个系统的社会共同援助的大格局。第四，根据被救助对象的实际情况，分清轻重缓急，坚持重、急优先处理的原则，形成灵活的应对机制，更好地满足被救助人员的需求。

在 S 关爱外来人员工作室，对于受到救助的乞讨人员，工作人员首先需要对其个人身份信息进行了解和识别，建立起相应的管理档案，对满足救助标准的人群，必须将其归属到相应类别中，并为其提供与该类别相符合的帮助。同时，针对部分不愿意透露个人身份的群体，由于他们可能存在欺诈救助的情况，可拒绝为其提供帮助。而针对智商或者脑部受损，无法准确表达个人信息的情况，主要采取“先救助后查实”的处理方案。针对身患重病的群体，需要及时将其送医治疗，在其病情得到救助之后再根据其需求给予相应的安排。S 关爱外来人员工作室求助人员多为寻亲返乡人员、缺乏相应的经济能力购买车票的人员，S 关爱外来人员工作室在核实情况后，为其提供车票费用。如果有无法联系其亲属及其他特殊情况的，S 关爱外来人员工作室工作人员将通过联系相关政府部门、媒体等方式帮助求助人员寻亲，帮助其回归家庭。可见，民间力量参与后的流浪乞讨人员救助，极为重视对环境分析和针对性救助，以保证救助质量。

（二）重视多中心合作和主体间联动机制

极为重视多中心合作和主体间联动机制，具体体现如下。

1. 重视救助联动机制

目前，城市中的流浪乞讨人员救助面临着诸多问题，加之他们往往分散在各个角落，数量又较为庞大，仅是凭借着救助站的力量，很难实现对他们的有效救助，这就要求广大社会组织和政府部门能够共同参与社会救助工作。为此，X 区联动各个部门，组建起了 12 个联合巡查小组，其中包含警察、街道领导以及巡逻人员等，形成了一个覆盖范围较广、体系较多的救助联动机制。此外，机制定期对社会救助的相关情况进行通报，发现存在的疏漏和问题，拉单列账，落实整改。

2. 重视多部门协同运作

救助站在流浪乞讨人员回到相应住所地或者户籍地之后，通常就不会再给予他们相应的服务。从现实情况来看，在多方面因素的共同影响下，被救助者回家难度相对较大，即便是回到家中也很难保障其正常生活。为此，X 区建立了各个部门共同协作的救助模式，针对不同类型的救助者提供合理的安置服务，并与其所在地或者户籍地一同建立起追踪体系，了解其后续问题，保证被救助者能够真正回归社会、回归家庭。

3. 重视在联动中完善预案

由于城市流浪乞讨人员的动态变化，救助工作也面临着诸多新要求、新特点，在实施中，机构一直加强与政府部门和其他救助主体的联系，不断完善方案预案，根据 X 区的实际情况，对流浪乞讨人员的工作预案进行不断的修订和完善，使整个救助工作能够更为精细化、规范化。

第二节　民间力量参与城市流浪乞讨救助现状

一、缺少对民间救助机构的明确管理规定

从执行层面上说，现阶段我国采用的《社会救助暂行办法》在社会救助方面本身就存在诸多疏漏之处，针对主体行为方面的规范则更是少之又少。仅有的几条规定主要是引导性的语言，并无实质性的法律要求。例如，在民间力量介入救助工作的相关规定时，更多的是“鼓励”等引导类型的词汇，没有具体的激励措施，并且针对具体的介入方式、方法和标准都无明确意见；在进行社会服务购买期间，也主要以“能够”等含混不清的词汇来表示，没有详细的标准。这种非常模糊不清的描述，尽管能给政府部门保留较大的执行空间，但同时也使民间力量的运行得不到有效的支持，导致民间力量在介入流浪乞讨人员救助工作时，其支持力量会受到较为消极的影响，同时这也与其政策制定的初衷相违背，使部分政策无法落实到位而难以达到真正救助的目的。事实上，我国在近 30 年时间里，针对流浪乞讨人员的救助多元化思想已经进行了深入研究，并且已经明确其在流浪乞讨人员救助中的重要性。自 2000 年以来，社会和政府都鼓励更多的民间力量参与流浪乞讨人员救助工作。尽管在《社会救助暂行办法》中采用了较大的篇幅来描述民间力量介入流浪乞讨人员救助的规定，但这些规定都非常模糊且缺乏相应的细节，也没有进一步落实的标准和规定。根据社会救助法漫长的筹备来看，目前，针对流浪乞讨人员救助中民间力量的介入还处在观望与探索的过程中，需要不断地总结、摸索，故针对民间救助机构的管理规定以及监管措施等仍处于空白状态，导致民间力量的发展

和救助工作出现了较大的不确定性且缺乏保障。

二、缺乏对民间力量救助机构工作人员的保护性规定

目前，我国制定的法律法规并未给予民间救援组织肯定的法律主体地位，而是通过双重审批制度来推行，即一个民间救援机构在登记注册的过程中，不仅需要业务主管审批，同时还需要行政主管单位的审批处理。这种双重审批制度导致不少“草根”的民间救援机构难以获得法律认可的身份地位，而长时间处在一个“不合法”的状态下，与引导民间力量介入城市流浪乞讨救助的初衷相悖。特别在《救助管理办法》中没有切实的关于救助工作人员的人身安全等方面保护的规定，在实施救助过程中，如遇精神非正常的救助者，一旦出现异常或者冲突，工作人员得不到保障就会造成保护缺失。这种情况在导致救助机构发展受到影响的同时，也使参与救助机构工作的人员无法获得相应的保护，导致参与民间救助工作人员的积极性大打折扣，限制了民间救助机构的发展。

三、资金和人力资源问题

（一）资金来源不稳定

在我国民间力量介入城市流浪乞讨救助工作中，资金问题是导致其组织机构发展和生存受到限制的最主要原因。民间救助机构属于非政府组织，它们的运营不以营利为主要目的，资金多来自个人、慈善机构、基金会、企业等的支持，尤其是像S关爱外来人员工作室这种个人出资的流浪乞讨救助机构，从经费方面它们的发展就受到了极大程度的限制。目前，我国正处在一个法制不断健全、市场经济持续转型升级的过程中，与经济社会体制较为成熟的西方国家相比，政府为民间救助机构提供的资金支持极少，国家针对公益捐款方面的财税鼓励政策也较为欠缺，社会公益捐助意识也较为淡薄，还有极个别人、机构不光彩的行为更是加剧了民间救助机构募集基金的难度，这就导致了民间救助机构资金来源渠道受到了较大的限制，甚至无法维持正常运作。

（二）专业救助人才缺乏

“既有志愿精神，又有一技之长，要是懂心理安抚，掌握专业技术就更好了”，这是民间救助机构招募志愿者最主要的要求，但从现实情况来看，这种愿望通常很难实现。在我国民间救助机构发展的过程中，很多民间力量救助机构由于缺少专业人士，救助方式趋于简单，对救助者很难提供专业的救助服务。须知，专业人才在救助工作中发挥的作用至关重要。此外对民间公益组织而言，最缺乏的就是懂得公益组织管理和发展的高端专业人才。在社会组织中，人才是其最主要的构成要素，对民间救助机构来说同样如此。有丰富的人才力量储备，才能够更好地提升民间救助机构的核心竞争力，同时也能够更好地给予流浪乞讨群体救助服务。但丰富的人力资源应当包括以下几个方面：一是民间救助机构必须有专业的人才队伍。无论在什么情况下，有一支专业的人才队伍都是极其重要的，特别是在民间公益组织中，若缺乏相关人员的指导和安排，民间救助机构就很难实现长久运行；二是民间救助机构必须有高层次组织谋划者。简单来说，就是民间救助机构的负责人和管理人员必须具备较强的号召力和影响力，同时还必须对民间救助机构有明确的发展规划，能够科学地引导民间救助机构发展提升。目前，我国民间救助机构处在初期发展阶段，还存在诸多不规范之处，绝大部分的民间救助机构缺乏充足的资金来聘请专业的人才参与工作，并且在民间救助机构中，绝大部分的工作人员没有正式的编制，甚至不少人员是以“兼职”的身份来参与工作的。目前，S关爱外来人员工作室也仍无社会工作专业的正式员工。

四、民间力量参与度问题

民间力量介入城市流浪乞讨救助由来已久，甚至可以说，社会救助就是起源于民间。在传统的氏族熟人社会结构中，就有不少当地豪绅慷慨解囊、开仓放粮，救济劳苦百姓的事迹，同时还有家族之间相互救济的传统。当然，所有的救助均需要建立于社会没有任何动荡、风调雨顺的经济基础上。近代社会动乱、战争频发，人们的生存意识随之增强，这使慈善救济的观念也随之受到了影响，逐渐转变为弱肉强食以求自保的认知观念，平等、民生等观念从主流观念中退出，人们开始以财富作为主要评判标准，这就造成社会救助理念不断减缓，甚至出现了严重倒退的问题。中华人民共和国成立之初，计划经济时代下推行的计划经济体制让社会平均分配成为现实，这使各个家庭之间的贫富差距因此缩小，此时民间救助也就随之失去了意义。但伴随着改革开放的进程，人们的经济收入实现了持续增长，国民总体素质也有了显著提升，但传统的思想观念仍然潜藏在国民的心中，在建设社会的总体目标下，社会救助被放到了一边，直至最近十余年，人们才逐渐开始关注民生问题。

在民间力量中，企业作为最为关键的主体，更是各项市场活动的重要主体，其在通过生产经营的过程获得高额回报的同时，也应当积极参与社会救助，担负起社会主体责任，为满足社会救助作出突出贡献。企业参与社会救助，最直接的方式就是为社会民间救助机构提供慈善捐赠，保证民间救助机构能够有一定的资金支持，企业内部本身也能够通过提供就业岗位和物资等方式来回馈社会，让企业的社会价值、责任感得到更好的体现。但就当前显示情况来看，目前我国成千上万的企业中，真正参与过社会捐赠的企业数量少之又少，大约有 90%的企业并未履行任何的社会责任。而在西方发达国家，每年有超过 80%的企业会参与社会捐赠，并且捐赠款项的 10%均被用于社会救助工作，为此，发达国家的社会救助事业发展非常成熟。另根据我国历年企业的捐赠实际情况，不同类型企业的捐款数额也有着非常大的区别，其中国有企业、大型民营企业占据了捐赠的大部分，而中小型企业和外资企业只占据了非常小的部分。另外，企业在进行慈善捐赠的过程中，通常有着较大的随意性，缺乏组织性和专业性，并且经常出现“诈捐”等情况，其公开性与透明性还有待提升。

五、救助可持续性问题

一个项目的开展效果怎样，重点是对中长期持续效益进行观察。目前，不少的民间救助力量运作的周期都会直接受到项目资金来源的限制，即便是该项目执行效果非常理想，并且参与人员有着较高的专业性，执行也非常到位，也容易在结束之后就终止其他活动。很多短期的项目甚至会出现几个月或者一年时间里，没有任何的资金投入的情况，使民间力量的参与只是昙花一现，尽管美丽却无法长久。就当前民间力量介入城市流浪乞讨救助的实际情况来看，缺乏持续性是其非常普遍的特点，不少的救助最终都不了了之，其取得的效果也只是暂时性的。

第三节　民间力量参与城市流浪乞讨救助存在问题的原因分析

一、政府与民间组织的互动程度不够

（一）购买规模较小，制约了发展空间

目前，在公共服务供给的过程中，向民间救助组织机构进行服务购买已经成为一种主要的供给方式，具体的操作方法是政府引入市场机制，将直接向公众提供的社会管理事项与公共服务，结合一定的程序、方式，交由具备相关条件的社会组织来负责承担，同时结合该组织提供的服务质量和数量给予相应的资金支持。对民间组织的服务进行购买，是一种推动民间组织快速发展的制度创新，同时也是体现政府对民间组织重视程度的重要标志。综观发达国家民间组织发展的历史，不难发现，政府对社会服务进行大规模购买，在帮助民间救助组织机构快速壮大成熟方面至关重要，而当前我国在社会救助中，针对民间救助组织机构的服务购买还处在初步摸索阶段，其规模非常小，很难有效帮助民间救助组织机构快速发展。民间力量作为流浪乞讨群体社会救助的重要组成部分，其处在发展阶段中，尽管我国现有的参与民间救助的公益组织数量相对有限，真正开展的活动比例相对较小，但最为关键的是缺乏相应的资金支持，部分组织依靠政府购买服务和慈善资金支持。加之，当前我国针对民间救助组织机构的服务

购买的相关政策并无明确规定，这些注册成功获得资格的民间救助组织机构很难获得资金保障，从而不得不勉强维持，使专业化服务很难得到较好的推行。

（二）监管力度不够，恶化了生存环境

目前，政府在对民间救助组织机构的管理中，仍然是以“重视审批注册管理，轻视运营监督”为主，针对民间救助组织机构的监督管理力度严重欠缺，这也是政府对民间组织缺乏重视度的集中体现，使民间救助组织机构的监督管理仍然停留在浅层次上。在发达国家，政府高度重视对民间救助组织机构的监督管理，故针对民间各种组织已经实现了量化考评，不仅有着较强的可操作性，同时其管理效果也尤其明显。由于缺乏对民间救助组织机构的重视，针对其监督管理现象非常混乱，导致“公益腐败”现象滋生，例如，民间救助组织机构违规向公众筹集捐款，随意挪用组织的公益基金从事不法活动或者直接贪污等，导致民间救助组织机构的生存环境遭受严重破坏。此外，不少的民间救助组织机构仍然拘泥在陈旧的组织管理模式下，其发展受到了较大的局限，与救助站的服务工作相比，民间救助组织机构具有更高的灵活性，且在精细化程度上更具有优势，但在管理模式落后、理念陈旧的影响下，民间救助组织机构的优势无法展现，从而导致民间救助组织机构的发展受到了较为严重的阻碍。

部分民间救助组织机构，对于来自社会、政府的监督，经常以各种理由来推脱对资金走向情况的公布，并且没有专业的财务管理人员，缺乏相关的硬件设施条件。因缺乏相应的监督管理，在民间救助组织机构出现一些违规行为时，政府和社会大众也无从了解，使政府和社会大众缺乏对其的信任，从而严重影响民间救助组织机构在社会中的生存发展。

（三）民间力量的权能不足

在本次研究中，对S关爱外来人员工作室进行调查，其责任人表示不少参与民间救助组织机构的工作人员和志愿者，都是凭借着一份坚持和不舍在坚守着，一旦他们失去了这份坚持和不舍，或者又有了其他的牵挂，

那么他们的服务精神也必然会随之丧失，无力感随之而生。对任何组织来说，对成员进行激励和合理管理，都是强化组织活力的重要基础，民间救助组织机构因其非营利性，主要依靠广大志愿者来推进运营，这些决定了民间救助组织机构无法像普通企业一样借助物质的方式来激励和调动员工的积极性，也很难同政府一样能够凭借着个人前程的允诺以及依赖严格纪律激发志愿者的积极性。对民间救助组织机构而言，关键在于激发工作人员的参与热情，增强他们的使命感和奉献精神。为此，民间救助组织机构自身必须具有一份为事业献身的责任感，尤其是针对管理层和创始者，这种精神尤为关键。但就现实情况来看，当前绝大部分的民间救助组织机构都表现出较为严重的服务精神欠缺的问题，甚至还有部分存在动机不纯粹、不明确等情况。在调查中发现，部分民间救助组织机构最开始从事流浪乞讨的救助工作，但在一段时间之后又开始从事其他工作，没有准确的服务方向，导致其自愿服务精神较为匮乏，从而限制了其具体的定位，这就使这些民间救助组织机构的工作始终无法取得显著成效。

（四）社会环境对民间力量的支持不够

民间救助组织机构的资金主要依靠政府支持、社会捐赠，这是其开展社会救助工作非常重要的基础。尽管近年来，随着人们生活水平的提升以及思想观念的改善，我国社会捐赠的数量以及规模都有了明显的提高，参与公益事业的积极性也有了明显的提升，但与发达国家和地区相比，仍然有着较大的差距。公民的社会捐赠能力与意愿，除对公益文化的了解，同时还与其自身的消费水平、财力水平密切相关，因此，一个地区的经济水平与其公益捐赠规模直接相关。目前，社会捐赠普遍由慈善基金统一管理，而慈善基金在款项拨付时，所需要考虑的方面非常多，并且普遍有着自己的一套运作方式，它们多表现为社会行为而非个人行为，对款项的支持对象也多有侧重。民间救助组织机构因在我国起步较晚，近年来才逐渐进入公众的视野，故在缺乏对民间救助组织机构充分了解的基础上，慈善基金不会给予过多的资金帮助，当然这也与慈善基金需要辅助的民间组织机构较多、项目较多有关，故民间救助组织机构能够获得的慈善基金的支持力度严重不足，很难维持民间救助组织机构的运作和发展，同时也使民间救助组织机构的服务能力大打折扣。

二、救助管理成本高

（一）当前从救助站S关爱外来人员工作室的实际运行情况来看，其各项服务均为免费，包括吃穿住行、车票购买等，这些都需要庞大的资金才能够正常运转

随着S关爱外来人员工作室的完善，救助机构的规模也会逐渐扩大，而救助的流浪乞讨人群数量也必然会因此迅速增加，即便是按照最低的人均生活标准，也需要庞大的资金才能够支撑运作，尤其是针对需要护送返乡的流浪人群，他们通常来自经济非常落后的地区，在返乡过程中往往需要耗费巨大的资金。在2017年就曾因缺乏相应的资金支持，导致当年的救助任务严重滞后，经过反复多次的资金筹集才实现了正常运作。

根据相关调查数据，政府救助站求助人员中亲友自愿来救助站认领流浪人员的比例非常小，成人不到5%，儿保中心稍高，大约为20%。而针对愿意返乡的流浪人员，会同时通过为其购买车票的方式给予帮助，但针对行动不便的老年人、未成年人或者智力障碍的人群，则需要安排至少2名服务人员陪同其返乡，这样一来就需要购买5张车票，加之吃住的花费，可以说是非常庞大的支出。对于S关爱外来人员工作室情况也是如此。

（二）救助管理人力成本高

S关爱外来人员工作室在进行实际社会救助期间，会经常性地遇到各种各样的人员，为了能够保证工作的顺利开展，必然需要对求助人员进行重点筛查，但由于救助站的服务理念是“先救助，后甄别”，这意味着在未确定人员情况时，就需要给予其帮助，导致后期审核工作难度增加，并且存在虚报或者谎报个人信息的情况。根据相关调查，S关爱外来人员工作室救助的对象中超过80%的群体，在实际沟通交流过程中，不会如实告知工作人员个人信息，甚至有不少人存在占便宜的心理。还有不少求助人员因为家庭矛盾，故意歪曲事实，使家人无法寻获他，而长期在救助站吃

住；还有不少人因身体残缺或者智力问题，被家人故意抛弃，很难在短时间内掌握其个人情况。

在对这些人员进行救助的过程中，为了能够帮助他们尽快找到家人，工作人员虽想尽各种办法，但在谎言和欺骗的影响下，往往很难取得成功。一方面是不少偏远地区本身网络信息化程度就非常落后，很难让家人了解到其情况；另一方面是机构人员花费了大量的力气与其所在地的相关机构单位取得联系，最后再通过数次反复核对，才能够与其亲属取得联系，这个过程已经耗费了大量的人力、物力、财力。在对残疾人、轻微智障、未成年群体等救助的过程中，根据《救助管理办法》中的相关要求，在获得了其同意之后可安排相关人员将其遣返回家。在这之前还需要对其具体的家庭地址进行了解，然而在这一过程中，经常会出现在陪同流浪人员返乡之后，他们的家人或者亲戚并不愿意接手，即便是反复数次与他们进行沟通交流，也仍然无法改变他们的观念，最终不得不将他们再次带回机构的情况。此外，还有一部分人拒绝回家，相比回家更加愿意待在机构，这种救助对象往往并无一个确定的救助期限，但若让他们长时间滞留又会导致机构内床位紧张，无法开展后续的救助工作。另根据《救助管理办法实施细则》的相关规定来看，其仅有的几条都主要是对救助站的规范，而针对受到救助人员的相关管理要求非常欠缺，甚至可以说基本上对其来站接受救助的行为并无明确的规范。在复杂的社会背景下，这严重影响了救助机构管理人员的工作效率和质量。

（三）反复不断地来市救助机构寻求帮助

结合流浪乞讨人员在向救助站求助时的相关规定来看，其明确同一名被救助者在 1 年时间内只能够获得 3 次以内的救助机会。但在现实中，经常会出现肢体残疾、衣着破烂、拖家带小、年老体弱的求助者，他们反复数次祈求获得救助机构的帮助，即便救助站给予了充分的说服教育，仍然没有任何的效果，不得不为其提供相应的帮助，导致额外的路费、食宿等支出。在以往的规定中，针对收容救助的人员，收容遣送站能够结合其个人身体情况安排其参与适合的生产活动，并通过这种方式为其提供相应的生活收入，这不仅能够帮助他们重新返回社会，同时也能够确保收容遣送站得到更好的运作。在实行救助管理制度之后，收容遣送站逐渐被救助站取代，同时国家也对此出台了明确的规定，不得向求助者收取任何的资金，或者支配其参与社会劳动，这就导致救助站无法通过这种途径来获得资金支持。自2013年以来，全国各个地区的救助站的运作资金主要通过政府给予支持，但就现实情况来看，A市的救助站其基础设施建设并不健全，资金缺口仍然存在，但在救助人员数量不断增加的情况下，救助站不得不紧握每一分钱，即便如此也很难真正意义上解决资金问题。S关爱外来人员工作室在为流浪乞讨人员提供救助的过程中，不仅会为其提供相应的食物和住宿，同时针对有需要的情况，还需给予其医疗救助服务。另外，还会通过各种调查手段来明确求助者的情况，帮助他们联系家人，尽快返乡与家人团聚。这些环节都需要大量的花费，一旦资金缺口无法弥补，就可能严重阻碍其正常运作，从而使其服务质量受到影响。

第四节　完善民间力量介入城市流浪乞讨救助制度的建议

一、民间力量介入城市流浪乞讨救助原则

（一）坚持中国共产党的领导

党的十九届四中全会为新时期民政工作指出了明确方向，民间力量介入城市流浪乞讨救助制度应坚决有力地贯彻好党中央的要求，坚持正确的发展方向，把民间力量优势更好地转化为流浪乞讨救助工作的新效能。

坚持正确的发展方向就是坚持以马克思主义为指导的中国共产党的领导，胸怀解放全人类的最终使命，包含了最高层次、最彻底的人道主义精神。在马克思主义历史唯物主义中，实现全人类的全面发展与彻底解放，

是最关键和彻底的价值目标和核心理念。人的彻底解放标志着从异己社会关系、盲目自然力以及陈旧思想观念的束缚中挣脱出来，在精神、物质、人格、道德、潜力等各方面都得到了全面而丰富的发展。共产主义社会就是指以每个人的全面而自由的发展为基本原则的社会形式。对剥削制度进行消灭的过程，实际上就是人们逐渐抛弃自我异化，实现向社会人、人本身复归的过程。为此，对流浪乞讨群体进行救助的过程，实际上就是全面解放人类、消除不平等现象的过程，其能够为解放全人类这一目标，奠定坚实的社会生产力基础，同时也是中国共产党“为人民服务”根本宗旨的集中体现，只有如此才能获得更多社会大众的认可和支持。为此，坚持中国共产党的领导，不仅能够赋予民间组织参与流浪乞讨人员救助工作的力量，还能够为民间组织参与流浪乞讨人员救助工作指出明确的方向，同时也能够使其获得更多社会群体的支持和理解，从而实现更好的发展。

（二）坚持循序渐进原则

在城市流浪乞讨救助工作中，无论是救助站还是民间力量的加入，都必须坚持循序渐进的原则，确保其能够更好地适应中国经济发展水平。对城市流浪乞讨人群提供救助的过程，实际上就是社会救助范围逐步扩大，社会救助对象逐步增加的重要体现，不仅需要相关政策的支持，同时还需要有丰富的救助途径和相应的资金支持。然而就当前我国整体发展形势来看，还存在明显的经济发展水平不高、地区发展不平衡等问题，为此，当民间力量介入城市流浪乞讨救助时，若同步实施就会导致经济落后地区受到极大的影响，甚至可能严重影响地方经济发展水平。为此，对城市流浪乞讨人群提供救助时，民间力量的介入应当在坚持社会救助政策统一基础上开展，各个地区应当结合地区的实际情况来实施，坚持从低水平出发，从生活最困难的家庭着手来进行分类救助，以便更好地适应经济发展的实际情况。

（三）坚持顶层设计原则

自中华人民共和国成立以来，关于流浪乞讨群体的社会救助工作就随之展开，并且针对其救助的相关措施延续不断。尤其在党的十八大以来，我国针对流浪乞讨群体的社会救助也从传统的救助模式朝着现代化的救助模式快速转变，由碎片化的分散处理，转变为较为明显的体系化制度设计。但就当前我国实际情况来看，社会发展已经进入了一个全新的阶段，针对流浪乞讨群体的社会救助问题逐渐体现出来。为了能更好地推动流浪乞讨群体社会救助的开展，让民间力量能更好地参与流浪乞讨群体的社会救助工作，就必须针对流浪乞讨群体的社会救助进行顶层设计。建议针对民间力量介入城市流浪乞讨救助工作的相关制度进行设计，促使相关法律、政策得以完善，修订各种不适应现状的工作条例，帮助社会救援工作逐渐走向制度化、规范化、法治化。在这个基础上，民政部门以及其他相关部门还必须共同参与民间力量介入城市流浪乞讨救助制度的完善，共同建立起一个系统化、科学化的分类救助体系，完成一套标准有别、制度统一规范的民间力量参与社会救助的政策体系，并将其与社会保障体系进行完美的对接。另外，还需要营造符合中国国情的文化环境，建立文化支持系统，形成以慈善为荣的可持续发展的精神动力，以促使社会救助工作实现稳定、长期和持续性发展，确保各种类型救助对象实现合理发展。

二、加强民间救助组织建设

（一）民间救助组织应加强与政府部门的合作

民间救助组织与政府部门之间的合作主要目的是帮助民间救助组织实现组织能力的快速提升。在政府实施机制改革之后，民间救助组织能够承担起以往政府负责的微观业务，例如，可以帮助政府有效解决流浪乞讨人员心理问题等。此外，民间救助组织还必须充分发挥项目参与、政策咨询以及社会事务监督管理的重要职能作用，积极推动政府在社会救助方面战略目标的执行；同时，政府必须结合民间组织参与社会救助的特点，开放相应的针对这方面的政府服务和领域，并充分扮演裁判员角色，拉近民间救助组织与政府之间的合作关系。政府还应当下放一定的权力给民间救助组织，使其能够担负组织捐赠市场和志愿等相关工作，并通过资格论证和税收减免，来帮助民间救助组织逐步扩大服务领域，更好地协助政府完成社会救助工作。此外，政府还应当为民间救助组织提供相应的集中培训和专家资源，以便更好地推动民间救助组织自身能力的全面提升。

（二）民间救助组织之间的竞争与合作

民间救助组织之间本身就存在一定的竞争关系，这是客观存在的现象。目前，民间救助组织的竞争主要集中在人才、资源方面的竞争上，而良性的竞争也能更好地推动民间救助组织能力建设，为此，应当尽量鼓励民间救助组织参与这种良性竞争。

目前，我国民间救助组织还处在一个初步摸索发展阶段，无论是人员、规模、范围、服务，还是服务质量等方面，都面临着诸多挑战，民间救助组织之间应当充分建立合作关系，通过资源共享、互相弥补、分享管理经验等方式，更好地加强民间救助组织能力建设。

（三）民间救助组织与企业建立互动合作

民间救助组织在与企业进行合作的过程中，不仅能够获得充足的资金支持，还能够在互动期间充分了解当前企业先进的管理经验和思想，为民间救助组织能力建设奠定坚实的基础。与此同时，民间救助组织在与企业合作期间，还能够从企业中招募更多优秀的管理人才，借助他们的管理经验和先进理念，来推动民间救助组织的发展。

而企业在与民间救助组织进行合作期间，不仅能够增强广告效应，提升在社会中的影响力和品牌力，同时也是企业承担社会责任的重要体现，能更好地回报社会，与社会形成一个良性发展关系。目前，民间救助组织与企业在进行合作的过程中，必须做到合理选择、谨慎分析，例如，不少企业经营状况严重欠佳，要维持自身的正常运营都具有一定的难度，这就需要慎重选择。此外，还有部分企业缺乏社会责任感，其产品存在安全性问题或者会对环境带来较大的污染等，对这些企业也应尽量避免合作，以防对民间救助组织的发展带来不良的影响。

（四）促进民间救助组织的可持续发展

1. 加强战略管理，增强组织感召力

“战略管理”这一理念，源自军事领域，在20世纪90年代中期，绝大部分的民间组织纷纷将“战略管理”这一理念纳入管理工作中。它们认为在民间组织中，借助战略管理能够促使其组织内部建立起一个科学合理的交流、协调架构，同时能为参与的工作人员树立起一个明确的目标，激励工作人员为了共同的目标而奉献、奋斗。

结合民间救助机构的特点，引入战略管理，民间救助组织战略管理可以分为以下5个阶段。

第一阶段：资源评价阶段

借助资源来进行合理评价，着手对战略规划进行起草，结合工作内容做好相应的分解工作，将具体责任落实到每位工作人员身上。

第二阶段：战略管理设计阶段

结合第一阶段制订的规划内容，对组织内部的优势和弱势进行合理的研究、分析，制订一个长期管理目标。

第三阶段：战略管理确定阶段

通过上下级交叉沟通，明确战略的具体内容和实施计划。

第四阶段：战略实施阶段

制订极为详细的资金、政策、人员、技术以及物质等方面的方案，明确具体责任。

第五阶段：战略管理监督和评估阶段

结合年度目标执行情况进行评估，明确存在的问题，以便更好地保障年度目标的落实。根据战略管理的相关要求，帮助民间救助组织快速确定内部存在的问题，并基于问题及未来发展目标，进行内部管理机制的合理调整，以此更好地激发组织优势，避免劣势，为民间救助组织搭建一个更为合理的发展框架，从而有效激发内部人员的认可，强化民间救助组织的感召力，提升其造血能力。

2. 完善内部管理，提高社会公信力

对民间救助组织而言，公信力是其获得认可的重要评价指标，也是民间救助组织吸收更多志愿者参与、赢得声誉、维持组织正常运转以及获得更多社会捐赠的重要前提，这对组织的发展有着非常重要的意义。但部分民间救助组织，在国家政策的限制下，合法性受到影响，故仍然属于“地下组织”。为此，民间救助组织在增强自身造血能力的过程中，必须将提升社会公信力作为重要任务。

民间救助组织在建立公信力的过程中，重点应当对自身进行强化，具体可从以下两方面着手：一是构建一套完善的财务公开透明机制，借助该机制让每位公民均能够充分掌握每笔捐款的流向，使社会大众对民间救助组织的信任度得到提升，消除其顾虑。此外，还应当对民间救助组织内部的财务管理制度进行规范，借助这种方式强化社会大众对民间救助组织救助工作的了解，从而激发他们的参与积极性。二是借助自身的努力，构造一个以“使命”为中心的民间救助组织，获得更高的社会信任度。民间救助组织中心文化必须严格按照其公益性的原则，根据内外部环境的特点作出合理的调整，并对相关管理制度进行完善，强化教育，不断在实践操作过程中实现对民间救助组织文化的强化。借助在社会中良好形象的树立，获得更多企业、社会大众以及政府的信任。通过提升社会公信力，民间救助组织不仅能够在日常运作中得到更多的帮助和支持，也能够激发内生动力，提升造血能力。

3. 加快服务人员专业化进程，提高社会服务水平

专业化的服务必然需要一支专业的服务队伍，而只有专业的服务才能更好地打造专业的服务品牌。为了更好地增强民间救助组织的生命力，提升其造血能力，打造一支专业的服务队伍至关重要，这就需要借助培训、招聘以及激励等措施来实现对服务队伍的强化，使他们能够更好地为社会服务。具体可通过以下措施来完成。

（1）做好民间救助组织人员的培训工作

入职培训能够帮助民间救助组织中各种兼职或者专职人员迅速掌握组

织的具体工作流程和文化；岗前培训能够帮助民间救助组织的各种兼职或者专职人员对自己的工作岗位有详细的了解；技能培训则能够促使民间救助组织工作人员的专业能力得到迅速增强。在对民间救助组织人员进行培训的过程中，还应当加强对其责任感、使命感等价值观的培训，帮助参与民间救助组织的工作人员迅速提升认同感，同时建立起“平和的心态、热情的干劲和坚定的信念”。为此，必须对民间救助组织工作人员的专业能力和职业素养进行强化，促使他们更为顺利地开展相关救助服务工作，促使组织不断朝着目标迈进，同时这也能够激发他们的参与积极性，强化其对组织的归属感。

（2）吸引有潜力的人员加入

具有潜力的人员主要是指具有高专业素养的社会群体，他们的加入能够为民间救助组织的发展注入新鲜的活力，同时促使其整体专业能力得到强化，更好地激发民间救助组织的造血能力。一方面，目前民间救助组织本身的专业技能人才数量有限；另一方面，绝大部分民间救助组织本身资金较为匮乏，无法聘请专业人才。为此，民间救助组织应当借助各种途径，积极吸收具有较高潜力的高素质专业人才参与组织队伍，同时还应当对内部成员进行强化培训，通过这些有效的方式，不断壮大民间救助组织专业队伍，提升其介入社会救助的专业能力。

（3）选择合理的激励方式鼓励工作人员

民间救助组织在提升造血能力的过程中，应当借助使命感和强化价值体系的方式来加强人力资源管理，因民间救助组织本身的原动力就来自它的价值体系，主要激发工作人员明确民间救助组织的主要目标，与营利性机构相比，民间救助组织与它们有着本质上的区别。

为此，民间救助组织在鼓励工作人员的过程中，应当以合理的方式来激发员工的价值观，使他们能够带着最初的理想和目标，更好地参与工作。一方面，以温暖、认可、表扬、尊重等方式给予工作人员充分的尊重，并建立工作人员与组织机构的亲密关系，使工作人员能够投入工作中，这不仅能够让他们从流浪乞讨人员救助中获得成就感，也能够让他们有更强的参与动力；另一方面，民间救助组织应当以组织愿景、使命等，增强组织内部的凝聚力，使工作人员的使命感得到强化，再借助组织文化来吸引工作人员，提升他们对组织的忠诚度和对社会救助工作的责任感。此外，民间救助组织还应当充分发挥员工之间的鼓励作用，通过成员之间身份的认同来更好地增强他们的凝聚力。

三、加强宣传，形成民间组织发挥作用的良性环境

（一）弘扬传统公益文化

在人类社会进步和发展的进程下，民间救助事业是以公众利益为福祉的重要公益事业，它本身就有着非常深厚的思想渊源和悠久的传统历史，更是中华文明发展中一个非常重要的社会性标识。我国没有宗教传统，中国人的慈善活动是依靠传统道德力量维系的。从我国历史发展脉络来看，无论是道家、儒家，还是佛教、墨家等，他们均积极倡导社会公益精神，并且对此进行了大量的论述。为此，民间救助组织在发展的过程中，应当积极弘扬传统公益文化，从传统文化中深入挖掘各种与社会救助相关的文化，并积极进行宣传。

1. 发扬儒家“仁爱”的公益观

俗话说，做善事首先要具备最基本的善心。儒家思想倡导“仁者爱人”。可以说“仁爱”思想在我国传统公益文化中发挥着至关重要的作用，同时对后世的民间公益事业带来了直接的影响。孔子提出“仁者爱人”，孟子提出“性善论”，这些都充分体现了儒家对公益精神的倡导与传承，并且为中国公益文化的发扬奠定了重要基础。为此，民间救助组织应当深入认识“仁爱”这一公益观，基于此建立起核心思想体系，通过宣传来激发人们内心深处对流浪乞讨人群的怜爱之心，使其参与对流浪乞讨群体的救助。

2. 发扬佛教“慈悲”的公益观

不管是在西方国家，还是在东方国家，在民间力量介入社会救助工作过程中，宗教都扮演着至关重要的角色。佛教是我国的第一大宗教，自西

汉末年传入我国以来，已经有长达2000多年的悠久历史，其在与传统文化的碰撞中，逐渐实现了中国化，并在劝善化俗上发挥了至关重要的社会功能。佛教文化以“慈悲为怀”为教义，而这也是佛教参与流浪乞讨人员救助的重要内容，更是宽泛、崇高、慈悲的关键。为此，民间救助组织应当积极加强对佛教“慈悲”观念的宣传，通过佛教文化来激发人们内心深处的“道德自律”，使其怀着“慈悲”观念参与更多的社会救助。

3. 发扬道家“利他”的公益观

道家文化和道教文化是中国传统文化中非常重要的一支，这些文化中包含了丰富的人生哲理，如老子“赏善罚恶、善恶报应”等道德观念，成为中国传统慈善事业发展进程中的一个思想源头。老子鼓励人们向善，希望人们能够不偏私、不占有、多予少取。对于我们来讲，就是要效法自然，顺应天命，多行善事，特别是“矜孤恤寡，敬老怀幼”“济人之急，救人之危”。

可以看出，中国传统文化中蕴含着丰富的社会救助思想，它推动着民间救助组织机构事业的发展，虽然不同的思想流派有不同的特色，但在社会救助思想上却是殊途同归，主要表现在以下几个方面：一是以“爱”为利他、由己及人的公益事业奠定思想情感基础；二是为践行“爱”人的社会救助思想奠定理论基础；三是将参与社会救助看作加强自身道德修养的过程。这些思想引导着中国的流浪乞讨群体救助事业永续不衰，有着巨大的安抚作用。

（二）增进社会互信

民间救助组织要实现快速成长，始终无法脱离来自社会大众、政府的支持，更离不开社会的认同。为此，民间救助组织应当对自身的组织形象进行维护，通过报纸、媒体以及网络等方式来提升透明度和社会认可度，真正将民间救助组织的工作以及文化理念等传播开来，获得来自社会、政府以及大众的认可，促使组织能够有更为持续的发展动力。

1. 充分利用网络媒体传递正能量

在现代化的社会中，新闻媒体在民间救助组织建设和文化宣传中发挥了非常重要的作用，加之，民间救助组织的资金较为缺乏，没有更多的资金用于开展“公关活动”，更多的民间救助组织只能够低头做好当前的公益事业，而这些正好与新闻媒体的关注点相符合，为此，民间救助组织应当加强与网络媒体的联系，借助网络媒体来帮助自己进行宣传工作，例如，邀请网络媒体参与民间救助组织的各项活动，跟踪式报道民间救助组织的各项救助活动，让民间救助组织的工作情况能够被完全放到大众面前，使他们对民间救助组织有更加深入的了解，从而增强对民间救助组织的信任度。

2. 扎根社区服务

民间救助组织在开展活动时，应当从大家身边的事做起，即深入社区与广大群众接触。民间救助组织要深入社区，通常需要具备能力、资源、信任三大要点。美国亚洲基金会高级项目官员、中国项目开发与公共关系总监裴彬女士就曾经表示，民间的公益组织要真正将工作落到基层，深入社区。这主要受民间组织本身特性所限，同时也是广大社会群体了解民间组织的一个重要过程。民间救助组织只有真正走入社区，才能扎根基层，才能更好地与困难群体实现“无缝隙的衔接”，充分掌握他们的实际需求，并培养出一大批参与社会救助的热心群众和志愿者。

（三）大力培育公民的救助精神

公民救助精神实际上与社会的思潮有着非常密切的关联，同时也与其个人感情的变化密切相关。其并非人们自出生以来就有的，当然也并非持之以恒。为此，公民必须尽可能地实现救助精神与救助行动的相互转变，尽可能地从一名旁观者发展为一名参与者，夯实救助精神的文化基础。

1. 在民间救助精神强化的过程中，行动激励是其非常重要的保障机制

尽管当人们在参与各种公益项目时，主要是凭借着个人的爱心和激情，但仅仅依靠激情、爱心是很难保障公益事业实现持之以恒的，并且一个组织很难仅仅依靠个人的魅力与和谐的人际关系就实现长时间运转。这就意味着，若在培养救助精神期间，只依靠道德说教的方式，那么民间救

助事业必然走向衰败，为此，要更好地实现长久的发展，就必须从根本上建立起相应的行动激励机制。首先是物质激励。在针对救助精神进行培养期间，帮助人们真正以行动来参与民间救助行动，在这个过程中，社会声誉的构建固然重要，但同时无法离开精神奖励和物质奖励。其次是社会荣誉奖励。这种激励方式实际上是一种精神奖励的重要方式，人们在参与社会救助时，必然期望能够获得来自社会各界的认可，而通过社会荣誉奖励，则能够获得来自社会的肯定，从而更好地参与未来的救助服务。最后是社会回报的激励。不可否认的是，在民间救助行动中，利他主义是其本质，同时也是展现救助精神的重要基础，但一个社会要正常地运作，实际上是依靠人与人之间形成良性互动来实现的，为此，无论是在精神上，还是在物质上，都应当构建起互惠性。在对救助精神培养期间，尽管我们强调大公无私的精神，但应当充分考虑社会大众的“互惠性”，给予适当的社会回报，以便实现其持久性。

2. 关心他人是强化公民教育的一种方式

人们心中最为迫切的渴望是获得来自他人的关心，而这种渴望能够帮助人们提升关怀能力，使他们逐步形成维护公平正义、扶危济困的正确观念，促使民间救助精神能够得到真正意义上的发扬。因此，在公民教育中，可以将关心他人作为一项非常重要的内容。首先，以家庭作为第一堂课。在每个人的成长中，家庭都发挥了非常重要的作用，对其未来个人行为规范和道德情操等形成有着极为关键的作用。因人们受到的家庭熏陶和影响最为深远，故其对人们的理念、性格和品行等方面带来的影响也更为关键，特别是当一个人有充满爱心、和睦的家庭时，就能够更好地健康成长，在这样的家庭氛围下，才能够更好地产生公益精神。其次，以学校作为第二堂课。人们的公益精神并非天生就存在，更多的是通过的后天培养，所以，学校的教育是人们形成公益精神的重要场所。教育工作者必须适时地为学生输入公益精神，为学生营造一个良好的公益氛围，帮助他们成长为尊重他人、爱护他人和理解他人的健康人才。最后，以社会为第三堂课。人本身就是一种社会性群居动物，他们未来必然会进入社会，但即便是以往学习了再多的关心教育、感恩教育，在进入社会之后，一旦遭遇挫折他们的心理就可能发生改变，基于此，人们在进入社会之后，必须加强其义务感、责任感和公民自尊感的培养，让他们能够凭借个人良心办事，并最终成为一名具有良好道德修养的公民。

3. 文化建设可以夯实民间救助精神的根基

要帮助公民提升其救助精神，就必须建设非常重要且基础的民间救助文化，具体可以通过以下几个方面来实现。第一，鼓励社会大众参与社会救助工作，主要引导他们在爱心的引导下，为社会救助站提供捐款，激发他们参与社会救助的责任心。如果每一名社会成员均能够在个人的生活中奉献一点爱心，那么不仅不会影响其个人生活，甚至还会聚少成多，让更多的流浪乞讨人员得到更好的救助。长此以往，必然能够在社会上形成良好的公益风气。第二，在社会主义精神文化中纳入救助文化，在全社会各个地区弘扬民间救助精神，倡导民间救助行动，营造出一个良好的救助氛围。第三，借助网络媒体的作用来大力宣扬救助文化和救助精神，使其成为社会和谐稳定的重要体现。第四，弘扬民间传统文化中的慈善美德。我们在弘扬社会主旋律的同时，也要注意挖掘传统文化中宝贵的精神财富，并大力宣传，以此来推动民间救助文化氛围的形成。

四、小结与展望

（一）小结

本章以 S 关爱外来人员工作室为研究对象，通过对其发展现状的研究，充分剖析了当前民间救助机构在发展期间遭遇的救助制度问题、资金问题、人才问题、民间力量参与度问题、救助可持续性的问题和困境，通过对这些问题进行深入探讨，发现上述问题和困境与政府对民间组织的重视度不够、志愿服务精神不足、慈善基金对慈善组织的支持力度不够、流浪乞讨职业化、慈善信用度低有关，并基于此提出了我国民间力量介入城市流浪乞讨救助制度应该坚持的原则，加强民间救助组织建设与宣传、形成民间组织发挥作用的良好氛围的优化措施，力求能够更好地激发民间组织的活力，增强其生命力，从而使其更为科学合理地发展起来，实现公共管理工作的创新。

（二）展望

本章因受限于时间以及个人能力，故针对S关爱外来人员工作室的研究不够深入，并且所提出的优化措施建议也具有较强的原则性，是否具有实践操作可行性还有待商榷。因此，在下一步的研究中，将基于“立足国内，依托国外，不断创新，救助为众”的原则，针对引导富人参与救助事业、快速建立合作伙伴关系、创新服务项目和形式等方面作出进一步的探索，以便帮助民间救助组织获得更快的发展。

参考文献：

1. 刘晓兵．刑事被害人社会救助研究［M］．北京：中国政法大学出版社，2021.

2. 张浩淼．织密兜底社会安全网：社会救助高质量发展研究［M］．北京：中国社会科学出版社，2023.

3. 刘娟，何少文．社会救助政策与实务［M］．广州：广东经济出版社，2016.

4. 刘娟．社会保障政策与实务［M］．北京：中国农业出版社，2018.

5. 王治坤．中国社会救助发展报告（2013）［M］．北京：中国社会出版社，2015.

6. 李鹏．兜底保障目标下中国社会救助瞄准机制研究［M］．北京：经济科学出版社，2022.

7. 刘苏荣．战后英国社会救助制度研究［M］．昆明：云南大学出版社，2015.

8. 赵国玲，徐然，等．社会救助视野下的犯罪被害人救助实证研究［M］．北京：北京大学出版社，2016.

9. 埃莉诺·奥斯特罗姆．公共事物的治理之道：集体行动制度的演进［M］．余逊达，陈旭东，译．上海：上海译文出版社，2012.

10. 侯斌，慈勤英．社会救助对受助者获得感的影响：基于“完善社会救助制度研究”调查数据的分析［J］．调研世界，2019（7）．

11. 李迎生，韩央迪，等．超越统合救助模型：城市低保制度改革中的分类救助问题研究［J］．学海，2007（2）．

12. 廖慧卿，张兴杰，张开云．社会救助提升农村贫困残障者的生活机遇了吗?：残障污名与街头官僚、救助政策的交互效应研究［J］．公共行政评论．2020（6）．

13. 林闽钢．城市贫困救助的目标定位问题：以中国城市居民最低生活保障制度为例［J］．东岳论丛，2011（5）．

14. 刘小年．“孙志刚事件”背后的公共政策过程分析［J］．理论探讨，2004（3）．

15. 卢荻秋．虐童案中的集体沉默与职责失守［J］．杂文选刊，2011（3）．

16. 彭华民．中国社会救助政策创新的制度分析：范式嵌入、理念转型与福利提供［J］．学术月刊，2015（1）．

17. 朴美兰，金宝森．民族地区流浪乞讨人员社会救助路径创新研究：以延边地区为例［J］．黑龙江民族丛刊，2020（4）．

18. 时正新．中国社会救助体系研究［M］．北京：中国社会科学出版社，2002.

19. 汤秀娟．城市流浪乞讨人员救助管理视角下的社会治安防控［J］．广州大学学报：社会科学版，2014（1）．

20. 王傅，刘忠．社会组织基本知识［M］．广州：广东人民出版社，2017.

21. 王浦劬．政府向社会力量购买公共服务的改革机理分析［J］．北京大学学报：哲学社会科学版，2015（4）．

22. 于秀丽．排斥与包容：转型的城市贫困救助政策［M］．北京：商务印书馆，2009.

23. 肖艳辉，王保庆．“乞讨权”的法理分析：从人权和自由的角度［J］．湖南师范大学社会科学学报，2005（1）．

24. 谢敏．社会工作介入流浪乞讨人员社会救助中的伦理困境［J］．理论月刊，2018（8）．

25. 闫亚平．太平洋战争爆发后广东地区民间力量对回国难侨的救济［J］．广东石油化工学院学报，2018（2）．

26. 杨团．慈善蓝皮书．中国慈善发展报告（2020）［M］．北京：社会科学文献出版社，2020.

27. 尹铎，蔡慕言，等．广州城市流浪乞讨者的空间管治与日常生活实践［J］．地理科学，2019（3）．

28. 张浩淼．发展型社会救助研究．国际经验与中国道路［M］．北京：商务印书馆，2017.

29. SOLOMON B B. Black Empowerment：Social Work in Oppressed Communities ［M］. New York：Columbia University Press，1976.

30. DANIEL，HUILU. An ethnography of social assistance to ethiopian children by non－governmental organizations：Types，adequacy and predictability ［J］. Social policy & administration，2015，51 （5）：817－836.

31. DAVIES C S L ，POUND J. Poverty and vagrancy in tudor england ［J］. Economic history review，1972，25 （2）：361.

32. FOURRIER－NICOLAI E. How family transfers crowd－out social assistance in germany ［J］. AMSE Working Papers，2020.

33. FOX N C. A snapshot of family homelessness across America ［J］. Political science quarterly，1999，114 （2）：289－307.

34. JAN－ERIK，LANE，DOMINIC，et al. Institution building and spillovers ［J］. Swiss political science review，2004.

35. KARGER H J，STOESZ D. American social welfare policy ［M］. American social welfare policy. Longman，2009.

36. KAUL I. Global public goods：what role for civil society? ［J］. Nonprofit & Voluntary sector quarterly，2001，30 （3）：588－602.

37. RAPPAPORT J. Terms of empowerment exemplars of prevention：toward a theory for community psychology ［J］. American journal of community Psychology，1987：15 （2）.

38. ROELEN K. Receiving social assistance in low－ and middle－income countries：Negating shame or producing stigma? ［J］. Journal of social policy，2020，49 （4）：705－723.

39. SAMUELSON P A. The pure theory of public expenditure ［J］. Review of economics & statistics，1954，36 （1）：1－29.

40. SCHMITZ P，ECONOMICS J O P，BOADWAY R ，et al. Government versus private ownership of public goods：The role of bargaining frictions ［J］. Journal of public economics，2015.

41. SIMONET D. The new public management theory and the reform of european health care systems：An international comparative perspective ［J］. International journal of public administration，2011，34 （12）：815－826.

42. SOSIN M, PILIAVIN I, WESTERFELT H. Toward a longitudinal analysis of homelessness [J] . Journal of social issues, 2010, 46 (4): 157-174.

43. STRUYK R J, CORVINGTON P A. Russian social assistance nonprofits as potential contractors to local governments [J] . nonprofit review, 2003, 2: 63-72.

44. THOMAS, LEMIEUX, et al. Incentive effects of social assistance: A regression discontinuity approach [J] . Journal of econometrics, 2008, 142 (2): 807-828.

45. TÜIRKAY DERELIT, ELIGÜZELN, ETINKAYA C. Content analyses of the international federation of red cross and red crescent societies (ifrc) based on machine learning techniques through twitter [J] . Natural hazards, 2021: 4-5.

第三章

○ 多方联动参与流浪乞讨人员救助服务 ○

第一节　社会工作机构参与流浪乞讨人员救助服务概况

本章以D社会工作机构（以下简称D社工机构）为例开展研究。

一、服务对象的基本情况

D社工机构于2013年成立，专注于流浪乞讨人员救助服务，在政府购买服务的推动下，先后承接了广州市流浪乞讨人员社会工作介入服务、广州市救助管理站专业社工服务、广州市救助管理站市区分站社工驻站服务、P区救助管理中心社会工作服务、T区民政局街面救助服务、H区民政局流浪救助服务等11个流浪乞讨人员救助服务项目，2015年11月至2021年12月，D社工机构团队开展流浪人员个案帮扶2563例，帮助594人回归家庭、41人成功就业，跟踪回访1057人次，开展救助宣传活动96场次。

在开展救助服务前期，D社工机构经过大半年的摸底排查，通过与流浪乞讨人员面对面的访谈了解其真实情况包括年龄、籍贯、身体情况、就业意愿、服务需求等，共为服务区域内570多名流浪乞讨人员建立了个人档案，笔者也参与了这个建档过程。建档的资料中，涉及流浪乞讨人员的基本身份信息、谋生方式、现状及成因、服务需求等问题。

（一）基本特征

笔者对D社工机构的服务对象建档资料进行了筛选，对其中有效的530份建档资料进行了分析。笔者发现服务范围内的流浪乞讨人员情况复杂多样，无论是从年龄结构、性别分布、户籍地分布等客观条件上看，还是从他们的现状成因、谋生方式等主观条件上分析，都呈现一个多样化的趋势。总的来看，有以下几个特征。

1. 来源广泛

如表3-1所示，从流浪乞讨人员的户籍地分布状况来看，服务范围内的流浪乞讨人员来自全国各个地方，几乎覆盖全中国。表3-1所显示的户籍地是流浪乞讨人员流出地排名前八的省份。不难发现，广东和河南两省是流浪乞讨人员流出的大省，二者比较，广东相对好理解，而针对河南省流出的如此多的流浪乞讨人员，我们不禁会问：何以至此？流浪乞讨人员的来源地广阔，无意中增加了救助的难度，单靠广州地区政府救助部门，很难实现完全救助。

表3-1　流浪乞讨群体的户籍地分布状况

户籍地	广东	河南	安徽	贵州	广西	湖北	湖南	江西	其他
频率	104	112	22	23	36	25	39	24	145
有效百分比（%）	19.6	21.1	4.2	4.3	6.8	4.7	7.4	4.5	27.4

2. 成因复杂

如图3-1所示，通过分析流浪乞讨人员的现状成因，笔者发现导致流浪乞讨的原因有很多，大致有因利、因贫、因病、因残、家庭矛盾、未找到工作、黑户等，成因复杂多样，决定了不能对其一概而论。其中因身体残疾沦落流浪乞讨的占到了32%，因贫困流浪乞讨的占到了20%，另外占比较大的（19%）是因为未找到工作而流浪乞讨的。另外，其他还有很多原因导致流浪乞讨。总之，D社工机构服务范围内的流浪乞讨人员现状成因较为复杂，需要区别对待和谨慎处理。

3. 高危群体多

流浪乞讨人员类型多样，还普遍存在一些高危群体，如高龄老人、妇女以及携子乞讨的人员等，他们是在流浪乞讨环境中比较容易受到危险因素侵犯的一类人。从分析数据中可以看出，虽然女性只占12%，但女性群体在流浪乞讨中会面临更多的问题，不论是经济上的还是自身安全方面的，这在我们实际走访和了解中也得到了证实。因此，流浪乞讨中的女性

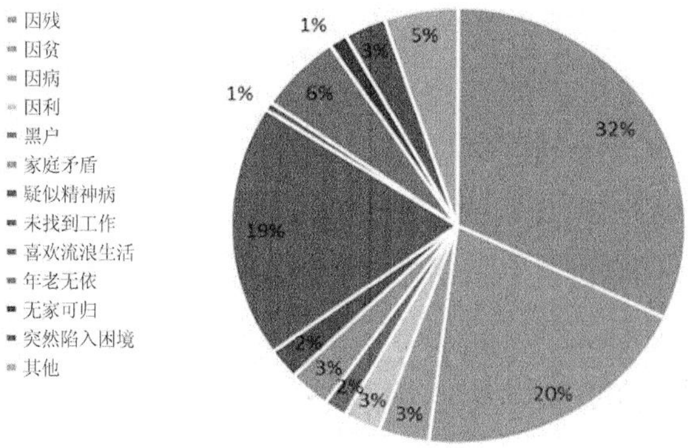

图 3-1　流浪乞讨成因

群体需要得到更多的关注。再者，高龄老人群体也比较多，这一类群体流浪乞讨的原因比较复杂，有家庭原因，也有个人原因。

（二）需求分析

马斯洛将人的需求分为五个层次，生存需求是最基本的，最高的是自我实现的需求，无疑，流浪乞讨人员的需求也包括了这几项需求。通过分析流浪乞讨人员的建档表中需求一栏的内容，归纳出了他们的需求类型，又参照马斯洛的需求层次，笔者将流浪乞讨人员的需求总结为以下几点。

1. 生存的需求

流浪乞讨人员露宿街头，缺乏必要的物质生活保障，理论上讲，满足其对衣物、食物、住宿等基本保障的需求是第一位的。大多数流浪乞讨人员自述没有住宿的地方、缺乏衣物，很难保障基本生活。且据笔者走访过程中的观察，流浪乞讨人员确实大多露宿在火车站、人行天桥下、商铺门前、教堂门口等，其行李简单破旧，衣物较少，一日三餐得不到保证，基本靠乞讨满足，偶尔会有义工派餐服务，但不能从根本上解决他们的食宿问题。以此来看，满足其基本的生存需求是流浪乞讨人员救助服务工作首要考虑的问题。

2. 情感和归属的需求

流浪乞讨人员属于社会的边缘群体，流浪露宿在外，没有很强的社会联结，缺乏与社会的互动，自身心理、情绪容易出现悲观、绝望、偏执等问题，需要心理情绪的辅导以及家庭关系的辅导等。依据上文分析得到的流浪乞讨的成因，因为家庭矛盾（3%）、无家可归（3%）的也占相当一部分，这直接导致了他们与家人的联系断裂，而因贫、因困、因病、因残等原因导致流浪乞讨的也不同程度地出现了心理上的缺失。这一点笔者在跟随一线社工外展过程中有明显的感受。每次见到一个服务对象，社工都能跟他们聊上半个钟头，他们总是有讲不完的话，社工在这里面扮演了倾听者的角色，满足他们情感支持的需求。

3. 就业的需求

根据建档资料来看，流浪乞讨人员中，不是所有人都是没有劳动能力、无法通过自身劳动来获得生活资源的。从成因也可以看出，有19%的人是因为来到目的地找不着工作，被迫流浪乞讨的，那么，至少这一部分人员是有就业的意愿和需求的，他们有就业发展、提升自身能力的需求，可能因为自身能力不够无法找到合适的工作，这就给后续社会工作的介入找到了突破口。提供就业辅导方面的服务对应着这一部分流浪乞讨人员的需求。

4. 特殊群体的特殊需求

针对一部分特殊群体，如流浪孕妇、流浪儿童、高龄老人、精神病人、危重病人等，他们的情况复杂，涉及的利益主体较多，除基本的人身安全需求，他们还有更多的需求，如入院治疗、康复治疗、购票回家、返乡安置等。针对这一部分需求，社会工作发挥的是资源链接者的作用。社会工作本身拥有的资源是有限的，需要充分发动更多的相关主体参与流浪乞讨人员救助的队伍，如与救助管理站合作救助、与义工人员联合、与公益团体共享资源、与企业联合等。

二、救助现状

在D社工机构参与流浪乞讨人员救助前，广州市已有公益团队从事流浪乞讨人员救助的工作，主要自2014年以来，由政府尝试发起的福彩有爱流浪救助试点项目牵头，一些社会力量开始介入流浪乞讨人员救助领域。

笔者根据走访和访谈总结出 D 社工机构参与前救助服务呈现以下几个特点。

（一）以自发性救助为主

政府救助部门与社会力量两者间的合作沟通较少，逐渐兴起的社会力量开始涉足流浪乞讨救助领域，并自发地进行一些救助服务。政府方面进行的常规服务，如针对流浪乞讨人员的救助初步建立起以民政牵头，公安、城管、卫生、财政、交委等部门配合的救助服务网络，民政部门带头，公安、城管部门负责护送和打击违法行为，卫生部门则主要提供医疗资源的支持等。此外，广州地区在社会公益发展的驱动下，发展出一批公益力量，他们自发地开展一些公益服务，其中就有针对流浪乞讨人员的，包括一些义工队伍和公益团体，他们通过走访或偶然地发现了解露宿人员的生存状态，自发地提供满足其日常所需的救助物资，让露宿者感受到城市人情的温暖。逐渐兴起的社会力量参与流浪乞讨救助，使该服务领域逐渐引起大众的关注。

（二）以物资派送为主

物资派送救助服务是广州市早期流浪乞讨救助服务的主体内容。广州市关怀露宿者义工队，多次组织街头探访活动，对露宿者进行捐资送暖，其服务主要是关注露宿者的物质需求；“悦善 100”义工队的宗旨是开心地行善，“100”即是每人每月捐 100 元帮助露宿者，用于购买饭食进行派发；爱益联团队会在广州海珠广场、一德路万菱广场等地，徒步寻找街头的流浪汉，为他们施衣赠食；萤火虫义工团的特色服务主要是“雪中送炭，寒夜送暖”——关爱街头露宿者行动活动、“爱心待餐”——向露宿者送爱心餐活动等。除了义工队伍，也有以厚德公益、尚丙辉关爱外来人员工作室、让爱回家志愿者、广州青年志愿者协会启智服务总队——关怀露宿者分队 4 支团队为代表的公益团体参与流浪乞讨人员救助服务，主要也是为流浪乞讨人员提供必要的物质帮扶。

访谈对象（总干事）：

从 2007 年开始就有了，2008 年、2009 年就有了，（他们主要是做什么呢?）物资，像当时的启智，还有其他一些，到现在都有 10 多家了，启智算是比较早的，然后，厚德公益、乐助公益，然后像教会的就更早一点了，爱益联，后来的尚丙辉工作室。然后公益团队介入得比较早，2008 年、2009 年就开始介入了，当时主要是物资派送，全部是物资派送，没有个案帮扶一说，不用说个案帮扶，当时社工都还没介入进来，跟政府救助部门的对接也比较少。（访谈记录 2017C01）

（三）以零散性救助为主

参与流浪乞讨救助主体的自发性，决定了不同主体间开展服务的零散性，缺乏一个整体的统筹规划。从政府救助部门来看，救助管理办法显得更加人性化，其保障能力却降低了。“自愿接受帮助”原则应用于患有精神障碍、智力障碍、边缘性人格的人员，以及未成年人、高龄老人等缺乏民事行为能力或行为能力受限者的救助工作时，却可能带来保障功能降低的后果，“反复送，送反复”和“反复救，救反复”现象层出不穷。从社会力量参与流浪乞讨人员救助情况来看，各个义工队伍或公益团体开展的服务均为自发开展，组织间没有交集，与政府救助部门也鲜有合作，较为零散，缺乏组织性，从而降低了其服务的预期效果，广州市重点地区、路段的流浪乞讨人员数量不减反增。

综上来看，在 D 社工机构承接政府购买的流浪乞讨救助服务前，流浪乞讨人员救助服务已经开始进入试点期，陆续开展相关服务，但是由于区域内流浪乞讨人员自身数量众多、分布广、构成复杂等原因，对他们的服务还没有形成一种常态化机制，各主体间也缺乏一个沟通机制。

三、参与救助服务的基本情况

（一）服务缘由

D 社工机构原来是一家在养老服务领域做得很出色的机构，但是，机构发展来到转型当口，其服务方向转到流浪乞讨救助领域，是有其深刻的原因的。其自身的发展定位、社会的需要、对现实需求的回应等都是其考量的因素。

1. D 社工机构致力于提供专项服务

就机构自身而言，D 社工机构负责人常年参加义工服务活动，曾经去云南支教，有较高的志愿服务精神和社会工作服务理念，致力于做好社会工作服务，这也是做好社会工作服务最重要的一点；就机构发展规划而言，流浪乞讨救助领域是一个值得深入挖掘和探索的领域，其现状和人员的复杂性对救助服务提出了现实需求。

访谈对象（总干事）：

其实机构 2013 年成立的时候，我们就一直想做专项，当时也就没做综合类项目，这可能跟我自己的背景有关，我原来做文化传播，也是从事专业领域的，所以我感觉社会工作也要从专业领域走，一个领域一个领域地去做。当时机构想做专项，对于专项也还没有一个很好的提法，广州所有的都是做综合类的，机构就计划着，等到 2015 年的时候政府有这个项目出来，感觉符合机构的长期规划。（访谈记录 2017C01）

2. 流浪乞讨人员救助服务需求迫切

《2014 年广州市民政工作总结》指出该地区流浪乞讨传统救助服务中暴露出一些问题：政府救助部门开支逐年增多，救助压力却仍未缓解；救助服务政策和举措未被流浪乞讨人员知晓；流浪乞讨人员对政府救助部门认知有偏差，获救意愿不强；众多爱心企业、义工团队提供了物资援助、心理情感服务，但救助成效不理想，对群体问题的整体解决缺乏针对性。在一系列现实问题的压迫下，流浪乞讨人员救助服务有了新的需求，即要解决先前救助服务中存在的问题，尝试探索一种新的有效的救助服务模式。恰好，社会工作介入服务回应了这一需求。

访谈对象（总干事）：

2014 年，当时在天河区石牌街的一个街道做试点，但当时的这个试点也做得不是太成功吧，因为当时也没有社工参与，全是志愿者，可能是一

个社工牵头，也可能一个社工也没有，所以那个试点做得不怎么样……（访谈记录 2017C01）

3. 政府购买社工服务提供有利条件

针对既有流浪乞讨社会救助服务中存在的问题，广州市民政局出资100万元，向专业社会工作服务机构购买了为期一年的“流浪乞讨人员社会工作介入服务项目”，探索运用专业社会力量解决流浪乞讨人员救助服务顽疾的新模式。不同于以往的工作模式，社工介入流浪乞讨救助服务重在突出个案服务内容，聚焦职业乞讨难题，以“职业”流浪乞讨人员相对集中的街道为主要工作点（主要覆盖 YX 区、LW 区、TH 区三个重点区域），协调各种政府与非政府资源开展工作；此外，还注重经验探索，力求可复制，将实际成效项目开展获得的经验推广到服务范围以外的辖区其他地点。政府部门的支持为社工服务的顺利开展提供了资源上的有利条件。

（二）服务目标

D 社工机构在救助服务策略设计中重点突出了社会工作机构的专业介入优势，据此制定的服务目标较为专业化并具可操作性。首先，进行乞讨返乡全过程服务。通过个案帮扶、转介援助和跟踪回访等服务方法跟进整体流程，提高劝返成效、降低复讨概率。其次，运用多样化手法，提供多元化服务。以情绪疏导、情感抚慰、心理辅导、关爱帮扶、返乡教育等方式，回应流浪乞讨人员的多元化需求，提升其受助意愿。再次，注重优势挖掘提升个人价值。通过联动政府、企业资源，挖掘其自身社会资源网络、就业意愿，提供就业支持、提升个人价值、促进社会回归。最后，通过实践探索和实务研究总结出一种适合流浪乞讨人员救助服务的模式，有效缓解了目前流浪乞讨人员救助服务中存在的问题。

访谈对象（总干事）：

我们机构的定位主要有几个方面，一个是要突出重点，就是重点人群，未成年人排在第一，高龄老人、妇女、孕妇、高度残疾的（小儿麻痹）、生活完全不能自理的，这些都是我们的重点……（访谈记录 2017C01）

（三）服务内容

D社工机构为了满足不同流浪乞讨人员的多层次、多类型且复杂多变的需求，设计了一体化、多方面的服务内容，这样既有利于社工日后服务的跟进，也有利于在更大程度上开展好流浪乞讨救助服务。机构项目组在前期的探索中设计出了“四大模块”的服务内容，分别是一人一档、个案帮扶、转介服务和跟踪回访。

一人一档。目的在于为城市流浪乞讨人员建立个人档案，形成情况汇总，以此为依据分析服务范围内流浪乞讨人员的年龄、籍贯、流浪乞讨现状及成因等，了解他们的基本特征，形成需求调研报告。

个案帮扶。即根据流浪乞讨人员个人建档资料，发现流浪乞讨人员的需求，诸如就业、返乡安置、家庭关系、医疗支持、物资支持等，社工就采取个案跟进的方式，前期通过外展和夜展的形式以情绪疏导、感情抚慰、心理辅导等方式建立关系，在深度访谈后根据其真实情况及需求，进行有针对性的跟进，改善其生存条件，通过帮助其逐渐改变认知，树立信心，促进其返乡或就业。

转介服务。这是一个相互的过程，一方面D社工机构根据服务对象的实际需求，按照相关政策法规，有针对性将其向司法、就业、医疗等部门转介；另一方面D社工机构也同其他公益团体和家庭综合服务中心建立起了转介服务协议，接收其他单位的服务个案转介。这些单位包括各级救助管理站、医疗单位、街道办事处、家庭综合服务中心等。

跟踪回访。即对已经结案的返乡或就业的流浪乞讨人员进行跟踪了解，并派出社工或委托流出地社会组织进行主动回访，确保救助对象弃讨返乡后能回归正常的社会生活。

四、采取“多方联动”救助策略的现实因素

（一）问题：现行救助体系不健全

如前文所述，当前的流浪乞讨人员救助服务方面存在一些问题，人们

的社会救助意识得到发掘，救助服务资源丰富，但真正惠及流浪乞讨人员的却大打折扣，D社工机构在承接民政局购买的专项救助服务后，积极思考问题的症结，发现如何整合各方面的救助资源，最大化地发挥各方救助主体的优势才是关键。

在这方面，政府部门下属的救助管理部门是重要资源。D社工机构坚持与各级救助管理站和流动救助队保持恒常的沟通，发掘和链接曾经没有发挥好作用的政府资源，包括引导流浪乞讨人员进站求助、协助流浪乞讨人员获取社会福利资源。此外，D社工机构与民政部门共同商讨，建立了一套关于流浪乞讨人员救助服务的政社联动方案及指引，使政社联动更为规范，服务更有效率、更有成效。

除了政府部门，广泛的社会力量也是不可忽视的救助资源。“社工+全民义工”将是未来社会服务的发展趋势，通过将服务和宣传延伸到社区，使社区居民了解流浪乞讨人员真实的需求，从而更正确地对待他们，更理性地关爱他们。增强与街道、居委会和家庭综合服务中心的合作，运用社区义工资源，逐步开展全民义工的建设，通过社区义工在社区的影响力，使更多居民关注、理解流浪乞讨人员，并参与救助服务，通过宣讲与培训，能让家综社工与义工掌握初步甄别的方法，实时提供协助的途径，从而提升救助服务的成效。运用“社工+全民义工”的网络，对流浪乞讨人员进行更全面、更综合的调研，使不同的救助管理部门、社会服务机构、义工团队等更能精准地针对流浪乞讨人员的需求设计不同的服务内容。

（二）契机：公益创投项目的支持

D社工机构于2016年初申请到了广州市社会组织公益创投项目的支持。在广州市社会组织公益创投项目的资助下，D社工机构建立了“简·爱”街友关怀爱心超市，旨在打造“物资+服务+支持”的社会支持网络。企业、组织、个人等都可以直观地了解到爱心超市所提供物资和服务，挑选自己感兴趣的项目来进行捐赠和合作。爱心超市也根据自身所需去主动联络资源，做到有的放矢和可持续发展。在爱心超市的运营过程中，机构与广州市慈善会、腾讯乐捐建立了联合募捐平台，整合公益资源与跨界资源。据D社工机构爱心超市负责人Y社工所述，爱心超市已募捐了价值超过10万元的物资，为多名街友提供了食品、衣物等临时服务，也为返乡、就业的流浪乞讨人员提供衣物、毛巾、洗漱套装等物质帮助；同时，还为老年人提供了体检的医疗支持、为有需要的流浪乞讨人员提供收音机、书籍等精神抚慰的支持等关怀，使流浪乞讨人员获得了全面的关注与服务。

访谈对象（社工）：

我们爱心超市是在第三届广州市社会组织公益创投活动资助下成立的，成立时间与我们接下民政局的项目的时间很接近，为我们顺利开展救助服务提供了便利资源……“简·爱”街友爱心超市提供的物资、服务等均为免费，并以普通超市的形式向流浪乞讨人员展示，供其挑选，其获得方式更多是我们社工在跟进个案的过程中，了解需求，为其链接的……（访谈记录2017C02）

（三）团队：广泛参与的社会力量

D社工机构是“多方联动”中的引领者，在其中起到了一个穿针引线的作用，促成了“多方联动”局面的形成。2015年11月29日，流浪乞讨人员社会工作介入服务项目正式启动，在项目启动之初，项目组迅速落实人员配置，对流浪乞讨现状和需求进行全面了解，并及时梳理服务框架流程。为应对流浪乞讨人员救助服务“需求复杂、难度高”的特点，机构为项目组配置了11名工作人员。一方面，重视项目团队社工的专业性，其中2人有中级社工师证、5人有初级社工师证、1人具备广州市认证的督导资格；另一方面，项目组也重视生活阅历在服务过程中能起到的同理、认同及支持的作用，团队成员年龄包括了20多岁至40多岁的社工，合理搭配，促进团队能力发挥的最大化。项目组成员根据购买服务范围内的实际需求，被分成4个服务小队，各自服务所在区。

流浪乞讨人员救助服务项目是在民政部门购买服务下进行的，因此，笔者认为民政部门作为服务购买方主要扮演了直接资源提供者的角色，其中各级救助管理站是直接对接的部门。广州市救助管理站网站层级结构显示，广州市现有市级救助管理站2家；区级救助管理站4家；市级流动救助服务队 1 支，区级流动救助服务队 12 支。在街友关怀服务联盟中，各级救助管理站属于直接资源提供者，而此服务联盟就是为了更好地把政府救助资源对接到流浪乞讨人员的需求上。其中，社工发挥的是资源链接者的作用，针对受助人员中没有自主返乡能力的残疾人、未成年人和其他行动不便者等特殊困难人员，社工会联动救助部门开展跨省联动；此外，各地区还成立了流动救助服务队，并建立起引导救助、即时救助、昼夜救助和流动救助等主动救助方式，及时与社工对接，对社会上的流浪乞讨人员进行指引、劝导和护送工作等。

加入街友关怀服务联盟的公益团队有厚德公益、乐助公益、暖加公益、悦善 100、爱益联、壹星志愿者协会、玉心缘、吉祥素愿、活水源泉、滴水之心、启智关怀露宿者分队、关怀街友服务中心、尚丙辉服务工作室、让爱回家、火星人协会等，此外还有一些社会爱心企业也逐渐加入。在 D 社工机构的协调下，各个组织或团队沟通并确认了自己的服务时间(物资派送)，以及还可以做的其他服务，并明确了服务地域的统筹协调，因此避免了资源浪费，形成合力。各公益组织或团队对于街友关怀服务联盟的整体筹备提出了自己的看法，如联盟的目标、准则、形式、内容等。在这样一个和谐共商的形式下，各个救助主体的资源和力量得到了充分发挥。因此，除了民政局正式购买的 D 社工机构的服务，更广泛的社会力量也在开展流浪乞讨人员救助服务。这样一个广泛参与的局面亟须一个有效的沟通机制和平台，于是，流浪乞讨人员关怀救助服务联盟应运而生。

访谈对象（总干事）：

街友关怀服务联盟是我们筹备很久的一个内容，从刚开始接项目的探索期，到现在项目的平稳运行期，我们流浪乞讨救助项目组一直在思考如何把广泛的社会力量团结起来，直到 2017 年 6 月，全市性的街友关怀服务联盟筹备第一次会议的召开，才算初见成效，有了第一次会晤，后续的工作更好开展了……（访谈记录 2017C01）

关怀服务联盟目的是在社工的统筹联结下，通过跨地域、跨行业整合服务资源，加强源头治理，与公益组织、医疗机构、法律团体、职业培训机构组建街友服务联盟。并通过规范服务指引，完善服务标准，使流浪乞讨人员在法律、医疗、职业技能、社会保障等方面获得服务支持，优化社会资源，从而保障其合理的权益，进一步改善其生活质量，有效解决“复讨问题”。

第二节　“多方联动”在流浪乞讨人员救助服务中的具体应用

在D社工机构参与流浪乞讨救助服务过程中，“多方联动”的实质是满足服务对象多样化需求。具体来讲，“多方联动”包括政社联动、社义联动、社企联动以及社研联动，以社工为纽带，联合政府、义工团体、企业和科研院校等多方在内的协调和支持，从而为服务对象谋得最大的福利和发展。

访谈对象（总干事）：

我们的社工把流浪乞讨人员称为“街友”，政府、社会、企业等多方联动，为“街友”搭建起社会支持网络，这是促使他们弃讨返乡、标本兼治的重要方式……（访谈记录2017C01）

一、政社联动

政社联动也是多方面的，大到政府购买社工服务参与流浪乞讨救助，小到社工与救助管理站以及流动救助队建立的恒常沟通机制和长期合作形式，以及与街道、居委会，源头地的救助站、民政部门等的沟通、联合行动。这一联合行动模式是由现实情况的复杂性决定的，如流浪乞讨人员的贫困、疾病、残疾、行为问题等，仅仅依靠单一的政府部门或者社会组织难以做到返乡安置，需要多方合作，共同联动。

1. 站内个案辅导：找寻家人，返乡安置

站内个案辅导是指针对各级救助管理站内的求助人员，先由救助站内工作人员评估每个站内救助对象的需求，再将需要社工跟进的个案转介至项目组，由项目社工到救助站内与案主会谈，再次评估案主需求并进行跟进的过程。每次进行站内个案跟进后，社工都需要及时做个案会谈记录和会谈评估，并将会谈情况及时告知救助站相关工作人员，共同商议接下来的跟进计划和方式。

访谈对象（社工）：

上半年共入站提供16次服务，主要到广州市救助站和广州市救助站市区分站跟进个案和开展活动……（访谈记录2017C04）

运用政社联动救助方式，项目组社工联动救助站、救助队、服务对象户籍地相关部门等共同为服务对象服务，促使服务对象能够顺利返乡养老安置，促进服务对象问题的解决，成效显著。项目组社工与广州市救助站市区分站共同协助江门吕伯返乡安置一例最能体现。

吕伯已经68岁了，离家流浪30多年。吕伯育有一子一女，早年与妻子离婚，儿子随其母亲在东莞生活，女儿已经嫁人。一方面，吕伯的身体欠缺健康，之前吕伯的腿部受伤，导致走路一瘸一拐。随着年龄的增长，吕伯越来越喜欢喝酒，导致腿部的风湿病越来越重，严重的时候不能行走。另一方面，吕伯长期流浪在外，缺乏与家人的联系及沟通，致使他缺乏家庭的支持，也缺乏社区的支持。项目组社工通过与吕伯沟通，确定了个案服务的目标，主要是协助吕伯获得临时的救助缓解身体的疾病，期望能够与家人取得联系，并获得家庭的支持，最终吕伯能够返乡养老安置。在长达7个月的个案跟进辅导中，项目组社工给予其家庭关系的辅导，协助他联系到了家人及户籍所在地村委会，最终实现了返乡安置，在后续跟进中实地进行社区融入回访。（文献整理）

政社联动在救助工作中起到互补的作用，社工的角色之一就是资源链接者，社工在提供服务过程中，除了直接的个案辅导，还应该协调各方利益，链接有利于服务对象恢复和发展所需的政府救助资源，扮演个案管理者的角色。从这个方面来说，政府在宏观上救助流浪乞讨人员，社会工作者则在微观上救助流浪乞讨人员，帮助流浪乞讨人员摆脱流浪乞讨的困境，回归家庭、回归社会。

2. 站外外展服务：街面发掘，恒常服务

外展社会工作的概念起源于香港，起初主要是针对青少年开展的工作，随着社会的发展以及外展社会工作自身优势的展现，其逐渐往其他群体扩展，外展社会工作的服务范围也逐渐扩大。① D 社工机构就采取了外展社会工作的形式，并使之成为其参与流浪乞讨人员救助的常规性服务，具体包括白天恒常的街面个案跟进，还包括每周两三次的夜展服务（晚上 7 点至 10 点）。这一服务策略的实施大大增强了救助效果。

在 2016 年 8 月的一天，高温难耐，社工依然上街进行外展，发现了急需救助的产妇杨某。

杨某，女，36 岁左右，家住湖南长沙（这一系列个人信息无法确定是否为其真实信息）。随后，案主自称毕业后就开始了打工的生涯，一年后，她就跟随男朋友返乡结婚，第二年案主就怀孕生小孩了，现在丈夫经常到外面打工，过年时，丈夫都不回家，孩子则跟随外公外婆等生活。案主表示她比较喜欢自由，她觉得外面的世界“挺好玩的”，而家乡比较贫困，她觉得家乡生活内容比较单一，因此，她开始来广州流浪乞讨，因为在这一过程中，按照她自己的话就是可以自由自在地“好玩”了……

其实在 4 月，D 机构的社工在外展中就已经发现了她，还试图了解有什么可以帮到她，在社工的询问下，案主表示她的身体较为健康，但是据社工观察，案主的双脚有肿胀的现象，其他身体状况较好；据环卫工人反映，上一年案主没有现在那样肥胖，因此，根据案主的双脚肿胀以及身体肥胖的情况来综合分析，可以得出案主疑似怀孕的结论。

在后续的跟进中，社工发现案主的肚子越来越大，但案主杨某一直否认自己怀孕。社工只好把这一情况反映给区救助队，区救助队也开始留意案主的动向并试图找寻其家人，社工的工作就是定期去看望案主，慢慢地与案主建立了良好的关系，收集案主的需求。但是，从 5 月末的一次探访

① 郝奴亲．外展社会工作应用于流浪乞讨人员救助的探索［J］．当代经济，2017（17）．

开始，社工就没有再看到杨某。

而到了8月，社工又发现了她与孩子。社工为了孩子的安全，一直跟随杨某，劝导其进救助站，但杨某态度坚决，不肯进站求助，杨某说："我就在这家医院附近，哪儿都不去，晚上可以进去洗澡睡觉，白天出来。"因此，针对杨某孩子的这一危机状况，社工几乎24小时轮流跟进杨某和孩子以照顾其安危，之后，社工将情况告知了救助站，街道办、警察甚至市民政局也参与此次救助。起初，各方在实施救助的过程中，都没有提出真正切实有效的办法，最后决定联合各方进行一次讨论，以期共同找到解决的办法。鉴于杨某无法承担抚养孩子的责任，就强制分开杨某母子，把杨某送往精神病医院诊治，而把孩子先送往医院检查身体状况是否正常，然后送往儿童福利院抚养。

后期社工经常前往精神病院和福利院看望母子二人，发现案主经治疗情况逐渐好转，孩子在福利院也生活得很好。

社工对案主的帮扶是不可或缺的，在此种危急状态下，虽然还没来得及打开她的心扉，但至少保证了她的人身安全，也相信社工能够逐渐打开杨某的心扉。但是，对于之后出现的危机状况，社工也是心有余力不足，因此，在地街道办、救助队、救助站、民政局等政府部门也纷纷加入进来，共商对策，笔者以实习生的身份参与了此次救助行动，各主体共商对策，解决了杨某的问题。因此，D社工机构在外展的过程中，与区救助队、在地街道办、医院等密切联系，逐渐形成了多方共同行动的外展服务模式。

3. 联合派发物资：寒冬送温暖，炎夏送清凉

项目组社工与救助站市区分站及救助队联合派发物资的行动每年都会进行，尤其是在台风天、冬季寒潮期间、高温天等特殊时间段，民政部门会主动要求联合项目组社工进行送物资关怀行动。机构数据资料显示，2016年一年联合开展"寒冬送温暖，关爱露宿者""夏日送清凉，关注露宿者"活动共10次，派送衣物一批，热粥165碗，方便面350包，八宝粥120罐，药包165个，约500名露宿者获得物资的资助。在派送物资的过

程中，政府部门主动向流浪乞讨人员宣传了救助和福利政策，社工则与服务对象建立起良好的关系。与大胡子大哥的结识就是在一次“寒冬送温暖”行动中，项目组 W 社工回忆道：

访谈对象（总干事）：

2016 年春节前夕，广州遭遇罕见的寒冬天气。在得到天河区救助队的物资支持后，我们联合救助队在风雨交加的夜晚，来到火车东站 2 楼平台，为 20 多位长期露宿的街友派送棉被、毛毯、秋衣秋裤。大胡子哥是最后一批派送的。因为我们几个人与他都很熟悉，便坐在他的简易席子上聊天，他高兴地拿出一个很大的柚子，又热情地拿出烟与酒同我们分享，讲述起他自己的故事。50 岁左右的他，因为车祸，妻子与孩子过世。他要借助拐杖上下楼，每天基本在下午 3 点后到一楼开车门讨钱，在 6 点钟准时回来 2 楼，买一份盒饭，偶尔要买些啤酒或米酒。他坦言每次不多要，够吃饭就差不多啦……（访谈记录 2017C01）

二、社义联动

在社会项目运行过程中，义工作为最大的人力资源，对服务的开展和服务成效发挥着重要的作用，从社会工作服务项目的情况来看，无论是在提供综合服务的家庭综合服务中心里，还是在其他专项服务中，义工都发挥着自己特有的作用，社工与义工之间的合作、联动，能为服务的群体带来更大的益处。在社会工作参与流浪乞讨人员救助服务中，社工与义工的联动是指将社会工作者与义工的服务相结合，使其优势互补，包括人力资源的互补、知识结构的互补和社会资源的互补，从而发挥两者最大的作用力。

（一）培训：开展“义工讲堂”

在引入义工参与流浪乞讨人员救助之初，项目组便采取了培训交流的方式与义工分享项目组社工对流浪乞讨人员进行救助的经验。在义工联的支持下，项目组社工会定期为广大义工朋友开展系列培训，培训的内容主要涉及机构项目概况、服务对象（流浪乞讨人员）的特征、具体的服务内容以及主要的社会工作专业技巧等，而义工在这个过程中也与社工分享了自己的救助经验。笔者也接受过两次义工讲堂的培训，其内容丰富而真实、案例具体而鲜活，尤其是社工与义工共商共量、多方参与的氛围，彰显了大家做好流浪乞讨人员救助工作的决心。

（二）服务："社工+义工"驻点

引入义工这一强大人力资源后，项目组便采取了"社工+义工"的服务形式，建立"社工+义工"的社义联动机制。社工联合义工采取"驻点服务+巡查劝导"的形式，通过社工的专业介入和义工的爱心关怀，促使流浪乞讨人员弃讨返乡、回归家庭、回归社会、回归自我。具体来看，社工联合义工对街面上遇到的流浪乞讨人员进行多方面的服务，包括"四劝一引"，即劝导、劝离、劝站、劝返，指引就业。

劝导主要是指义工以外展的形式宣传救助政策，派发救助卡片，指引其自愿接受救助。劝离主要是指义工劝导其离开商业区、主干道、立交桥等重点地段，不要在这些地段乞讨或者露宿。劝站主要是指义工劝其进救助站求助。宣传救助站政策安排：救助站免费提供食宿，转送病危人员到医院诊治，提供返乡车票。广州有 2 个市级救助站、4 个区级救助站，6 家定点合作医院，1 家位于里水的精神病院。劝返主要是指义工劝其返回家乡生活，并在社工的跟进下，协助老年人在户籍地养老安置，在广州务工不着、上当受骗、身无分文而流浪乞讨的人员回家重新计划生活等。指引就业主要是指对于一些有就业能力又不愿返乡的流浪乞讨人员，义工连同社工可以为其提供就业建议、就业信息和转介就业培训等，帮助其成功就业，从而摆脱当前的流浪乞讨生活。

在上述服务内容中，义工主要是发现服务对象，简单评估，若需要进一步跟进，则转介给项目组社工，由社工再次评估服务对象的需求，为其制订服务计划。在这一来一去的联合跟进中，义工的个人价值得到了体现，有了很强的成就感，尤其是在真正帮助到流浪乞讨人员后；社工则发挥了其专业方法和技巧，为服务对象解决问题；而社工与义工资源的互补整合则更有效地满足了服务对象的需求。

访谈对象（社工）：

今天终于帮助到了一个人，很开心哦，刚刚去买饭给他的时候，他一直在跟我聊，感觉很信任我们的样子。他说今天早上下火车，打电话给那个介绍工作的人，却没有人听电话，他就坐地铁来这里睡下了，然后一个骑摩托车的人抢走了他的钱包，还把他裤兜里的2000块钱给拿走了，他追上去还被打了。我感觉他说的应该是真的，你看他头上的血迹，唉，挺可怜的。等会救助队的车会过来吗？（访谈记录2017C05）

对的，救助队的车一会就过来了，我们再过去跟他了解情况吧，我们要确认他的准确信息，以及他现在需要什么帮助，要是想回家，我们送他进救助站后，就给他买回家的车票……（访谈记录2017C03）

三、个案：社义联动典型案例剖析

陈伯在接近大半年的时光里有社工和义工的陪伴，流浪时也许不再那么孤单。

陈伯，76岁，男，本是广州人，却像一个外来人员一样，在自己家门口流浪乞讨。项目组社工早在2015年底就发现了陈伯，一路跟进过来，对案主陈伯给予陪伴和关怀帮助。案主陈伯的经历十分坎坷，20岁时，由于在街上听到一些言论，之后他和最好的工友谈及这些言论，但是晚上的时候他就被同事告发到公安局，从而被判入狱。

出狱后，他在广州及周边的城市工作过，但是有犯罪记录不利于他找工作。之后，他尝试偷渡到香港或澳门，偷渡失败又被判入狱坐牢10年。由于有相关工作技术经验，所以案主得到监狱的准许参加了与监狱相关工厂的工作，并加入了工厂的集体户口。出狱后，他从清远英德回到广州老家越秀区泰康路，发现家已经散了，妻子已经远走，老家的房屋已经整改了，于是他兜兜转转在广州及周边城市工作，直至20年前，他意识到自己身体不太好了，同时受到落叶归根思想的影响，就在越秀区泰康路露宿。在露宿期间，他的哥哥每个月都会给他200元的生活费，但是两年前大哥去世后就没有人救济他的生活。目前他的亲戚只剩下侄子一家人，他表示不想麻烦侄子。雪上加霜的是，他的过期身份证和钱包等也被人盗了。他曾经尝试办理自己的身份证，但是办理无果，渐渐地也就放弃了，习惯于在“家门前”露宿维持生活。

一是社工的行动。

首先，项目组社工初期的跟进陪伴是与陈伯建立良好关系的基础。项目组社工在夜展时发现了陈伯，社工主动去了解陈伯的情况，认真倾听他讲述自己的故事，与陈伯建立起了友好的关系，得到了陈伯的信任；其次，在与陈伯多次的交流中，社工进一步收集到他的个人身份和社会关系等信息，对他的真实需求作出一个评估和分析。社工得知了陈伯的身世和身体状况，即陈伯户籍缺失，身份证丢失，患有严重的胃溃疡等。因此，协助案主联系并进入救助站获得暂时的照顾、到白云区人民医院进行身体状况的检查、户籍信息查询等。因为目前案主的身体健康问题，所以陪伴案主治疗是第一位的。

二是义工的行动。

在社工跟进陈伯接近3个月之后，越来越多的志愿者团队和义工团体也在关注陈伯，为其链接到了丰富的资源。其中“悦善100”最为重视，派发了生活用品，后来得知陈伯身体状况越来越差，还主动资助了手术费，使其在广州市陆军总医院住院治疗。“悦善100”组织的义工朋友还自发给案主提供了物质、精神及治疗资源，使案主的身体状况、心理状况等逐渐恢复。后来在民政、街道、公安等部门的帮助下，陈伯解决了户口问题，并被安置到老人院养老。

陈伯只是在“社义联动”模式下，对流浪乞讨人员进行救助的众多案例之一。社工团队和义工团队是两支同等重要的服务力量。社工在真实需求的把握上、政府部门资源的链接上能做得更为有效；义工则在人力资源、社会资源的召集上更有号召力。

四、社企联动

如果说“政社联动”和“社义联动”关注的是如何解决困难和恢复服

务对象正常社会功能，那么“社企联动”就是着眼于解决服务对象发展问题。在社工参与流浪乞讨救助服务的具体实践中，“社企联动”是指在社工进行深入的个案辅导后，案主有强烈的改变意愿，或返乡或找工作，据此，社工协助案主与相应的工作单位或手工工作坊合作、组织就业小组培训，链接就业资源给服务对象，促进服务对象的成长，使其从根本上告别流浪乞讨的生活。

（一）就业辅导小组：提升应聘技巧

火车东站2楼平台的流浪乞讨人员是社工长期以来跟进的服务对象，每周的探访使彼此之间有了良好的信任关系，社工在评估中了解到部分流浪乞讨人员有就业的需求，经过与部分人员的深入交流和访谈后，达成了努力为就业做准备的目标，为了达成这个小目标，社工筛选了其中5名有较强意愿的流浪乞讨人员开展就业辅导小组，为其提供包括情绪辅导、自我认知、工作适应、面试技能培训等支持，并实战演练整个应聘过程。

1. 小组成员情况

表3-2　小组成员情况

	1	2	3	4	5
年龄（岁）	20	34	35	42	50
户籍	广西	贵州	贵州	湖南	湖南
身体状况	小儿麻痹	良好	良好	良好	良好

5名小组组员情况有所差别，其文化水平都处于小学和初中，除其中一名组员有轻度小儿麻痹症，其他组员都具备正常的劳动能力。并且从以往的工作经验来看，他们都只做过一些难度较低的工作，如保安和流水线工人，并且在工作中会出现各种不适应的现象：缺乏遵守规则的意识，容易情绪化。所以在小组建立之初，社工经过与组员的讨论，确定了各自的意向岗位：保安、清洁工等简单易操作的工种。

2. 小组辅导过程分析

小组建立之初，社工与组员已经建立了友好的关系，社工与组员间就各种议题都能达成一致，街友们分享了各自的就业期待，组员初步明确了自己对于工作的想法；在第二节和第三节小组活动中，社工不断调动组员的积极性，营造出平等、包容和相互尊重的氛围，组员开始分享彼此的过往经历，相互支持与鼓励，有效舒缓了内心的负面情绪；在第四节小组活动中，社工邀请组员来到社工所在的机构进行参观，并在招聘网站上挑选了部分适合组员的就业信息，让组员从中挑选自己想要应聘的岗位，提前熟悉应聘的流程，在活动结束后让街友到爱心超市挑选一套合身的衣服，为走进招聘会做好准备。最后，社工带领小组组员来到南方人才市场，亲临现场感受招聘的氛围，并尝试进行现场面试，虽然没有成功，但是迈出了改变的第一步。相对于小组工作开展前，组员能更明确自己的目标，也敢于主动争取工作机会。

就业小组工作对于流浪乞讨人员是一种创新的服务方式，对于流浪乞讨人员实现就业有很大的帮助，也为流浪乞讨人员的就业服务提供了极大的参考价值，需要我们继续尝试和不断反思，改进小组的设计，以更符合小组组员的需求。

（二）创粤绣工作坊：打造就业平台

在服务的一个区域内，社工发现比较多的残障人员聚居在此，而他们大多在街面上卖唱挣钱维持生活，风里来雨里去，时常还要遭到歧视。经过社工多次的外展走访，其中有些年轻残疾乞讨者会接一些穿珠子、刺十字绣、编织鞋子等简单的手工工作。这些手工活简单易操作，只要双手就可以完成，所以他们有很强的意愿去做。他们期望能够有份稳定的工作以及收入，而因为他们自身资源的缺乏，缺少的是一门能持久发展的技术。于是，这个现象启发了社工，社工鼓励他们学习一门技术，以长久稳定地发展。在机构例会上，项目组还特地将这一想法拿出来讨论，希望能够落地实施：

访谈对象（社工）：

其实他们也认为自己应该像正常人一样去工作，现实却很少有工作单位愿意招收残疾人。这群残障街友，也想自己过得有尊严，他们还自发地

在出租房子中做手工，一天能挣三四十块钱，但是货源不够稳定。（访谈记录 2017C03）

如果我们能找到一个合适的手工产品加工工作，当然他们肯定是有积极性去做的，然后我们协助宣传推广，去出售这些手工产品，那么收益肯定就不一样了。（访谈记录 2017C04）

访谈对象（总干事）：

肯定不能是我们去帮助他们买卖，我们只能提供一个平台，还是要靠他们自己去经营的，只有这样才能长久发展下去。此地是广州，我认为粤绣就不错哦，只是比较难学成。（访谈记录 2017C01）

在这个想法的指导下，项目组制订了详细的计划书，与此同时，"绣形绣色"广绣艺术馆也在寻找公益合作伙伴，社工就此帮助残障街友链接到了免费学习广绣技术的资源，另外还得到了爱心企业的资助，创立了"广绣工作坊"。在这个工作坊中，主要由 5 位残疾人采取分工合作形式，根据他们每个人的特长特性分配主管、销售、技术员以及宣传这几个职位，大家互相合作学习广绣技术。前期，广绣专家教授其针法并不断练习，社工向一些爱心企业批发了一些手工来维持生活；后期，针法熟悉了，逐渐开始针绣产品，他们主动参与社工的宣传活动进行绣品义卖和宣传。随着练习的增多和针法的熟练，工作坊成员逐渐习得了广绣的基本技术，能够绣好一些小的手工产品，如手机袋、卡贴等，其中一些产品在义卖中受到了人们的喜爱，工作坊开始获取收入。

工作坊目前仍处于初始阶段，而广绣技术需要时间的练习和技术的沉淀，3 个月时间，工作坊成员虽然只学会基本的一些针法，也只能绣出半成品，未能做出真正的产品，但过程是艰辛的，也能展现出残疾流浪乞讨者积极、努力作出改变的一面。

（三）链接就业资源：成功弃讨就业

从流浪汉到月薪 4000 元，冀某完成了天翻地覆的大转变。半个多月前他还是一名流浪在广州街头的流浪乞讨者。32 岁的冀某之前在佛山的工厂打工，因为和老板有摩擦辞职了，来广州后就再也找不到合适的工作，只好流落街头靠乞讨为生。社工在外展中遇到他时，他已经在中山八路的骑楼下流浪两个多月了。也因这次相遇，冀某的改变一点点凸显出来。

初见案主：社工遇到冀某之初，运用专注、倾听、同理心、鼓励和提供信息等技巧与服务对象建立起初步关系，同时也向服务对象具体描述了自己的工作性质与内容、关心案主的现状以及身体状况，逐渐取得了服务对象的信任。社工还向其派发了服务救助卡，冀某就是通过这个卡片一直保持着和社工的联系。

点燃希望：冀某在社工的一次次探访中，也渐渐敞开心扉。他表示想摆脱乞讨的生活状态，重新找份工作自力更生，还希望能赚点钱回家过年。了解到这一想法后，社工开始为冀某的工作各方奔走，协助他寻找就业资源。

形象管理：社工发现案主冀某身上有较浓的异味并且衣服比较破烂，提醒案主现在的外在形象可能会影响找工作，因此社工协助案主到爱心超市领取了一件衣物，并带领服务对象到公益组织建立的“关怀加油站”洗澡以去除身上的异味，做好个人的形象管理。

就业辅导：针对冀某强烈的就业意愿，社工计划给予其就业辅导服务，让服务对象厘清自己的求职方向并提供招聘信息。面谈中，社工发现冀某之前做过搬运、布展的工作，因此鼓励其留意相关搬运类的工作，并为冀某在 58 同城上投递了简历，还联系了多家爱心企业。最后经过多次面试后，冀某成为白云区一家会展布展企业的员工，月薪约在 4000 元。最后冀某在该单位工作两个月后表示自己想重返佛山并在佛山找到一份工作。

回访：项目组通过回访跟进到了冀某在佛山的就业情况，电话回访 5 次，面谈回访 2 次，通过回访社工对案主就业后的生活适应、人际适应问题进行了辅导，并鼓励其积极地面对工作，对自己的生活进行新的规划。

五、社研联动

社研联动是基于实践者和研究者的协同发展起来的，虽然理想的研究模式是研究者和实践者的合二为一，但现阶段的实际情况是社会工作实践中的一线工作者和潜心于理论研究者的分离，因此为了达到理想状态，需要两者有更好的交流和协作。

（一）实务研究：总结救助经验

实务研究必然是从真实的社会情景去观察、收集和分析资料，社研联动下的实务研究更有利于经验模式的总结和积累。针对流浪乞讨社工介入服务项目，实践基础上得来的丰厚数据、特色服务方式和项目运营管理方面的经验是重要的第一手资料，研究者还可以去服务一线感受全真的体验，以此获得对研究资料的敏感性。据此，项目组联合广州市社工协会，以及各大高校的专家学者致力于研究整个服务过程、介入技巧和经验探索，然后汇总成项目专著、论文，以期提炼与总结出该领域的服务模式。就目前来看，已经出版了多本案例集和故事集。如与广州市社工协会合作的故事集《故事 1+1：我们与街友在广州的相遇》，记录了社工与街友之间的点滴。从最初的建档、评估、个案跟进到回访，看似简单的一个过程，但中间的千回百转，在一点点诉说社工与街友、义工与街友、媒体与街友等之间的故事。同时，故事集的编写中也汇入了社工对实践过程的反思，为之后更好的服务实践提供指引。

（二）政策倡导：推广救助方式

长期的救助实践和研究表明，在流浪乞讨人员救助服务中，传统的以政府管理为主导的救助系统已不再实用，大多流浪乞讨人员仍然没从过去收容时代的阴影中走出来，尤其对救助站心怀恐惧；相反，如今的各种社会力量在介入中却深得街友的信任。以实践为依据，有关市人大代表和政府领导也逐渐高度关注流浪乞讨人员救助领域，尝试建立专业化的社会救助社会工作队伍，促进相关政策法规的制定以及建立健全社会支持系统。在各种社会力量的介入下，期望为提高社会救助的专业化水平作一份努力，为流浪乞讨人员的救助工作提供有益的材料和参考借鉴。

访谈对象（总干事）：

因为目前的流浪救助方面就只有一个《救助管理办法》嘛，并且实施也很久了，从2003年开始到现在，十几年了嘛，我们像人大代表也都参与了社会倡导，这是从顶层设计上面的这个举措，还有一个社会倡导是在社会底层进行的。现在很多人盲目地给钱、派物资啊，这些是解决不了根本问题的，所以这个也是社会倡导的一方面。(访谈记录2017C01)

第三节 “多方联动”救助服务策略的成效评估

在流浪乞讨人员的救助服务中，为了给这一群体提供保障和庇护，D社工机构使用了多方联动的救助服务策略，如政社联动、社义联动、社企联动等具体的策略，那么这些服务是否奏效？通过不同服务策略的运用，这一联动策略事实上满足了流浪乞讨人员的服务需求，无论是在项目指标的达成，还是服务对象的回馈上都取得了显著的成效，但是在采取该行动策略的总体效果上还有待提升，尤其是随着服务的开展，以社会工作机构为代表的社会力量与政府合作救助的问题越发凸显，常态化的联动和沟通机制还不健全。

一、指标达到层面的超额完成

作为一个项目，完成指标是最为基础的一项考核标准，对于指标上的评估，侧重于对照政府购买要求进行评估。

访谈对象（社工）：

我们专项不同于我之前所在的家综，在家综工作的时候，我们都是为了凑够指标去完成工作。但是，在做这个项目的过程中，我们没有刻意去追求指标的达成；相反，我们着眼于服务工作的开展，我们的指标就自然而然地达成了。(访谈记录2017C07)

项目一年期结束时，项目评估专家组对项目进行了为期一天的末期评估，主要是对照项目购买方（民政局）的标书指标进行，评估从运营管理能力、项目管理与运行状况、项目成效以及财务四个方面进行，此外专家组还分别对购买方、合作方、项目组社工以及服务对象进行了访谈，以求对项目运行有更全面的认知。通过一整天的现场评估，评估专家肯定了项目组的工作成效。笔者在实习期间有幸参与过一次末期评估。

从指标完成情况（如表 3-3 所示）来看，机构保质保量地完成了项目服务指标，部分指标超额完成。此外项目组还根据 500 份有效建档资料进行了服务对象情况分析以及服务需求汇总，为进一步提供精准服务提供了支持。

表 3-3　项目指标完成情况

	服务建档	个案帮扶	转介	弃讨返乡	回访
协议指标数	300	204	28	40	40
完成数	612	215	29	66	58
完成率	204%	105%	104%	165%	145%

从具体服务成果来看，首先，项目组已经与市救助站、市救助分站以及越秀、天河、荔湾三个区的救助队建立了恒常沟通机制和合作方式，明确了沟通联络的规范机制，联合跟进成功个案约 40 例，联合开展了近 10 次“送温暖、送清凉”活动，政社联动作用力强；其次，项目组还积极开展义工团体合作，进行联合帮扶，自项目启动以来共计开展义工联合行动约 15 次，另外还联动服务对象户籍所在地的志愿者，充分利用人力资源对服务对象进行帮扶，促进服务对象问题从源头上解决，社义联动合力大；再次，项目组还以“简 · 爱”爱心超市为平台链接到了爱心企业为有就业意愿的服务对象提供就业岗位，辅之以技能培训及就业辅导，已经有 15 例成功就业的个案，社企联动效果显著；最后，项目组一方面积极进行经验的总结并与同行进行经验分享，另一方面还与广州市社工协会合作出版了《故事 1+1：我们与街友在广州的相遇》，与救助站市区分站进行了救助案例集的编写工作，社研联动也在进行。

综上所述，从项目指标来看，D 社工机构采取的多方联动救助策略的确发挥了作用，为流浪乞讨人员救助带来了许多资源。

二、个体层面的社会归属感增强

服务对象（流浪乞讨人员）是最直接的服务受益者，服务成效如何，他们才最有发言权。因此，笔者也针对服务对象的意见进行了收集，主要的形式是对服务对象满意度的访谈、个案结案后的跟进回访等。

从服务满意度调查来看，服务对象对“简·爱”爱心超市的印象是最深刻的，并且它作为多方联动的一个服务资源中心和平台，为服务开展提供了动力。项目组社工在越秀、天河、荔湾3个区随机各抽取了5名曾经接受过爱心超市服务的街友进行了满意度的调查。分别了解在爱心超市已有的服务中，其各自享受过哪些服务，最满意的服务又是哪项？在服务对象的回答中，满意度最高的服务项目是返乡养老安置和返乡车票捐赠，并且认为爱心超市提供的服务能够满足自己的需求，对项目工作人员的服务态度、爱心超市的服务形式感到非常满意。

从跟踪回访情况来看，回访既是一种服务手段，也是一种评估方式，在平日的个案跟进过程中，社工会适时对已结案的服务对象进行电话回访或实地回访，以此来确认服务对象的适应情况。在评估当天，评估专家会在成功结案的服务对象中，随机挑选一部分进行现场电话回访，来了解服务对象对项目服务的满意情况和意见。从个案回访记录和现场电话回访情况来看，服务对象对项目组社工的服务也是满意的。

访谈对象（社工）：

2017年1月15日凌晨，案主来电了，我没能接听到案主的电话。第二天早上，我主动给案主打电话，案主称昨天晚上11点多回到户籍地的火车站了，今天早上他才回到家里。他表示感谢我们社工的帮助，他可以回家过年了，可以陪陪老母亲。我表达了我们对案主一家的新年祝愿，并建议案主先重新办理自己的身份证，之后使用身份证重新办理残疾人证，案主表示他会去找村委和镇政府帮助办理的。（录音记录C04）

访谈对象（评估专家）：

打了几个电话了哦，他们一直对你们赞不绝口，刚刚有一位还让我帮忙向王社工问好，还有一位提到了Y姑娘的……看来他们对你们的服务都很满意，我问他们知不知道自己的权益有哪些，他们好像听不太懂。（录时记录C05）

根据D社工机构提供的服务，得到救助的流浪乞讨人员顺利回归自我、回归家庭和回归社会的数量越来越多，并且他们在社工的潜移默化的影响下，对生活有了不同以往的追求，明白了只有自己努力争取，才能获得更多的资源支持。

此外，在项目组社工参与流浪乞讨人员救助服务过程中，严格遵循职业道德规范和机构编制的服务手册，遵循了“助人自助”的社会工作专业价值，能够与服务对象进行平等对话，并将倾听、同理心等专业工作技巧适当地运用到救助服务当中，还有效扮演了资源链接者的角色，实现了协助服务对象乞讨、回归自我、回归家庭、回归社会的目标。笔者实习期间，同项目组社工的朝夕相处让我对他们、对这份工作有了更多崇敬、认可。

访谈对象（社工）：

那是在2015年底吧，寒冷的冬天，每天的工作内容就是“扫街”，晚上也要到10点甚至更晚，我真的感觉有点吃不消。后来，我们的建档越来越多，服务形式主要是个案跟进，我时常为了一个服务对象游走各方，凌晨才回到家，虽然很累但还是收获了很多，服务对象的感谢信、一个信任的眼神都成了我前进的动力……（访谈记录2017C02）

我不是社工专业科班出身，我加入咱们机构后，幸得有大家的支持，与服务对象的深入交流，让我一改往日对他们的偏见，我喜欢去听服务对象讲述他们的故事。（访谈记录2017C04）

对待他们，我选择像对待家人一样，比如LW（一例个案），跟进了那么久，我们关系很好，他一直把我当大姐一样对待。我会想在这个过程中，慢慢用付出和爱去化解他心中对父母的困扰，我相信总有一天，他会

愿意放弃流浪，愿意听他家人的电话，愿意回家……（访谈记录 2017C03）

三、社会参与层面联动救助的影响扩大

D 社工机构承接的民政局购买的该服务项目，一方面采取具体的服务策略为流浪乞讨人员提供服务，另一方面旨在保持与政府的良性沟通，促进更广泛的社会力量参与流浪乞讨人员救助。经过一年多的实践，以 D 社工机构牵头的社会力量参与政府联动救助的影响力是在慢慢扩大的。

访谈对象（总干事）：

我们之前接过的一例个案，服务对象是山东人，从当时发现他，到与他建立起关系，直至最后完成护送他回老家，其中千回百转，联络的不只是企业，更多的是政府救助部门，有广州的救助站，也有服务对象当地的政府部门，还有相关的医疗、保障机构等。（访谈记录 2017C01）

为建立完善的服务体系，也为更好地为服务对象提供服务，一方面，项目组通过与政府各级部门如民政、街道、居委会、救助站、救助队等建立联系并与救助站以及救助队定期进行沟通、开展联合救助帮扶服务；另一方面，也努力促进更多的公益机构、志愿团体加入流浪救助服务，建立联动机制，在日常的外展中联动外展为服务对象提供多样化的服务，促进服务对象问题的解决。多方的联动，多地的联动，建立政社、社义、社企、社研联动机制，建立较完善的多方联动跨专业、跨地区的流浪乞讨人员救助服务系统。

访谈对象（总干事）：

虽然目前我们建立了自己的资源筹集平台和救助服务联盟，但是其运行还在初始阶段，我们的“简·爱”爱心超市依托广州市公益创投开展了一年，获得了民政部门的资源支持，但一年后，我们没有了政府部门的资源，更多的是依靠爱心企业的捐赠。此外我们的服务联盟，名义上有多少家机构和家综参与进来，但真正干事的时候，还是很少有主动站起来带头的，我想说的是虽然我们目前的联动救助效果显现了，但是要长期维持下去，还需要更加完善的合作联动机制。（访谈记录 2017C01）

社会参与度增加，无疑为流浪乞讨人员救助带来了丰富的救助资源，这样，如何运用好这些资源就成为应该思考的问题。多人参与导致的效率低下是在联动救助后期极易出现的，这就需要建立起完善的多方联动救助机制，保证各方有秩序地参与，有规则地沟通，避免出现一哄而上或不关我事的两个极端。而最重要的是以D社工机构为代表的社会力量与政府层面能形成一个合理的沟通合作机制，社会力量内部也需要建立一个规则。

第四节 “多方联动”救助服务策略的经验总结与反思

一、“多方联动”发挥的作用

（一）资源整合的作用

在流浪乞讨人员救助中，由于其问题的复杂性和长期性，注定了要解决其问题也不是一个简单的过程，可能对于一个服务对象而言，需要不同的救助资源。而救助资源具有零散性的特点，此时，社会工作者需要协助案主获得相关资源，也就是说当案主无法获取其需要的资源时，社工需要链接并协调各个主体间的资源以确保案主能得到其需要的资源。因此，在多方联动中，社会工作者扮演资源链接者的角色，以联动多方的形式为服务对象提供有效信息、资源，协助其需求的满足、问题的解决。相较于简单的个案介入工作，社工联动多个相关主体参与救助更强调沟通和管理，而其重点就是根据案主多样化的问题链接各类有针对性的资源。在这一过程中，社工需要协助服务对象获得资源，并强化其使用资源的意识和能力，在评估服务对象需求的同时，链接整合各部门、各主体的资源，开展部门、机构间的合作，为服务对象多种需求和问题的解决提供思路。

（二）效率提升的作用

当前社会救助功能的发挥还主要在政府救助一方，社会救助体系尚存在一些问题，其中效率低下是一个非常明显的问题。社会救助中的低效率不仅影响着当前救助体系功能的发挥，更是制约着救助行为的规范化和法制化建设，进而影响到社会救助政策目标的实现。[①] 流浪乞讨人员面临的问题都比较复杂且需要长时间的解决过程，同时个体差异十分明显，在救助服务中必须根据每个人的实际情况提供差别化、有针对性的服务，所以“多方联动”的形式无疑是实现社会工作参与流浪乞讨人员救助服务最有效的方法。综观当前流浪乞讨人员救助的现实境况，无论是政府部门的资源投入，还是义工组织自发的救助行动，抑或是社会企业的爱心捐助，都在一定程度上帮助到了流浪乞讨人员，但各主体在开展救助工作过程中缺乏交流沟通，造成了资源的浪费和救助效率的降低。所以社工将“多方联动”应用于流浪乞讨人员救助，建立起流浪乞讨人员的救助服务联盟，能起到有效地利用社会资源、提高社会救助效率的作用。

（三）社会倡导的作用

“多方联动”倡导的是一种全民参与式的救助服务理念。一方面，由于社会力量参与流浪乞讨人员救助工作的时间不长，对于这方面的研究国内也才刚开始，理论指导也很少，更缺乏实践的探索。而现实情况是众多社会组织开始参与进来，但对于怎么去做好救助服务工作，缺少操作指引，往往只能停留在给钱、给物的层面，难以获得真正的成就感、价值感与参与感。社工采取“多方联动”的形式引领社会大众参与流浪乞讨人员救助服务工作，可以达成一种救助服务做法的共识。另一方面，社会大众还缺乏对流浪乞讨人员的正确认知，有人对流浪乞讨人员嗤之以鼻，对他们的身份和行为提出质疑，也有人会主动献上自己的爱心去帮助他们，但这是一种盲目的物资给予，并不能从根本上解决问题。而在“多方联动”下形成的广泛的救助服务平台，旨在让更多人参与影响社会大众，倡导社会大众参与流浪乞讨人员的社会救助。

---

① 李全彩．社会学视角下的社会救助效率问题思考：以 Z 市流浪乞讨人员救助管理为例［J］．前言，2011（10）．

二、“多方联动”的救助服务经验

（一）以流浪乞讨人员为中心

流浪乞讨人员救助服务工作中，其服务对象有一定的特殊性，人们时常称之为“乞丐”，对其有或多或少的偏见。然而，作为一名专业社会工作者，需要秉承专业价值观和职业操守，其中，以服务对象为中心是最重要的，就是要尊重服务对象。在流浪乞讨人员救助服务中，以服务对象为中心，就是要以街面上形形色色的流浪乞讨者为中心，以他们所在的情景为中心，以他们的需要为出发点。

一方面，社会工作者需要注重自身品格、态度的培养，在个案辅导过程中，应以服务对象为中心建立伙伴关系；在恒常的夜展和外展服务中，还要注重在服务对象的环境中了解他们，减少存在的危险因素，并与之建立信任关系；在与服务对象交谈的过程中，要善于主动积极倾听服务对象的倾诉，及时给予回应和认可，时刻关注服务对象的需要；或是提供一些暖心的服务，如根据时间季节的特点，关注服务对象的生理、心理需求，并提供相应的服务，这些将让流浪乞讨人员感受到温暖，从而赢得其信任。另一方面，社会工作者还要注重自身资源链接者能力的培养，在社工采取“多方联动”的策略解决服务对象问题的过程中，仍然要以服务对象为中心链接资源：在与政府救助部门以及其他部门联动时，要链接到有利于服务对象改变的资源，申请到服务对象该有的福利保障，积极促成有利于改善当前这一群体救助和生存状况的政策形成；在与广泛社会力量联动救助时，要集聚大众的力量，满足流浪乞讨人员的需求。

（二）发挥政府救助部门的资源优势

在广义的社会救助内涵中，政府救助部门已经承担了流浪乞讨人员救助的职责，其拥有的救助资源是丰富的，所以在民政局购买的流浪乞讨人员社会工作服务中，仍然要发挥和利用好政府救助部门的资源优势。

访谈对象（总干事）：

政府救助部门在流浪乞讨人员救助中的一个作用，主要可以用几个字来表述，“兜底线、保民生、促发展”，这是比较传统的说法，这9个字大概概括了政府在合作中的责任……政府救助部门它不单单为机构做后盾，还对流浪乞讨人员和全部的有关社会组织都起到作用。政府做的就是在最底端保住最后的底线，现阶段政府在流浪乞讨救助中起到的还是一个宏观性的把控作用……（访谈记录2017C01）

因此，政社联动在流浪乞讨人员救助中的作用至关重要。在乞讨老人返乡安置中，社工联动代表政府层面的救助站和流动救助队，或者是服务对象户籍地的相关政府部门，共同协助服务对象返乡安置养老。具体来看，社工收集服务对象的个人信息及服务需求，并将服务对象的需求情况反馈到救助站和区流动救助队，通过政府部门下属的救助站和区流动救助队的资源支持、在地政府部门与服务对象户籍地的政府部门之间沟通，促使服务对象获得相关的福利待遇，从而成功返乡养老安置。运用政社联动的救助方式，项目组社工联动救助站、救助队、服务对象户籍地相关部门等共同为服务对象服务，服务成效较为显著。

（三）优化多方参与的平台和合作机制

社工参与的流浪乞讨人员救助中，除了充分发挥政府救助部门的资源优势，联合更广泛的社会力量参与是其最重要的方式。笔者认为，为了进一步发挥各方的优势和资源，非常需要加强相关机构与社会力量间的紧密合作、整合社会资源，进而通过社会各界力量共同促进流浪乞讨人员的救助工作。

通过社工与义工的相互合作和互补，构建流浪乞讨人员的社会支持网络。义工群体庞大，其所拥有的资源广泛，除了能提供日常的探访、物资派发，也能运用其专业知识和人际关系为服务对象提供符合需求的服务，从而提升服务的质量和成效。同时，社区义工也可作为线索提供者，为项目社工提供在其附近居住的流浪乞讨人员的情况和资料等，并及时提供支持和应急服务。而在社区宣传和倡导方面，义工也更能让广大居民了解如何理性对待、合理帮助流浪乞讨人员。所以，通过社工的资源整合和统筹，与义工广泛联动，能有效促进义工的作用最大化，也能为流浪乞讨人员提供更合适的服务。

通过与有关爱心企业、社会企业的合作，拓展有能力、有意愿的流浪乞讨者的就业面，促使流浪乞讨人员从根本上解决生活问题而不至于乞讨。以粤绣为承载的创业工作坊，以技术来武装“改过自新”的流浪乞讨人员；建立与企业间的用人合作机制；激励更多的企业来践行这种带有慈善目的的用人理念等，值得学习效法。

三、社工在多方联动实践中的反思

（一）克服自身拥有资源的有限性

克服自身拥有资源的有限性，就要充分发挥好资源链接者的作用。社会工作参与流浪乞讨人员救助目前仍处于政府购买服务的阶段，流浪乞讨人员救助的大部分资源还集中在政府救助部门一方，而社工机构自身能够控制运用的资源实在有限，这往往会降低救助工作的效率，多方联动的一个潜在原因就是社工自身拥有资源的有限性。例如，政府一方的购买力度决定了社工机构未来对流浪乞讨人员救助投入的持续性。所以，社工机构不得不花费更多时间和精力去链接更多的社会资源，如与社会企业合作，为流浪乞讨人员提供就业岗位，鼓励民间社会组织及爱心人士投入流浪乞讨人员救助等。

（二）把握社工角色定位的准确性

社会工作参与流浪乞讨人员救助服务项目是由市民政局购买的专项服务，社会工作者要在与服务对象密切联系的基础上，保持与购买方的良性互动；此外，为了帮助服务对象链接资源，需要与不同政府部门、团队和社会力量等合作方进行交流、沟通，还要向社会大众宣传、介绍服务的情况。而各个主体对彼此的目标、角色、责任、利益、期望等均有所不同，在某些时候甚至会相互冲突，或是违背其中一方的意愿。社会工作者如何平衡各方利益，同时又遵守专业价值观，保持对服务对象的忠诚；又或是在无法避免违背某一方的利益时，该如何选择才能维持专业价值、维护服务对象的利益、坚守社会公义等。在这样一个多方联动的局面下，社会工作者名曰资源链接者，实际工作中则会面临角色定位的尴尬。

（三）有效面对潜在风险的可能性

流浪乞讨人员的构成较为复杂，这也决定了在流浪乞讨群体聚集的场所可能潜伏着各种危险因素。首先，社会工作者刚开始进入他们所在的环境，试图与流浪乞讨人员建立友好关系，但流浪乞讨人员未必就相信社工，一个防卫的举动甚至是过激的行为都对社工的人身安全构成威胁。同时，流浪乞讨人员性格各异、不乏极端行为，笔者在实习过程中就遇到过过激的案主，甚至其中混杂着吸毒、抢劫等人员，社工与他们的接触更加大了对自身的安全威胁。另外，流浪乞讨人员较容易患上传染病但又难以发现病情，而社会工作者需要与其长期且近距离接触，故社会工作者被疾病传染的机会较大，并且当服务对象患病离世时，也容易对社会工作者造成打击，造成情绪的不稳定等。

参考文献：

1. 金双华，孟令雨，于征莆．国外社会救助制度的再分配效果评估与实践经验借鉴研究［J］．兰州学刊，2023（5）．

2. 初庆东．近代早期英国治安法官的济贫实践［J］．世界历史，2017（3）．

3. 陈梅芳．湖南省流浪乞讨人员救助管理发展的制约因素探析［J］．湘潮（理论），2009（3）．

4. 陈微．当代中国流浪乞讨人员社会救助路径分析［J］．浙江社会科学，2006（6）．

5. 陈良瑾．中国社会工作百科全书［M］．北京：中国社会出版社，1994.

6. 冯元．流浪儿童需要与机构救助研究［D］．南京大学，2013.

7. 宫丽．城市流浪乞讨人员的社会救助制度探析［J］．法制博览，2017（3）．

8. 郭成伟，王广彬．公平良善之法律规制：中国社会保障法制探究［M］．北京：中国法制出版社，2006.

9. 江树革，比约恩·古斯塔夫森．国外社会救助的经验和中国社会救助的未来发展［J］．经济社会体制比较，2007（4）．

10. 唐政洪．美国社会的救助和福利政策［J］．中国民政，2016（5）．

11. 陈梅芳．湖南流浪乞讨人员救助管理存在的问题及对策［J］．长沙大学学报，2010（3）．

12. 梁雅莉．国外社会救助经验对我国城市最低生活保障制度的启示［J］．人才资源开发，2017（3）．

13. 郝奴亲．外展社会工作应用于流浪乞讨人员救助的探索［J］．当代经济，2017（17）．

14. 林军．分析当代中国流浪乞讨人员社会救助路径［J］．中国集体经济，2017（23）．

15. 梁钊．对救助管理工作现状的研究与思考［D］．兰州大学，2016.

16. 李米换．个案社会工作介入流浪乞讨人员救助服务的研究［D］．兰州大学，2015.

17. 李竹筠．对流浪乞讨人员救助管理制度的法律思考［J］．学理论，2013（33）．

18. 刘筱丹．社会工作视角下城市流浪儿童的社会救助问题研究：以深圳市A机构社会工作服务中心模拟家庭为例［J］．四川民族学院学报，2017（1）．

19. 梁茂春．美国的“无家可归”问题与政府的救助政策浅析［J］．暨南学报：人文科学与社会科学版，2004（6）．

20. 李全彩．社会学视角下的社会救助效率问题思考：以Z市流浪乞讨人员救助管理为例［J］．前言，2011（10）．

21. 吕鑫．论职业乞讨行为的制裁［J］．浙江社会科学，2011（1）．

22. 刘荣臻．社会救助事业中的国家与社会关系探析：以南京国民政府时期（1927-1937）为例［J］．山西大学学报（哲学社会科学版），2013（2）．

23. 孙学娟，李静怡．论完善城市流浪乞讨人员政府救助机制［J］．中国劳动关系学院学报，2009（5）．

24. 宋仁可．社会工作视角下流浪乞讨人员救助研究［D］．兰州大学，2015.

25. 汤秀娟，王霞．城市流浪乞讨人员救助现状分析与对策研究［J］．广州大学学报：社会科学版，2007（8）．

26. 周金凤．社会工作介入流浪乞讨人员救助的基本策略探析［J］．井冈山大学学报：社会科学版，2014（6）．

27. 张浩森．中、韩社会救助制度改革比较研究：论中国最低生活保障与韩国国民基础生活保障的确立［J］．理论与改革，2008（1）．

28. 武玲玲．社会力量参与社会救助的问题与对策研究［D］．首都经济贸易大学，2015.

29. 吴海燕．城市流浪乞讨人员救助管理问题研究［D］．首都经济贸易大学，2015.

30. 王洋阳．我国城市流浪乞讨人员救助管理研究［D］．东北林业大学，2010.

31. 徐超．C 市救助管理的困境与对策研究［D］．重庆大学，2016.

32. 余泳．我国流浪儿童救助政策实施中的困境和出路［D］．苏州大学，2012.

33. 张彦军．国外社会救助经验对我国的启示［J］．理论探索，2011（2）．

34. 杨小君．从收容遣送到社会救助的法律分析［J］．中国党政干部论坛，2003（7）．

35. 姚华平．国家与社会互动：我国社会组织建设与管理的路径选择［D］．华中师范大学，2010.

36. 钟玉英．当代国外社会救助改革及其借鉴［J］．中国行政管理，2012（12）．

37. 王珏．城市流浪乞讨人员救助的社会工作介入研究：以莆田市 x 救助站为例［D］．福州大学硕士论文，2021.

38. 张迎夏．赋权视角下社会工作介入城市流浪乞讨人员救助的实务探索［D］．郑州大学，2016.

39. 赵远．特大城市流浪乞讨人员救助管理现状与对策研究：以广州市为考察对象［D］．华南理工大学硕士论文，2020.

40. 赵悦彤．上海市城市流浪乞讨人员救助管理研究：以救助管理二站为例［D］．上海财经大学硕士论文，2021.

41. FRIEDMAN B D，HOLDOWSKY. Overcoming barriers to homeless deliveryServices：A community pesponse［J］. Social distress and the homeless，1997，6（1）：13.

第四章

社工参与政府救助管理站滞站人员的救助服务

第一节　滞站人员救助安置工作现状及滞站原因分析

本章以A市救助管理站为例来进行基础研究。

一、A市救助管理站及滞站人员的基本情况介绍

（一）A市救助管理站的基本情况

A市救助管理站是由A市财政核拨的正科级单位。2003年救助管理制度实施后，由原A市收容遣送站、戒毒所、孤儿院合并而来，该救助站占地面积5330平方米，总建筑面积7700平方米，站内救助床位270张，综合内设未成年救助保护中心和市应急避灾场所，24小时接收上门求助及有关部门转送县（市、区）的求助人员和开展街头流动救助，为流浪乞讨人员和流浪未成年人回归社会和家庭提供临时食、宿、生活、医疗、教育、返乡等帮助，保障他们的基本生活权益。

（二）A市救助管理站社会工作介入情况

近年来，A市救助管理站认识到社会工作在救助管理工作中的重要作用，积极鼓励站内工作人员参加社会工作师职业资格考试，设置了社会工作专业技术岗位，并于2021年成立了救助站社工室，把社会工作纳入日常救助管理工作中。建立服务对象的个人社工档案，为有需求的临时救助人员、街面流浪乞讨人员、滞留人员开展社会工作个案辅导和小组活动，为服务对象提供心理辅导、情感支持、情绪疏导、行为矫正、认知拓展等服务，以及协助开展滞留人员的寻亲工作和提供护送返乡服务。

救助站站长：

我一直以来都是非常重视社工在社会救助领域的作用的，我在市福利

院任院长的时候就已经认识到社工的重要性，当时市民政局还没给通过社工证考试的工作人员予以报销和奖励，我就已经在自己单位里先实施了，在我们这些提供社会服务领域，社工的作用是不可缺少的。（来自访谈对象 L1）

（三）A 市救助管理站滞站人员基本情况

据笔者进行数据统计，A 市救助管理站截至 2022 年共救助滞站人员 209 人，寻亲成功 124 人，每年滞留、新增、寻亲成功人数如表 4-1 所示。

表 4-1　A 市救助站滞留人员数据统计

年份	滞留人员（人）	新增（人）	寻亲成功（人）
2014 及以前	23		0
2015	48	26	2
2016	71	25	17
2017	111	59	36
2018	104	39	22
2019	89	7	28
2020	57	16	12
2021	54	11	6
2022	50	3	1

其中男性滞留人员约占 60%，女性约占 40%，在站滞留时间超过 8 年的有 13 人，3~8 年的 28 人，1~3 年的 48 人，3 个月~1 年的 90 人（见图 4-1）。入站方式主要有公安部门、街道办或民政办护送入站及本站主动接回救助等（见图 4-2）。年龄分布以中年人为主（见图 4-3），但由于他们身份信息不明确，年龄只是医生根据受助人员身体状况进行估计的。他们当中有精神障碍、智力残疾、肢体残疾、行动困难、老年痴呆等患者，还有部分基本健康，笔者把健康状况分成基本健康、精障或智障、肢体残疾、其他方面，其中大部分为精障或智障，占 69. 4%（见图 4-4）。

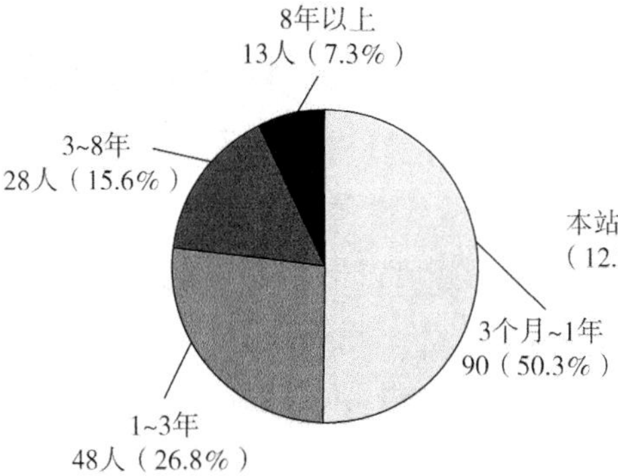

图 4-1　A 市滞站人员滞留时间统计

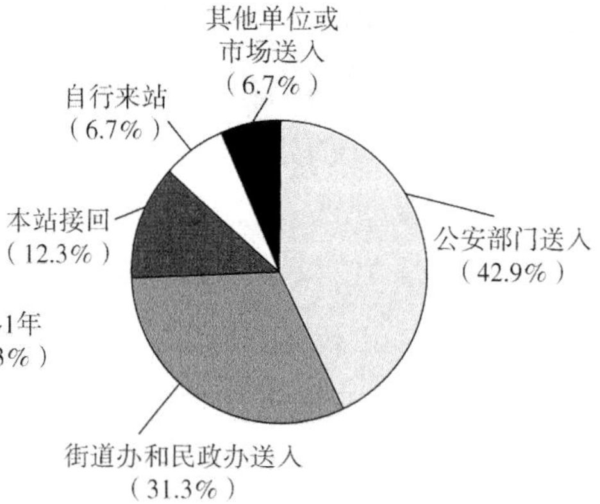

图 4-2　滞站人员入站方式

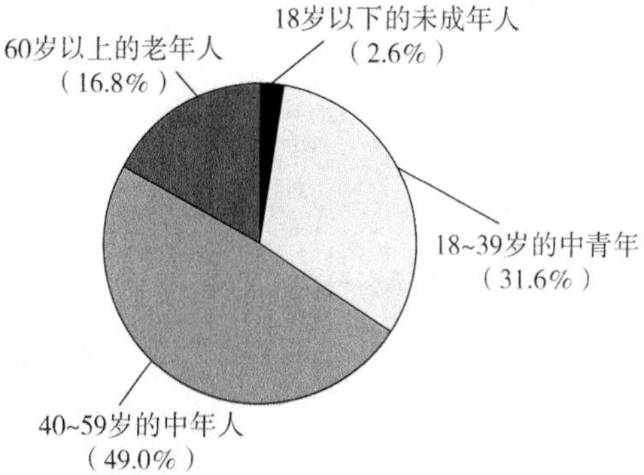

图 4-3　滞站人员年龄分布

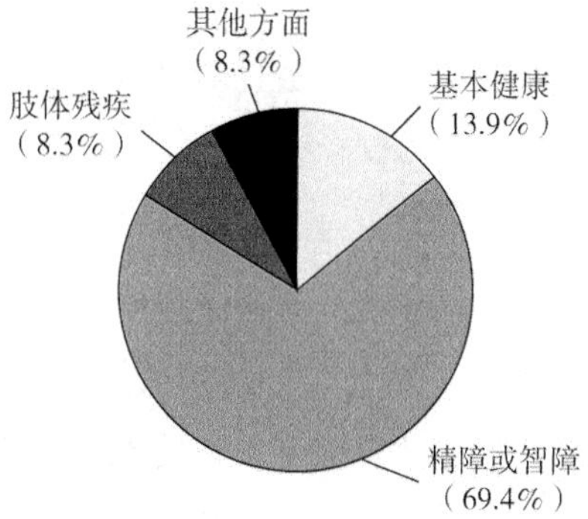

图 4-4　滞站人员健康状况

（四）A 市救助管理站滞站人员的托养安置做法

2017 年 4 月以前，因 A 市救助管理站站内不具备长期滞站人员所需的生活、医疗、照料等条件，所以采取对滞站人员进行站外分类托养的方法，较严重的精神病人托养到 A 市人民医院三院精神病科，其他的精神病人及智障人员托养到当地的公办或民办福利院，流浪未成年人部分托养在省儿童保护中心，个别在站内安置。

民政部针对托养安置提出“六必须，六不得”，要求站内照料优先提倡，人手不足购买服务；站外托养审慎合理，过程管控绩效监督。省民政厅也发文明确：民政服务机构本单位能够满足服务要求的，原则上不得进行委托代养；确需开展委托代养业务的，必须按规定通过相关程序，选择符合社会福利机构资质条件的机构托养；此前已在没有资质的机构开展托养业务的，应立即将服务对象接回，另找符合资质条件的机构托养。

2017 年 4 月，A 市救助管理站在市委市政府的指导下，迅速作出调整，设立了 A 市救助管理站安置点，把所有在外托养滞留人员接回安置点进行站内安置，采取救助管理站派出工作人员进行自主管理和购买服务相结合的临时安置照料模式，站外派驻管理人员，购买医疗、护理、后勤等服务。主要职能是临时安置照料无法查明个人身份信息滞留流浪乞讨人员，做好滞留人员日常生活服务、管理教育、心理辅导、医疗护理、康复训练以及身份信息查询、寻亲服务、返乡等工作。救助安置点设立后，没有滞留受助人员被托养到其他机构。

救助站副站长：

我们站内对于长期滞留人员的救助安置问题，一直是疑难杂症，人越来越多，站内又不具备长期生活的条件，之前只能一直托养在外，在市政府的大力支持下终于快速建立起了自己的安置点，把所有站外托养的受助人员接回站内安置，还是得自己养着才放心。近年来，我们为这班人做了不少的努力，现在安置点还住着几十号人，承担着很大的风险，我们每时每刻都如履薄冰。(来自访谈对象 L2)

另外，根据文件要求，对于滞站人员要建立寻亲服务机制，建立落户安置机制。对于超过 3 个月仍未能查明身份信息的受助人员，各管理机构应及时向所属民政部门提出安置申请进行妥善安置，安置场所应及时向公安部门提出安置人员入户申请，公安机关根据有关规定在安置场所集体户口办理常住户口登记。符合特困人员供养条件的，民政部门及时将其纳入救助供养范围，落实社会救助政策，协助其办理社会保险。A 市救助管理站从 2018 年起对在站滞留超过 3 个月的受助人员办理了入户手续，并购买了医疗保险。

（五）滞站人员寻亲工作的主要做法

养好看好不如查清身份好，金窝银窝不如自己的草窝，对于救助管理机构来说，与其耗费精力为滞站人员创造良好的安置环境和条件，既承担照料安置责任风险，又无法解决他们思亲返乡问题，不如致力于帮助滞留受助人员寻亲返家。寻亲工作事关保障受助人员的基本权益、实现家庭的重新团聚，帮助受助人员摆脱困境、寻亲返乡，是滞站人员救助安置中最重要、最迫切的工作。

2018 年 1 月 15 日至 3 月 31 日，广东省在全省范围内开展了为期两个半月的流浪乞讨受助人员寻亲返乡专项行动，专项行动期间，全省寻亲成功 767 人，成功率 13.33%，其中滞留 3 个月以上的 431 人，占 56.19%（见表 4-2）。

表 4-2　滞站人员寻亲返乡专项行动情况统计

行政区域	行动前滞留人数	成功寻亲人数	成功寻亲方式				滞留时间	
			通过全国救助寻亲网	通过今日头条	公安部门协助	自主排查等	10 天以上，3 个月以内（含 3 个月）	3 个月以上
全省	5755	767	15	45	172	535	336	431

根据民政部《生活无着的流浪乞讨人员救助管理机构工作规程》、民政部、公安部《关于加强生活无着流浪乞讨人员身份查询和照料安置工作的意见》等要求，救助管理机构要为不明身份的受助人员开展寻亲服务。A 市救助管理站在寻亲方面采取以下的做法：一是成立专门寻亲服务队伍，对长期滞留人员进行彻底的全面摸排，逐一登记造册，建立寻亲服务档案，实行一人一档。并对滞留人员按性别、年龄、口音、精神状态，建立完善滞留人员身份信息台账，促进长期滞留受助人员寻亲服务工作有效开展。二是及时报请公安机关进行 DNA 样本、指（掌）纹、人像信息采集，通过比对 DNA 信息库、人口失踪库、人像比对系统协助开展寻亲服务，并

定期商请公安机关反馈相关结果。三是同时通过报纸、电视等媒体进行寻亲，并在今日头条新闻客户端及全国救助寻亲网等发布寻亲公告。从社会工作者介入站内救助工作开始，为了让更多滞留人员寻亲成功，2019 年 A 市救助站开拓工作思路，联合了社会公益志愿机构“让爱回家”和“蜗牛公益”开展寻亲活动，一年来已为 28 名滞站人员寻亲成功。

二、滞站原因分析

社会支持可分为正式支持与非正式支持，正式支持主要指政府等各种制度性支持，非正式支持主要指家庭、亲友及一些非正式组织提供的支持。① 肖水源等认为社会支持体系可以分为主观、客观、对社会支持的利用度三个维度。② 对于滞站人员的滞站原因可以从这三个维度进行分析。

（一）滞站人员主观支持体系的不足

在滞站人员当中，主要有以下几类人员，他们主观支持体系功能不足，导致滞留于站。

第一，滞站人员大部分是精神障碍或者智力障碍患者，以 A 市救助管理站为例，这类人员约占 70%，甚至有部分人员合并感染传染病或肢体残疾，完全丧失了生存能力。他们无法认知自己的行为、无表达能力，意识不清，无法进行正常的言语沟通，无法配合工作人员查询户籍身份信息。

第二，有一部分年龄太小或年老痴呆的受助人员，由于方言无法识别，家人不愿意接收等原因，而造成护送返乡困难，长期或短期滞留救助站。甚至有一部分外籍人士，语言不通，同样无法识别其身份信息。

A 市救助管理站到目前为止共救助 5 名越南籍未成年人，他们一般

① 常莹，徐丽敏．社会支持理论视角下城市流浪乞讨人员救助：需求、现状与反思［J］．黑河学刊，2018（5）．

② 肖水源，杨德森．社会支持对身心健康的影响［J］．中国心理卫生杂志，1987（4）．

是因为家里贫穷而偷渡到中国来务工，但因上当受骗、务工不着等原因，无法生活下去而流落街头，最终被送进救助站。2016 年笔者曾经亲身救助过其中 2 名分别为 14 岁和 15 岁的越南籍少年，由于此前缺乏外籍人士的救助经验，一开始一直以为他们是来自云南省文山市的，后来经过电视台、志愿者、救助站等多方协查，才最终核实身份。外籍人士的救助从寻亲到公安部门办理一系列手续送回家，往往需要长达 3 个月以上的时间，而在这段等待的时间里他们只能滞留于站。（来自笔者的亲身救助经历）

第三，还有小部分身体基本健康的受助人员，他们能独立照顾自己，大多数时候表现出正常状态，但由于方言不通，寻亲不着滞站甚至有部分健康的受助人员由于不具备劳动技能，无法靠工作养活自己，或者为了逃避生活和工作的压力，想不劳而获，长期寄居救助站，故意提供错误的身份户籍信息，不想被送回原籍，而在救助站里得过且过。

安置点护理人员：

其实他们当中有个别是很正常的，比如那个越南的、单手仔、旺华等，我看他们都很清醒，如果能够听懂他们的方言，通过引导是可以让他们说出自己家的地址的。（来自访谈对象 A3）

（二）客观支持网络的缺失，源头预防作用不足

家庭，对于每一个人来说都是不可或缺的，尤其在我国传统文化的熏陶下，家庭具有非常重要的作用，每个人的发展起点都在家庭。① 家庭在个体一生的发展中都扮演着重要的角色，研究者认为家庭功能对个体的发展有重要的作用，而问题行为的出现与家庭功能的发挥不良显著相关。② 笔者在救助实践中发现，很多流浪乞讨现象的发生跟家庭功能的缺失有关。

首先，最深刻的体现在于未成年人的外出流浪。2015 年到 2022 年，A

① 高侠丽，侯春在．家庭功能理论的研究进展［J］．社会心理科学，2008 年（增刊）.
② 刘军．国内家庭功能研究述评［J］．社科纵横（新理论版），2012（3）.

市救助管理站共救助过未成年人 270 人次，其中滞留超过 3 个月的有 9 人。救助站工作人员表示，“造成未成年人流浪的，家庭应该负第一责任”。在救助实践中，笔者总结出以下三类家庭最容易导致孩子流落街头：一是功能不健全或基本丧失的家庭，二是童工家庭，三是教子无方、存在暴力的家庭。这些家庭对孩子健康成长不利，产生一系列连锁反应，亲子关系紧张导致孩子离家出走，家庭贫困造成恶意遗弃，家庭变故导致孩子外出流浪。

救助站档案整理员：

滞留于站超过 3 个月的 8 名未成年人中，有一名自小由母亲独自抚养的 12 岁少年小东，母亲因吸毒被抓去强制戒毒两年，在无人监管的情况下，小东被送进 A 市救助站，在站滞留 2 年时间。另外有 5 名是外籍人士，1 名是随母流浪而滞留的，还有 1 名是智障患者，目前仍滞留于站，现已成年。（来自访谈对象 Z1）

A 市救助管理站对每一名进站的未成年受助人员都会做访谈并做笔录，笔者也访谈过其中的 30 多名未成年受助人员，另外还翻看了其他的访谈笔录。从访谈记录来看，绝大部分孩子来自出现问题或危机的家庭。（来自救助站档案资料）

救助站陈社工：

我们站内大部分的未成年人都是因为家庭因素导致流落街头的，因为各种原因无人监管或者是留守家乡隔代抚养。他们当中有些孩子真的很惨，有些是孤儿，有些因家里太贫穷还没到 16 岁就外出打工，有些来自单亲家庭，父或母一方不闻不问的，任其自生自灭，其从没感受过家庭的关爱。有些孩子也自暴自弃，十来岁就抽烟喝酒，甚至干一些违法犯罪的事，比如吸毒、卖毒品，有一些女孩子不洁身自爱，早早就与“男朋友”同居。站内救助过一个 14 岁的女孩子，父亲早逝，母亲改嫁，从小跟着奶奶生活，她在豆蔻年华已经交过多名“男朋友”，浓妆艳抹、“粗口”成章，本来长得这么漂亮的一个女孩子，太令人痛心了。（来自访谈对象 S1）

其次，被家庭恶意抛弃。精神病患、智力障碍者、危重病人、残疾人等特殊人群，最容易出现被家庭抛弃的现象，患者家属利用救助工作的无偿原则钻政府救助政策的空子，把治疗费用转嫁给救助站和政府。更有些家庭还直接把病重患者遗弃在大街上，最终把包袱甩给了救助管理机构。而这部分滞站人员经过长时间的流浪后，往往患有多种疾病，如艾滋病、梅毒、乙肝、肺结核等，有些身体严重残疾，如失明、失聪、断肢等，因此成为救助安置的一大难题。

业务管理股副股长：

我们曾经救助过一名在高铁站附近流浪的年轻智障人士，进站时衣着整洁，带有一袋装着衣服等日用品的行李，身上还有100多元钱，但没有任何身份信息。我们推断他应该是被恶意遗弃的，这小伙子长得白白净净的，但年龄也不详，后来经权威部门进行骨龄鉴定约为16岁，至今仍滞留在站。(来自访谈对象G2)

业务管理股工作人员：

安置点那班人有些肯定是被家里人丢出来的，有些人还直接扔在救助外面那个路口，反正想着政府养不用自己花钱。有些精神有问题的走失就走失了，找不找都无所谓，反正也是一个累赘。(来自访谈对象G3)

最后，在目前的救助管理政策中，“属地化”的救助原则，往往忽视了家庭的责任，隔离了家庭的关注。救助管理机构面对的是流入地的政府或兄弟单位，缺乏对流浪乞讨人员及其家庭的疏导、帮扶。同样，由于我国社会保障发展水平比较低，覆盖范围不够全面，社会保障制度仍不能惠及所有贫困家庭，一些偏远地区的生活水平仍然比较落后，无法享受社会保障的福利，直接影响到救助效果。家庭和社会这些客观功能系统的缺失，没有很好地从源头上预防流浪乞讨现象的发生，也是造成滞站人员不断增多的重要原因。

（三）对社会支持体系的利用度低，现行的政策制度不够完善

我国现行流浪乞讨人员救助体系，相比于此前强制的收容遣送制度，体现了人性化的救助，保障了流浪乞讨人员的基本生活需要，维护了基本

的权利，平衡了个人意志和政府责任的关系，在一定程度上符合社会发展趋势。但随着时间的推移，对于本章研究的长期滞留人员问题，并没有详细涉及，也没有具体可操作性的途径。

针对该群体，国家也先后出台了部分政策文件，如2015年民政部、公安部印发《关于加强生活无着流浪乞讨人员身份查询和照料安置工作的意见》（民发〔2015〕158号），意见规定，对超过三个月仍无法查明身份信息的滞留人员，救助管理机构采取托养方式，有条件的给予安置。但是，对所谓安置规定不够细化，没有提及对于未能及时给予安置而应承担的责任，没有具体的操作措施，也不具有法律效力。因此，现有的政策制度对流浪乞讨长期滞留人员后期安置帮扶工作实施相当不足，无法从根本上解决问题。缺乏具体的工作指示，各大救助管理机构只能各施其法，各显身手，寻找适合本地本单位的安置途径。

救助站副站长：

现行的救助管理制度对于长期滞留人员的安置具体化措施不足，只说对于滞留超过3个月的受助人员，报请同级民政部门制订合适的安置方案进行安置。主管部门他们也没亲身经历过救助工作，能想出什么法子来？还不是自己想办法解决，但是缺乏政策制度的具体规定，我们操作起来也是遇到不少问题。（来自访谈对象L2）

第二节　滞站人员救助安置工作存在的问题和社会工作介入的基础分析

一、滞站人员救助安置工作存在的问题

近几年随着流浪乞讨滞留人员救助安置问题的突出，政府和各救助管理机构不断尝试新路径，探索如何做好滞站人员救助安置工作，提高救助服务质量，建立符合自身实际的安置模式。比如，A市救助管理站成立站

内安置点，采取自主管理和政府购买服务相结合的滞站人员安置模式，也得到上级部门和兄弟单位的充分肯定。但滞站人员的救助安置工作处于起步阶段，遇到了一定的困难，笔者认为主要存在以下问题。

1. 寻亲工作难以推进

对于滞留人员寻亲工作，虽然近年来国家和政府高度重视，要求认真做好寻亲工作，实现低滞留率，但是寻亲效果并不佳。2018 年广东省寻亲返乡专项行动中，全省寻亲成功率为 13%，寻亲成功率最高的城市为 44%，最低的为 0%（见表 4-3）。

表 4-3　2018 年广东省寻亲返乡专项行动寻亲成功情况

	行动前滞留人数	寻亲成功人数	寻亲成功率
全省	5755	767	13%
城市 A	1722	176	10%
城市 B	400	94	24%
城市 C	584	89	15%
城市 D	190	83	44%
城市 E	721	76	11%
城市 F	283	52	18%
城市 G	227	35	15%
城市 H	192	26	14%
城市 I	74	17	23%
城市 J	138	16	12%
城市 K	152	16	11%
城市 L	75	14	19%
城市 M	60	14	23%
城市 N	178	12	7%
城市 O	89	11	12%
城市 P	99	9	9%

续表

	行动前滞留人数	寻亲成功人数	寻亲成功率
城市 Q	25	4	16%
城市 R	11	4	36%
城市 S	128	2	2%
城市 T	6	0	0%
城市 U	1	0	0%
省直 A	115	5	4%
省直 B	214	10	5%
省直 C	71	2	3%

救助管理机构目前几种常用的寻亲手法，都存在一定的弊端，必须更改：首先，对于问询的方法，需要静心、耐心、及时地与受助人员交流，捕捉微弱的有效信息，这需要工作人员具备一定的经验，长期专业地从事该项工作，慢慢摸索方法。其次，受助人员只有比较全面准确地表述出姓名、地址、出生时间、证件号码等，协查成功的概率才比较高。如果只知道名字而不清楚其他信息，全国同名的人员可能成千上万，公安部门无法进行查询，也根本没有协查的具体方向。

求助公安机关的科技手段，通过 DNA 匹配、人脸识别、指纹配对等，逐一识别，精确查找户籍信息，并请公安机关及时反馈比对结果。但是公安部门的数据库里的信息量非常有限，能在公安部门留存 DNA、脸像、指纹的人员数量并不多，在实际工作中，公安机关反馈结果比较滞后，有时迟迟得不到反馈。况且这群特殊的受助人员，大多没有办理二代身份证，部分人员未办理户口，部分走失人员走失多年后户口往往已被注销，有些失踪人口也未申报，因此寻亲成功的概率不高。

利用信息发布的途径，目前一般通过全国寻亲网、今日头条、报纸、电视等媒体发布寻亲公告。这些寻亲方法并不广为人知，传播的范围非常有限。而且受助人员可能来自全国各地甚至是外籍人士，除了全国寻亲网，其他信息发布途径只能锁定某一地域，不可能做到对每个受助人员信息全国撒网。而全国寻亲网的知晓率很低，此前笔者做的一个调查显示，不到10%的人听说过该网站，寻亲成功的概率比较低。

救助站社工：

对于这班滞留人员，我们最希望的就是快点帮他们找到家人，早日送他们回家，虽然有些是被遗弃的，但有些确实是被苦苦寻找多年的。该试的方法我们都试了，但是寻亲成功率并不高。(来自访谈对象S1)

滞站流浪乞讨人员这一群体大部分是“痴呆傻”，在最佳的寻亲时刻无法确定身份，一旦滞留在站，往后寻亲成功的概率都不高。且滞站时间越长，受助人员对自身身份户籍信息的遗忘程度越高，慢慢习惯了安置点的生活环境和模式，也渐渐磨灭了想回家的欲望及寻亲的冲动。随着被救助滞留的人员越来越多，数量不断积累，导致照料安置压力越来越大，救助管理风险越来越高。

安置点工作人员：

比如A市救助管理站的一名滞站人员阿英，2015年刚来的时候还能张口说一些咿咿呀呀的方言，用笔清晰地写下自己秀气的名字“张美英”(化名)。根据她提供的微薄信息量，我们为之四处寻亲。曾有湖北一家人在全国寻亲网上看到我们发布的信息，发现与自己失踪的母亲名字一样，为了碰一下运气，儿子千里迢迢来寻亲，虽然相貌相似度很高，可惜经亲子鉴定并非母子。经过多次失败，大家也慢慢失去信心，现在发现阿英连自己的名字都不会写了。如此这般的情况在救助管理机构普遍存在，滞留时间越长，寻亲成功的概率越低。(来自访谈对象A1)

2. 救助主体单一，救助责任分解不清

2003年的《救助管理办法》及2014年的《社会救助暂行办法》都明确规定对于流浪乞讨人员，公安、城管、卫生、财政、交通、铁路等部门应当发挥各自职责，做好相关工作，也强调相关部门要密切配合。但直到目前，各部门间的协调机制并没有发挥出应有的作用，没有厘清各部门的职能定位和职责边界，各部门间的配合缺乏具体的指导和现场的模式参考。

救助站副站长：

我个人认为，对长期滞留人员的救助管理，需要公安、城管、卫健等多部门合作，才能使救助工作顺利开展，但是目前我市尚未建立部门协助机制，工作开展起来总遇到各种问题。比如，文件规定对于有关部门在行政执法过程中发现危重病人、精神病人和传染病人等，应直接护送到医院治疗，卫生部门待病情稳定后发现确实需要且符合救助条件的，由医疗单位再告知或护送其到救助站求助。而在实际工作中，有关部门直接把患病人员护送到我站，这样既不利于救助工作的开展，也不能确保急需救治的流浪乞讨病人得到及时救治。另外，公安机关对于长期滞留人员寻亲及落户工作方面也不配合，工作经常拖拉，多次催促，结果反馈也不及时。(来自访谈对象 L2)

在对于滞站人员救助工作中，部门间矛盾最突出的有两方面。

一是与公安部门、各村居委之间的矛盾。滞留人员的寻亲工作需要公安部门、村居委的配合。由于滞站人员提供的信息是零散的、模糊的，甚至是无厘头的，如有时只能说出名字，不知道具体写法，然后根据口音猜测锁定户籍范围，这就需要相关部门耐心地、反复地进行辨识。可是目前尚未建立部门间的协调配合机制，缺乏规范的流程。在身份核查方面往往仅凭一通电话或者一张协查表，遇上对方工作态度认真负责的能给予仔细核查，遇上态度不认真的则敷衍了事，公安户籍查询系统大多数也未能进驻救助站。

一个自称“李梅”的小姑娘，能把名字写出来，并能把爸爸妈妈名字说出来，但不会写。之前一直委托派出所进行协查，反馈的信息是同名太多，无法查找。笔者经过多次的交流，确定她的名字是肯定的，年龄在 18 到 25 岁，会说粤语，还知道父母名称的发音，整合这些信息，笔者坚信是能够通过户籍系统查找到的。后来笔者征得同意后亲自到派出所查询，通过筛选年龄、比对相貌、缩小范围等方法，经过近 3 个小时的努力，终于在户籍系统上查到其确切的身份，父母看到苦苦寻找 5 年的孩子无比激动。对于这一个案如果敷衍了事，没有耐心、细心、反复查询，是不可能查找

成功的，那恐怕就错过一个美好家庭的团聚了。如此这般的案例也经常会被遇到。（来自笔者亲身救助经历）

二是与医疗机构之间的矛盾。目前医疗救助的目的仅限于保障生命权，而滞站人员大多数是身体或精神方面有缺陷的，从国外的救助经验可知，该群体需要医疗健康和精神康复方面的服务，可目前对于该群体的介入资源严重缺乏，甚至是完全缺失的。另外，对于危重病人及部分精神障碍滞站人员，一般都长期需要进行医疗救助，随着滞站人员的不断增多，这笔医疗救助费用的支出无疑是一个巨大的数目，这笔巨账背后谁买单？有时候医疗机构与救助管理机构两者之间会出现界限不清、职责不明的情况。

安置点医生：

对于流浪乞讨人员的医疗费支出，不可预估啊，安置点的滞留人员也经常有发病的时候，平时也要依靠药物治疗精神疾病，遇到一些紧急需要救助的，有时候一支人血白蛋白就要八九百元，我们总不能见死不救吧，再贵的药也得用。有时候医院收治了一些无法查明亲属的病人，想把医疗费用转嫁到救助站，这也是不符合政策规定的。（来自访谈对象 A6）

3. 救助专业人才缺乏，社工介入存在巨大挑战

救助管理站的在编工作人员，大多数是经历过收容遣送阶段的老员工，他们年龄偏大，学历较低，工作理念较守旧，大部分不具备专业教育背景。虽不断有新鲜血液加入救助队伍，但结构失衡，主要还是中老年龄段的工作人员主持和从事救助工作。就算是近些年新进的员工，一般也是先跟着老员工开展工作，从中吸取经验，旧的救助模式和救助手法未免有所影响甚至被继承下来。以 A 市救助管理站为例，在编的 27 人中，年龄主要分布于中老年段，且有 6 人离退休不足一年时间（见表 4-4），学历（见图4-5）偏低，大部分工作人员最初的学历是高中及以下，大专和本科是在职通过函授、电大等形式获得的学历晋升。

表 4-4 A 市救助管理站工作人员性别及年龄分布

年龄	35 岁以下（人）	35~49 岁（人）	50 岁以上（人）
男	0	10	7
女	2	7	1

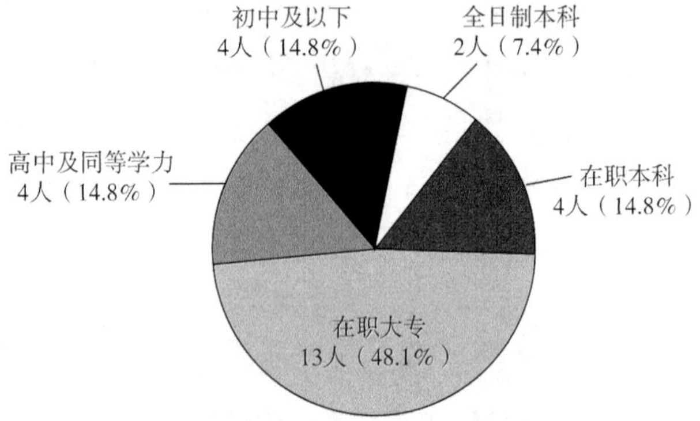

图 4-5 A 市救助管理站工作人员学历情况

滞站人员尤其需要专业的救助，专业人才的缺乏导致受助人员得不到专业的救助，工作人员根深蒂固的强制性管制理念较难转变为人性化的服务理念。工作人员缺少相关社会工作、心理学等知识和技能，救助工作只能以最基础的物质救助为主，无法开展一些社会工作、康复、心理辅导等专业性强的工作。滞站人员得不到亲切、温暖的服务，还可能会遭到工作人员的恶意对待和辱骂，得不到基本的尊重。由此可见，现行的救助管理制度虽然是人性化、温情关爱的，但是由于缺乏相关专业人才来执行，无法达到预设的救助效果。

救助站社工：

虽然我应聘的是社会工作岗位，本科是社会工作专业，但是在目前这样的环境下，站内也没设立与社工相关的股室，我无法系统地开展与社会工作相关的工作。(来自访谈对象 S1)

4. 社会力量参与不足，资源整合不足

救助对象复杂化及需求多样化，决定了社会力量在社会救助过程中不可或缺的作用，从国外成功的社会救助经验可以看出，几乎每个国家都非常重视借助社会的力量，政社齐头并进、相互补充。《救助管理办法》第三条规定国家鼓励和支持社会组织和个人自发救助流浪乞讨人员，《社会救助暂行办法》提倡建立社会力量参与社会救助的机制和渠道，政府部门要提供相关社会救助项目、需求信息，为社会力量的参与创造条件、提供便利。虽然政府号召社会力量加入社会救助，但也仅限于宣传引导，没有建立合作的机制，也没有真正发挥社会力量在社会救助中应有的作用。

对于滞站人员救助工作，尤其需要一些社会组织，提供专业的心理辅导、行为矫正、精神康复、情绪疏导、资源链接等服务，正好可以补齐救助管理机构工作的短板。但目前社会组织的作用并未被救助管理机构重视及利用起来，尤其在三四线城市，社会组织的作用根本没被重视。就算有些救助站采取政府购买服务的形式引入社会力量，由于救助站工作人员对服务的不理解、不赞同，也得不到真正的支持和利用。大部分机构为了迎合政府需求保持合作关系，改变服务的初衷，从事一些与救助站工作人员一样的行政性工作。社会组织、民间力量缺乏政策指导和制度支持，一些公益组织、志愿者队伍、基金会、社会工作机构等专业化的力量无法有效介入流浪乞讨人员救助工作。

救助站社工：

作为一名站内社工，我曾经向领导提议过，我们站可以跟一些社工机构合作，这些机构比较专业，能够分担站内的一些工作，提供更好的服务。但站领导可能有他们的顾虑，最终没有实施。(来自访谈对象 S1)

二、社会工作介入滞站人员救助安置工作的基础分析

根据上述分析，随着滞站人员救助安置工作存在困难，寻亲工作难以推进，救助主体单一，专业人才的缺乏，社会力量介入不足等问题的出现，对于这一切的困境和难点，传统的救助模式与管理方式，显然无法对滞站人员这一特殊群体实施科学全面的救助，需要社会力量及专业人才的介入，提供更广泛的救助服务。

社会工作以其综合性的专业知识和技能，与常规的救助方法相结合，作为救助管理工作的社会支持力量，介入滞站流浪乞讨人员救助管理工作中，整合各方面的资源，改变传统的管理模式，在应对目前滞站人员救助工作中的重点困境和难点问题方面具有一定的必要性及明显的专业优势。

（一）社会工作介入的必要性

1. 救助目标的需要

对于本章研究中的无法护送返乡的滞站人员，目前救助管理机构对于他们的救助目标和方式，只是给予暂时性的安置，提供基本的生活救助和医疗救助，通过程序化的交谈询问其家庭地址和身份信息，开展寻亲服务。但忽略了受助人员对于尊重、接纳、理解、康复的需求。而社会工作可以利用专业的知识和技巧，与受助对象建立和谐的关系，更多地关注滞站人员深层次的需求，调动一切有利的资源，获取尽可能多的社会支持，提供更深入、更专业的寻亲服务，在实现救助管理机构提倡的“低滞留率、低安置率、高周转率”目标的同时，为滞站人员提供更多样化的救助。

2. 救助专业化的需要

目前救助管理站的工作人员大部分的思想观念普遍还停留于重管理轻服务上，只求平安无事；或者忙于应付日常的救助工作，无法、无能力开展专业性的服务，更无暇顾及长期滞留在站的这部分人员。滞站人员救助工作更需要具有专业知识和背景的人员来有效执行，提高救助工作人员的专业素质，帮助受助人员打开封闭的心扉，满足精神需求，走出困境，使自身和社会功能有所提升。因此，引进专业的社会工作人才及专业的方法显得尤为重要。

3. 救助主体多元化的需要

目前对于流浪乞讨人员救助，存在救助主体单一的困境，政府尤其是救助管理机构承担了救助的主要责任，单一的救助主体局面暴露出越来越多的弊端。而一些志愿组织、公益机构、社会工作机构等社会组织，由于其救助方式灵活，救助内容丰富，服务手段更人性化，在救助工作中更能获得救助对象的信赖，将会在社会救助中发挥重要作用。社会工作作为专业的社会力量，秉承利他主义价值观，介入流浪乞讨人员救助工作能够有效减轻政府的负担，提供更为有效、更有针对性的救助服务，是救助工作的必然选择。

4. 救助对象需求多元化的需要

滞站人员来源复杂，有因不同类型、不同原因陷入困境中的人员，个体情况非常复杂，需要提供有针对性的救助措施。目前的救助模式一般是“一刀切”，只满足“饿了会吃、冷了穿衣、病了看医生”这种最基本的生存及医疗方面的需求。滞站人员在认知、情感、行为等方面都异于常人，很少会主动表达精神层次方面的要求，缺乏必要的人际关系交流，适应能力差，自我价值实现感低，情感得不到寄托。因此他们存在心理治疗、精神慰藉、行为矫正、能力发展、资源链接及身心康复等多样化的救助需求。

（二）社会工作介入的优势

传统的救助工作手法并不能满足滞站人员这个特殊群体的多元化的救助需求，社会工作作为一门助人的专业，具有专业价值、专业技能、专业方法，能够与滞站人员多元化的需求联系起来，探索出一种科学的救助模式，提升救助工作的层次和水平。

1. 社会工作拥有专业的价值和理念

学界普遍认为社会工作专业价值理念，包括接纳和尊重、自决和个别化。布特雷姆在其著作《社会工作本质》一书中指出，社会工作的价值取向主要有对人的接纳尊重、相信人有独特的个性，坚信人有自我改变、成长和不断进步的潜能。①

社会工作和滞站流浪乞讨人员救助价值理念的统一体现在以下两点。

① 刘春燕．“对自我救助的帮助”：社会工作价值观对社会救助的介入［J］．北京工业大学学报：社会科学版，2012（5）．

第一，“助人自助”是社会工作一直秉持的重要理念，也是社会工作提供服务希望达到的最终目的。滞站人员是社会底层的困弱群体，需要在服务过程中引导他们发挥潜在的能力和价值，利用自身能力克服困难，摆脱目前困境甚至再次融入社会，而不是被动接受目前的状态，认为自己余生只能在救助站度过，应该推动他们积极寻找人生意义，实现人生价值。

第二，社会工作是一种利他主义的助人活动。政府对于滞站人员提供的救助主要是资金保障和解决温饱问题，而社会工作者秉持平等、尊重、理解、接纳等专业的价值理念，借助人道主义的关怀，抛开厌恶鄙视的心理，用足够的耐心和爱心平等对待每一个人，走进受助人员的内心世界，了解其心底真正的需要，让他们感受社会的温暖，重拾生活的信心，重建不一样的人生，进而实现人生的转变，这些是政府的社会救助无法达到的效果。

2. 社会工作有专业的工作方法

社会工作，拥有一套专业的助人方法，社会工作者，掌握着多样化的助人工作方法和技能。社会工作者能全方位看待问题，把专业的工作方法运用到滞站流浪乞讨人员救助工作中，通过危机介入、行为矫正、认知教育、社区发展等专业方法，整合政府、家庭、朋辈群体等方面的资源，解决滞站人员的焦点问题，帮助滞站人员走出困境。滞站人员大部分是身体上或是精神上存在问题的不正常人，且每个滞站人员都存在不同的状况，在救助过程中，没有可供参考的模式，需要根据实际情况进行个别化的介入，采取灵活的、有针对性的方式进行救助。可见，社会工作专业的方法，能从根本上解决滞站流浪人员问题，弥补目前救助管理制度的缺陷。

3. 为社会工作自身发展奠定基础

社会工作虽然目前在滞站人员救助工作中并无广泛应用，但社会工作近年来发展迅速，逐渐介入社会救助的各大领域，从而也为介入滞站人员救助工作奠定了基础。

以笔者深入了解的 A 市社会工作的发展状况为例。A 市的社会工作虽然发展起步较晚，从 2011 年开始实践探索，2013 年正式试点推行政府购买社会工作专业服务项目，2014 年进入快速发展和规范提升阶段，党的十九大以来，在当地政府的大力推动下，进入全面推进阶段，制度体系逐步健全，服务领域、服务地域、服务范围都逐步扩大。2018 年底，A 市共有持证社工 1868 人，已有社会工作服务机构 53 家，持证社工人数基本达到了省要求的“每万人配置不少于 5 名持证社工”。由于 A 市社会工作发展加速，很多本土的社会工作人才纷纷选择回到家乡，为家乡的社会工作发展贡献力量。A 市社会工作服务领域最早是从社会福利与社会救助开始的，在社会救助领域发展较成熟。因此社会工作介入 A 市救助管理站救助工作，已具备自身发展基础，能达到良好的救助安置效果，这是社会工作介入的优势所在。

第三节　社会工作介入滞站人员的实务

从 2018 年开始，笔者连同站内其他社会工作者在 A 市救助管理站滞站人员群体中进行社会工作的介入，尝试运用个案工作和小组工作两种实务方法具体介入救助安置工作，2021 年，站里成立社工室以来，招聘了专职社工开展社会工作活动。由于目前国内社会工作在该领域的介入并无成熟的可借鉴经验，因此对每一步工作我们都进行了长期的准备，反复斟酌，总体来说取得了满意的效果，达到了设定的目标。下面选取其中两个有代表性的实务案例进行详细的分析。

一、个案社会工作介入的实务分析

社会工作的服务对象来源一般有几种情况：转介、主动求助及社会工作者自主接触。在滞站人员群体中开展社会工作服务时，只有社会工作者主动去接触受助人员，才能建立专业关系。

笔者在服务过程中，首先到安置点深入了解滞站人员的基本情况，结合每个人的身体和精神状况，经过综合的评估，筛选出服务对象，制订目标计划，整合资源，开展服务。

1. 案主的基本情况

阿玲，精神障碍患者，2010 年 2 月 22 日被 A 市一乡镇民政办护送入站，当时约 40 岁，入站时带有一名年约 2 岁的小女孩，后经权威机构做亲子鉴定，小女孩是阿玲的亲生女儿。据当时护送其来救助站的民政办工作人员介绍，阿玲母女在街头流浪，被群众发现后接回了民政办，后来送到了 A 市救助管理站。由于阿玲表达不清晰，与其沟通有困难，无法获取母女二人的户籍身份信息，后来救助站给女儿起名为小清（化名）。由于阿玲患有精神疾病无法照顾女儿，站内也不具备未成年人生活成长的条件，2010 年 4 月 22 日救助站将小清安置在 A 市社会福利院。滞留于站的这些年，救助站尝试了各种可以尝试的寻亲手段，都没能为其找到家人，母女二人一直滞留在站。

阿玲会说一点粤语和普通话，平时情绪比较稳定，能说出自己的名字，还能写一些简单的字。女儿小清是一个正常的孩子，为了帮助小清正常入学，救助站工作人员给她办理了户口，她在社会福利院生活了 9 年，受到当地热心企业和人士的资助，现在一所较好的私立小学就读。福利院的工作人员介绍，小清周一到周五在学校寄宿，周六日被接回福利院，她画画和跳舞很不错，学习成绩较好，还会帮助照顾其他的小朋友，在福利院的小朋友当中，是个领头的角色。

2. 问题诊断和分类

根据任务中心介入模式，首先对案主的问题进行了诊断和分类。由于阿玲精神异常及存在沟通障碍，笔者对阿玲的问题预估是通过观察及向医护人员、护理人员了解情况后总结分析的。

（1）精神状态不佳。阿玲意识清晰，平常情绪尚算稳定，能进行简单的交流，能说出自己的名字，虽有时答非所问，但能对问话有所回应。有时会冲动、发脾气，注意力不集中，偶尔会自言自语自笑，意志行为较弱。

（2）生活技能较差，不能独立照顾自己。根据阿玲的身体情况，其完全可以做到自我护理，但由于平时护理人员对其缺乏训练，一些基本的日常生活仍需要护理人员代替完成，有时抗拒服药。

（3）精神障碍问题。经专业机构鉴定，阿玲患有分裂型障碍，轻度思维障碍、轻度激活性、中度缺乏活力，此前已多次在A市人民医院接受住院治疗，精神得到一定的康复。

（4）寻亲返乡、核实身份问题。作为救助管理站的社工，其中一项重要的工作就是帮助滞站人员寻亲，对于阿玲和女儿而言，寻亲显得尤为重要。但这对母女滞留在站已9年，此前已尝试了所有的寻亲手法，均无果，帮助其寻亲返家也是救助站寄予社工最重要的期望。

3. 任务的确立、介入模式和介入方案

（1）任务中心个案工作模式

鉴于A市救助管理站对于社会工作介入的目标和要求，本个案选用了任务中心模式进行个案社会工作的介入。任务中心模式起源于20世纪60年代后期Reid和Shyne所做的一项关于简要个案社会工作的研究，1972年Reid和Epstein在其合著的《任务中心个案工作》一书中首次提出任务中心的概念，至此任务中心模式日趋完善。[①] 该模式把服务介入的焦点放在为案主提供有效简要的服务上，希望帮助案主在有限的时间内实现明确的目标。任务中心模式非常关注问题的界定、案主的界定以及任务的界定，只有清晰界定这些问题，才能为案主制定服务项目，它认为人有摆脱困境的抗逆力及解决自身问题的潜力，通过专业社工服务可以为服务对象赋权增能，挖掘优势资源，从而发展和总结出解决类似或新问题的技能。[②] 另外，任务中心模式强调其提供的是关于治疗过程的一个框架，在实际服务过程中，也可以采用其他模式的具体调适方法，不受限于某一种理论，它对治疗方法的选择没有具体规定，可采取博采众长的方法。

社会工作介入A市救助管理站救助管理工作尚属起步，对于社工介入

---

① 马尔科姆·派恩．现代社会工作理论［M］．冯亚丽，叶鹏飞，译．北京：中国人民大学出版社，2008：103-123.

② 文军．社会工作模式：理论与应用［M］．北京：高等教育出版社，2010：202-213.

的效果及能否持续，站内领导处于观望态度，目前站内对于社工介入寄予的最大希望和目标是帮助滞站人员寻亲。因此笔者选择了任务中心模式，希望帮助案主解决焦点问题，协助案主及救助站寻求资源，在短期内有效完成目标任务。利用任务中心模式介入，能帮助来源复杂、数量多、文化程度低、素质低的滞站人员更好地满足需求、解决问题。

（2）介入目标

①对阿玲进行心理疏导，帮助其稳定情绪，缓解负面情绪，协助案主找到自身优势，丰富精神生活，提高自信。

②进行生活技能训练，提高其生活能力，使其学会自我照顾，改善案主整日卧床不起、衣来伸手饭来张口、无所事事的状态，培养其良好的生活习惯，如饭前便后要洗手，注意个人卫生，帮忙打扫卫生等。

③寻求医疗资源的帮助，减缓案主的精神疾病症状，进行精神康复训练。

④充分利用各种资源和探寻多条途径来帮助阿玲母女找到家人，让其尽快地回到家人身边，让孩子回到真正属于自己的家。

（3）介入方案

详见表4–5。

表4–5　任务中心模式个案工作介入服务计划

阶段	目标	解决的问题	预估困难	解决方法	面谈次数
第一阶段	收集案主资料，预估案主的问题，为顺利介入奠定基础	从多个方面收集案主的资料，深入剖析案主存在的问题，尽可能预估会出现的困难，进而制订切实有效的解决方案，解决案主问题，达到救助站的目标	案主的问题主要是根据社工观察及工作人员提供的信息来预估的，未免出现偏离	尽可能从多个方面、多个角度去了解案主，包括查阅9年以来的救助档案，访谈救助站工作人员及安置点工作人员、护理人员、医生、护士	从旁观察

续表

阶段	目标	解决的问题	预估困难	解决方法	面谈次数
第二阶段	正面接触案主，进行互动交流，培养信任关系	在之前多方了解案主信息的基础上，通过正面接触，掌握案主身体、精神方面的真实情况，评估案主自身的能力	由于第一次单独正面接触，怕案主产生抗拒情绪，无法建立专业关系	认真详细介绍自己，用社工亲和的沟通技巧使案主消除戒备心理，建立信任关系	1次
第三阶段	培养案主良好的生活习惯，提高生活技能和自我照顾能力，引导其多参与劳动，提高自我存在感，增强自信心	引导案主自觉主动按时按量服药，克服抗拒吃药的情绪；教会案主自己叠被子、早晚要刷牙等生活技能；帮助护理人员打扫卫生、晾晒衣服等	案主的行为能力较低，学会这些生活技能，养成好的生活习惯不是一蹴而就的	社工反复示范，采用代币奖励，请求护理人员日常进行监督和帮助	2次
第四阶段	在传统寻亲手法基础上，开拓创新，拓宽思路，链接社会组织资源，全力帮助寻亲	该阶段的任务很明确，在之前培养了信任关系基础上，集中精力为案主母女找到家人，完成对于她们来说最重要的帮助	母女二人滞留于站9年，其间救助站也作了该作的努力，如何进行突破是社工需要深入研究的	社工查阅了大量的文献，总结其他救助站帮助滞站人员寻亲的成功经验，了解到“让爱回家”这一专业帮助流浪乞讨人员寻亲的志愿组织，链接资源，在与案主沟通交流时注意方式方法	2次
第五阶段	与亲人相认，顺利结案	先跟案主回忆即将相见的亲人，让案主做好回家的准备，同时回顾个人成长的技能，巩固效果，预示个案的结束，抒发离别的情绪	案主重见多年未见的亲人会如何反应，是个未知数，结束多年的流浪生活“回家”，面对人生大转变，如何去适应	先把家人照片展示给案主，助其为即将到来的亲人相认做好充足准备，分享一些家的故事	1次

4. 社工介入过程

（1）第一阶段

介入目标：

从其他方面全面掌握案主情况，评估案主问题，确定介入的方向，这一阶段要为社工顺利介入打下坚实基础。

介入过程：

社工先仔细翻看了阿玲的救助档案材料，从业务管理股工作人员及安置点的医生护士、护理人员处了解阿玲 9 年来在站接受救助、精神和身体状况，平时的生活作息习惯。同时跟安置点工作人员充分沟通，介绍即将开展工作的概况，希望得到他们的理解和支持。

介入小结：

社工第一阶段先不打算接触案主，因案主是一名精神障碍患者，为了个案的效果及从安全方面考虑，先从其他途径了解案主的基本情况，笔者认为是必要的。此前，社工还一直担心和犹豫，鉴于案主的精神状况，开始时社工认为案主最需要的可能是医疗资源。但根据从各种渠道了解得到的反馈信息，社工觉得具备了介入的可能性和必要性，坚定了介入的决心，同时肯定了会得到救助站及安置点工作人员的支持。

（2）第二阶段

介入目标：

正面接触案主，进行互动交流，培养信任关系，建立专业关系。

介入过程：

社工先到受助人员生活区观察案主，女区 2 楼为重症的精神病人、智障者及生活自理能力较差的受助人员，3 楼居住症状比较轻微的、生活基本能自理的，阿玲住在 3 楼。社工跟着护理人员上了 3 楼，当天阳光灿烂，这时受助人员刚好在外面走廊晒太阳，走廊上方播放着电视，有几个受助人员在睡觉，护理人员说他们日夜颠倒，无计可施了。社工一走进去，就被围起来，有些人还热情地打招呼，阿玲则坐在床上，目光呆滞。社工大概了解了她们的生活环境后，把阿玲带到社工室，工作人员提醒说，尽量把门打开，因为她们的精神状态不稳定，担心发生意外事故。在第一次的会谈中阿玲一言不发，给她递上纸和笔，开始时她在纸上乱画，后来社工在纸上写了自己的名字，阿玲用颤抖的手也跟着慢慢地、一笔一画地在纸上画下了她的名字，虽然字歪歪扭扭的，但能辨认出她的名字是××玲，接着她还写下了“大东”这个地址。

介入小结：

社工本打算刚开始接触阿玲时，在生活区进行参与式观察，可是那里的受助人员生活毕竟比较单调，只要有人走进来，就会被当作新鲜事物看待，无法开展工作。跟阿玲在社工室的第一次单独会谈，看到阿玲会说会写，对所问的问题有所回应，社工根据她提供的信息，进行了整理，对她提供的“大东”这个地址进行搜索，发现广西有几个地方有大东这一地名，根据推测，大东应该是村的名字，但由于信息过于宽泛，无法提交公安或者兄弟救助站进行核查。

(3) 第三阶段

介入目标：

第一，引导案主自觉主动按时按量服药，克服抗拒吃药的情绪；

第二，提高案主生活技能，培养良好的生活习惯，如自己叠被子、早晚要刷牙等；

第三，引导案主多参与劳动，多帮助护理人员打扫卫生、晾晒衣服等；

第四，让案主信任社工，为下一阶段的介入打下坚实基础。

介入过程：

在此阶段，安排了两次会面，也就是整个介入过程的第二次和第三次会面。每次会面社工都会带上一些奖励卡片以及一些小零食。先与案主订立一些规则，只要能好好完成任务，就可以奖励卡片，活动结束可以用卡片换取小零食。这种代币奖励的方法适用于滞站人员这一群体。

在第二次会面中社工制作了一个漂亮的药盒子，带去了一套洗漱用具，社工先给她展示一个简单的刷牙视频，让她一步一步跟着做，为了避免她吞咽牙膏，先干刷，然后跟她讲清楚牙膏的使用方法后，添加牙膏，慢慢地让她自己完成整个刷牙过程。针对阿玲不愿意吃药的情况，社工用自制的药盒子把一天要吃的药按次分装好，让案主把它当作吃饭一样的每天必须完成的任务，并约定好服药时间是饭后，让她把吃饭与服药自然联系在一起，不容易出现抗拒吃药的情绪。在辅导过程中刚好看到工作人员在外面打扫卫生和晾晒衣服，社工在征得工作人员同意后，让阿玲也参与其中，很快她就学会了。社工最后给她换取了一些小零食，她显得非常满足。社工制作了一张成长记录表，请护理人员每天对阿玲的表现进行记录，跟阿玲约定，下次来的时候根据其表现进行奖励。

在第三次会面中再一次强化训练了上次的生活技能，查看了上次的成长记录表，向护工了解阿玲这段时间的情况。护工阿姨反映，阿玲现在吃药自觉了，每餐饭后都记得拿药吃，自己的事情几乎能自己做，自己照顾好自己，还会帮忙干一些力所能及的活。社工给护工提出建议，还可以让身体素质较好的受助人员帮忙照顾需要护理程度较高的受助人员，比如阿玲，就可以尝试让她多照顾其他室友。但是刷牙方面做得不太好。笔者这次还教阿玲怎么叠被子，在成长记录表上多加一项“起床后要把被子叠好，放整齐”。

介入小结：

该阶段的介入基本上达到了目标，社工觉得刷牙对于阿玲来说有点复杂，使其产生了畏难情绪，后面简化了刷牙的方法。社工建议护理人员让受助人员多参与适当的力所能及的劳动，这不但能让受助人员身体得到锻炼，减轻护理人员的工作量，更重要的是还能培养他们的责任感和集体感。尤其后来社工建议重新分区、分宿舍，让受助人员本身形成一个互助的集体，这大大方便了护工的照护工作，营造了相互扶持的氛围，从某种意义上来说，这就是一个“家庭”的结构，满足人的被需要感，使人体会到被照顾的温暖。后来，据护工反映，收到了较好的效果。

（4）第四阶段

介入目标：

在传统寻亲手法基础上，开拓创新，拓宽思路，链接社会组织资源，全力帮助寻亲。

介入过程：

经过一段时间的接触，阿玲对于社工已有所了解，每当看到社工来开展服务，她都赶紧走过来，站在社工身边，这是一个很大的进步。经过前段时间的介入，笔者觉得接下来应该投入全面的寻亲工作。

在第四次会面中，社工问及是否想回家的时候，阿玲肯定地回答"想"。社工要求她说或者写出家人信息及家庭地址，她选择了写，社工必须耐心地把问题逐个分解成小问题。从她写的字来看，推测她应该也曾经上过学，所以笔者觉得还是继续引导她多写字。她依次把自己的、爸爸的、妈妈的、丈夫的名字写在纸上，这让笔者欣喜若狂，觉得提取到了关键信息。社工还想获取更多信息，就问她有没有兄弟姐妹，她说有，但是写不出名字来。当社工问及有没有孩子时，以下是社工与阿玲的对话：

社工：阿玲，你有女儿吗？

阿玲：有！

社工：她几岁了？

阿玲：8岁。（听护理人员说，每次问她，都说自己有女儿）

社工：你想不想看你女儿的照片？（经救助站工作人员同意，为了激发她的记忆，笔者把小清的照片递给她）

社工：你还认得这个小女孩吗？她是你女儿，现在在福利院生活。

（阿玲一直盯着照片，但是一言不发）

社工：我也希望你早日找到家，把女儿带回家去。

最后，社工让阿玲在纸上写出自己家的地址，她写下了"民安""大东"两个词，社工继续问她在哪个城市，哪条路，但阿玲沉默不语。社工把她提供的信息整理有序，在地图上搜寻相关联的地址，发送核查表请求所在地救助管理机构和公安部门协助核查，经过一段时间努力，仍无音信。与此同时，社工也了解到针对流浪人员寻亲问题，目前有些专门的志愿组织在从事这项工作，跟他们联系过后，说可以拍摄一些视频发送给他们。

第五次会面还是以寻亲为目的，上次社工根据阿玲提供的“民安”“大东”，以及根据阿玲的粤语口音，在地图上查找出广西和广东的几处地址，知道阿玲认识字，就把那几个地址打印在纸上，拿给阿玲辨认。社工指着纸把地址清晰地读了一遍，再问这里面有没有她的家。阿玲犹豫了一会，指着广西的某个地址，社工再继续问话，此次会面拍摄了视频。

社工：你记不记得你小学是在哪间学校读书的？

（沉默不语）

社工：想不想去买东西啊，我带你去。

阿玲：想。

社工：你告诉我平时是去什么超市买东西的，那我就可以带你去了。

（吐字不清，没能听清楚）

社工：你在家是吃米饭的还是吃面条的？（从这个可以判断南方还是北方）

阿玲：米饭。

社工：你家住在几楼？你家的楼房高吗？（帮助判断是农村还是城市）

（沉默不语）

（接着笔者还询问了几个辨识家庭地址的问题，随后结束了此次的会面）

社工随后把收集到的信息和拍摄的视频发送给一个公益服务中心，志愿者利用丰富的资源经过一周的努力，传来了成功的喜讯，阿玲的家人终于找到了，社工听到这一消息，也是激动无比，滞站9年的阿玲和女儿终于可以回到家乡、回归家庭，小清也即将结束孤儿的生活，找回家人的爱。

介入小结：

社工在以寻亲为目的的对话交流中，利用场景重现技巧，希望从细微的生活习惯进行对所属地区的判断，给案主构建熟悉的场景，以此勾起其更多的记忆。社工在介入寻亲的工作中，切实感受到寻亲工作的艰巨性，根据服务对象提供的微薄信息量，整理存在可能性的、相关联的地址，并就地址逐个请求兄弟救助站或者村居委进行核查。在此个案中，社工就尝试核查了广西、广东多个地址，通过发公函请求当地公安、救助站进行排查，但一次又一次的失望需要社工有强大的心理承受力，同时必须抱有永不放弃的决心。

社工在此个案中更重要的是扮演了资源链接者的角色，链接了一个民间公益组织，该组织主要在珠三角地区救助街头流浪人员，推行反向式寻亲模式，他们有丰富的网络资源，如专门的寻亲网站、微信群、QQ 群，采用扩散式的资源链接方法，实现“点对点”的寻亲模式，大大地提高了寻亲的成功率。

（5）第五阶段

介入目标：①与亲人相认，重燃生命的希望；②顺利结案，处理离别情绪。

介入过程：

社工通过志愿者，联系了阿玲的弟弟，据弟弟介绍，阿玲自小患有精神疾病，父母健在，但年事已高，她有两个姐姐，一个弟弟。阿玲走失前已有两个女儿和一个儿子，但结婚时没有进行合法登记，婚后也经常回娘家，暂时无法找到其丈夫。2002 年突然失踪，由于当年的户口簿上还是手抄的名字和出生年月，没有照片和身份证，曾到派出所报案，在附近到处寻找，但一直杳无音信。直到最近看到一位深圳工作的老乡转发到村里微信群的视频，才认出姐姐，弟弟打算近期来站里和姐姐相认。

社工向弟弟拿了一些家人的照片，好提前让阿玲看到家人。当社工给阿玲展示家人照片时，她紧盯着照片，不禁哭了起来。看到这里，社工知道，她认出了家人，在外漂泊 17 年，经历了多少酸甜苦辣、艰难险阻，原以为绝望的人生，这一刻估计她看到了希望。社工告诉阿玲，过一段时间，等弟弟把工作安排好，把回家后续的事情谋划好，就会来站里接她回家。接着，社工跟案主一起分享一些家的故事，让她能想起更多家的回忆，为顺利融入家的生活、早日融入社会做好准备。同时，社工也跟阿玲提出了结案的打算。

社工：阿玲，我们的个案已经开展有一段时间了，你喜欢和我聊天吗？

阿玲：喜欢。

社工：你喜欢我来看望你吗？

阿玲：喜欢。

社工：我觉得你现在进步很大，可以自己吃药、吃饭、叠被子，在照顾好自己之外，还帮助其他人，帮助阿姨扫地，我知道你以后也一定能保持这种状态，好好对待自己。现在你已经找到家人了，很快就可以回家和亲人团聚。今天我们的个案就要结束了，希望你以后的人生道路越来越平坦。

社工不确定案主是否听得明白，社工向护理人员交代了一些事情准备离去时，阿玲跑过来深情地看着社工，她不会用语言表达，但是社工看到了她眼里的依依不舍。

两周后，阿玲的弟弟和两个姐姐、两个女儿来到安置点接她回家，社工没时间前往送别。据说，亲人看到阿玲，号啕大哭，阿玲看到亲人，亲切之感油然而生，流下了激动的泪水，两个女儿看到妈妈，更是激动不已。回家，是滞站人员心中美好的梦，帮助他们回家，早日和亲人团聚，是寻亲工作中坚持不懈的动力。

介入小结：

回顾整个个案过程，利用任务中心模式开展个案工作，实现了最重要的寻亲返家的目标，在滞站人员中进行社会工作介入是存在不少困难的，但又是必需的。社工认为对于滞站人员的寻亲工作，必须成立专门的团队，培养专门的人才队伍，熟悉全国各地的地名，了解各地的口音，提高寻亲的成功率。

5. 评估

(1) 评估方法

第一，该个案评估主要采用的是访谈法和观察法相结合的形式，因为该特殊情况，主要通过在平时的服务开展过程中对案主的情绪、行为、习惯细心观察，记录其变化。另外，通过与护工、医生、护士进行交流了解情况，听他们讲述案主的转变过程。

第二，救助管理站领导和其他工作人员评估，通过填写鉴定表及访谈，进行个案评估。

第三，督导评估，从个案的计划制订到结案，督导进行全程的指导及评估。

（2）过程评估

本个案属于社工主动介入，在个案开展的过程中，多数的信息反馈都得到了第三方人员的提供和配合。总体来说，此次个案介入过程基本按照计划和设定的目标，逐个击破解决问题，不断深入，层层递进。由于案主的特殊性，一个技能的习得需要不断反复、投入较多的时间和精力。在个案中，社工主要扮演了服务提供者、支持者、资源链接者的角色，个案能取得预期效果，笔者认为主要是因为挖掘到案主的真正需要，在案主力所能及的范围内开展工作。

（3）成效评估

个案社会工作介入滞站人员工作，取得了良好的效果，主要从以下几个方面评价。

①服务对象效果方面的评价：第一，阿玲的行为和生活习惯有所好转。经引导和教育，自我照顾能力提高了，会自己吃药、叠被子、洗漱，还会帮助护理人员做力所能及的工作，照顾其他行动不便的室友等。第二，情绪得到疏导，精神得到一定程度的康复。经过药物治疗及社工介入，精神状态逐渐好转，精神失常的情况逐渐减少，能与周围的人和谐相处，性格变得开朗。第三，寻亲成功。精神状态的好转，对身份信息的核查起到了关键的作用。社工也有意识地把寻亲贯穿整个服务过程，通过一步步的引导，链接资源，最终帮助案主找回家人。

②社会工作者的评价：依据介入计划逐步深入，同时根据实际情况，及时调整介入的方法和目标。每次社工与案主会面，案主都表现出期待和喜悦，这对社工来说，是极大的鼓励，推动其坚持不懈达到介入目标。

③督导的评价：在整个个案的服务过程中，社工非常用心，从计划制订到介入再到结案，社工花了大量的心思和精力，在社工资源和外围的支

持比较缺乏的前提下，能成功开展个案，是个很好的开端。但服务方法过于单一，对于滞留的流浪乞讨人员救助服务这一领域，服务对象情况复杂，需要更深入的探讨和研究。

④救助站工作人员的评价：对于滞留在站将近9年的这对母女，寻亲成功应该是救助站工作人员最希望达到的目标，对此次的个案介入表示相当满意，加深了对社会工作的认识，肯定了社会工作介入对滞站人员救助的作用。

二、小组社会工作介入的实务分析

虽然滞站流浪乞讨人员是一个特殊的群体，组成人员复杂，认知能力和表达能力都受限，但社工通过多次的观察和衡量，认为该群体是可以通过小组社会工作开展服务的。根据班杜拉社会学习理论，通过成立互助小组，观察学习和模仿学习共同成长，丰富精神生活，提高身体素质，增强交往能力。

（一）小组前期准备

1. 小组定位

滞站人员大部分属于智力低下或者精神障碍患者，他们缺乏正常人具有的行为规范和习惯，就像3岁的儿童一般，需要对其进行能力培养、性格塑造，完成大脑的输入过程。因此，根据社会学习理论的交互决定论、自我调节论，由相互学习的小组成员组成一个互助体系，在榜样的带动下，根据参照对比及他人的判断来调节自身行为，使个体在环境中相互作用并习得认知和行为的改变。另外根据社会学习论的团体动力学理论，人类行为受团体动力的影响，小组互动是完成社会学习的基本途径。本章中的成长互助小组，就是通过互动来帮助小组成员完善自身的再社会化，同时小组成员在平时的互动中可以带动更多的滞站人员，实现共同成长、共同进步。

2. 小组成员的招募和成员简介

以社会学习理论为指导，本着构建良性刺激的社会环境条件的原则，在小组成员的挑选中，充分考虑成员的特殊性，无法顺利通过自愿报名的方法来招募组员，因此本次的小组成员招募通过挑选的方式开展。通过救助站工作人员和护理人员的引荐，结合笔者近期的有意观察，从60多名滞站人员中，最终确定了8名作为小组成员，既能保证小组活动顺利进行，也有利于社会学习理论的有效指导。小组成员情况如下。

（1）首先是能基本听懂指示的，能进行简单交流互动，身体素质及精神状态较好的受助人员，严重精神障碍、无法沟通、身体机能低下等综合情况差的受助人员被排除在小组成员范围外。

（2）其中挑选了一男一女2名综合素质较好的受助人员，听说他们能力特别好，性格开朗，身体动作灵活，精神状态好，工作者认为他们虽然不一定能最好完成动作和任务，但能带动小组互动环节的完成，活跃小组气氛。

（3）挑选了2名智力和精神正常的受助人员，1名由于语言不通无法核实身份，1名因肢体残疾外出流浪不愿回家，工作者相信该2名受助人员作为观察学习的榜样，能很好完成小组任务，起到示范带动性的作用。

（4）其他的小组成员也有各自的特点，如有乖巧、安静、腼腆的，有乐于助人的，有动作感较强的等。

小组工作者希望8名小组成员各取所长、互补其短，形成相互学习、共同成长的团体。在小组活动开始前，笔者也先与这8名人员进行了面谈。8名成员的基本情况如表4-6所示。

表4-6　小组成员基本情况

成员	性别	年龄	进站时间	负责工作
A	女	约48岁	2013年5月	很喜欢说话，性格很开朗，整天笑口常开，见到陌生人会主动打招呼，说一口粤语，能说出自己的名字和地址是××县××镇，但多次核查无果。身体体能各方面正常
B	女	约43岁	2015年1月	精神状态正常，经推断，是越南人，能写一手漂亮的越南文，曾安排越南人与她沟通，但由于提供的信息不够详细，至今未能找到家人。人长得标致，经过几年的训练，能听懂汉语，性格开朗乐观，是护理人员的得力助手

续表

成员	性别	年龄	进站时间	负责工作
C	女	约 20 岁	2015 年 10 月	话比较少，能写出自己的名字和父母的名字，但经公安核查，至今仍查找不到家人，说粤语，能听懂普通话，进站时衣着整洁，面容清秀，乖巧、腼腆，救助站工作人员推断是走失的而非被家人遗弃，一直努力寻亲
D	女	约 45 岁	2012 年 12 月	同上述个案案主
E	男	约 35 岁	2017 年 5 月	特别喜欢说话，说客家话和普通话，每次见到工作人员，总说“什么时候送我回家”，能写出自己的名字和出生时间，性格开朗
F	男	28 岁	2016 年 12 月	肢体残疾，缺失一只手臂，精神正常，据了解，几年前出来工作，曾尝试多份工作，但都因残疾而无人雇用，最后只能流浪街头，进站前已在街上流浪了 2 年，怕丢脸不想回家乡
G	男	约 40 岁	2015 年 10 月	不会说话但性格很开朗，身体健壮，经常帮忙干活，主动照顾其他行动不便的受助人员，派发食物时总会先让给别人，通过手势进行交流
H	男	约 20 岁	2015 年 9 月	进站时身上有 100 多元，衣服整洁，但一言不发，比较安静，动作感较强。因年龄不确切，做过骨龄鉴定。经过长时间的调养，现在能进行一些互动，比较喜欢笑

3. 小组背景资料

小组背景资料见表 4-7。

表 4-7 小组背景资料

序号	项目	内 容
1	小组性质	成长互助型小组
2	小组人数	8 人（见表 4-6）

续表

序号	项目	内容
3	活动周期及次数	每周 1 次，共 4 次
4	活动时间	2019 年 4 月每周五下午 3:30—4:30
5	活动地点	A 市救助管理站安置点活动室和操场
6	主持人	2 名社工，还安排 1 名熟悉成员情况的护理员进行协助，以便应对突发情况以及根据他们身体情况进行适时的指导，给社工提供关于成员的信息

4. 小组工作目标

总体目标：丰富滞站人员在安置点的枯燥生活，感受愉悦；满足其精神层面的需求，提升其人际交往能力，促进康复；形成互助互爱的好风气，强化家的观念，为寻亲工作奠定基础。

具体目标：

（1）通过手指操、健美操、户外活动，提升滞站人员的身体素质，达到健身的效果，使其增强抵抗力，丰富精神生活，获得快乐，提升幸福感；

（2）通过开展集体活动，增强他们交流互动的能力，舒缓长期流浪遗留下来的防备心理，培养对别人的信任感，敞开心扉，群体内能多互动，提高集体的凝聚力；

（3）通过心理辅导和康复训练，使滞站人员精神状态得到好转，巩固药物治疗的效果；

（4）强化家的概念，试图勾起滞站人员过往的记忆，获取一些身份户籍信息，提高寻亲的成功率。

5. 小组活动具体过程

（1）第一次活动过程

欢迎环节。时间：10 分钟；目标：营造一种热情的氛围，使小组成员感受到社工对他们到来的欢迎，为活动顺利进行奠定基础；内容：带领小组成员就座，播放轻松欢快的音乐，欢迎小组成员的加入；备注：布置好活动场地，准备好背景音乐。

简单介绍环节。时间：5分钟；目标：让小组成员了解小组情况，认识社工。内容：一是简单介绍小组的目的和内容安排；二是社工自我介绍。

组员相互认识环节。时间：15分钟；目标：让小组成员相互认识，给每个组员规定名字，提高他们对自己的认同感；内容：社工先介绍每个成员的情况，结合本人和大家的意见，给每名成员起一个简单好记的名字；备注：准备好成员的名字。

游戏“击鼓传花”环节。时间：20分钟；目标：让大家记住自己和其他小组成员的名字，活跃气氛；内容：一边播放音乐，一边传球，音乐停止，球在谁手里，谁就向大家简单介绍自己的名字，说出了奖励小卡片；备注：准备小卡片和小零食，背景音乐，球。

订立契约。时间：10分钟。目标：制定小组契约，明确小组规则。内容：社工事前制定好了认为小组成员能够做到的小组规则，给小组成员大声念出。备注：准备小组规则。

活动小结：

布置好会场，播放轻松欢快的音乐，由护理人员把小组成员带到活动场所并就座。可以看出，他们习惯了听从护理人员的指挥，该站还是该坐，坐哪里都等着安排。

社工只用名字里的一个字介绍自己，以便使他们记住，同时简单介绍小组的情况，解除他们的防备心理，社工看到有些成员开始时一直低头看着地，两手攥成拳头，表现出紧张的样子。小组成员大部分还没有自己的名字，社工事先深入了解了每名成员，根据平时大家对他们的称谓以及简单易记原则，给每名成员先定好一个名字，由社工介绍每个小组成员。在组员相互认识环节，社工充当榜样，先给大家示范如何介绍自己。“击鼓传花”游戏，小组成员玩得很开心，难度适合他们的实际情况。最后社工给大家大声念出事先制定好的小组规则，如活动过程中不能随意走动，别人说话时不能随意打断，要认真倾听，有问题可以举手提问等。这次活动总体而言，达到了预定目标，小组成员慢慢放松，投入活动中。

（2）第二次小组活动

活动过程：

欢迎环节。时间：5分钟。目标：让小组成员感受到热情，唤起上次活动的记忆，激发兴奋的情绪。内容：播放轻松欢快的音乐，等待小组成员到来，这次护理人员只需要把他们带到活动室，不需要给他们安排位置。备注：背景音乐。

熟记名字。时间：15分钟。目标：继续加深小组成员对自己及其他成员名字的记忆。内容：一是社工喊到谁的名字谁站起来；二是随便叫一名成员站起来，其他成员说出他的名字，最快的奖励小卡片。备注：准备奖励小卡片、小零食。

爱的鼓励。时间：5分钟。目标：用掌声鼓励成员，成为一种鼓励的仪式。内容：学习一种鼓掌的节奏，专门用于集体鼓励别人。

“快乐之家是我家”。时间：25分钟。目标：唤起小组成员对家的记忆，唤醒他们对家的依恋，且希望能把安置中心营造成温暖有爱的快乐之家。内容：一是社工先跟大家展示一些有关家、家人、团聚、节日的图片；二是社工跟大家分享自己家的故事，有哪些家庭成员，家庭地址，自己成长的故事等；三是给每名成员发纸和笔，要求他们画出自己家的模样，尽自己最大努力写出自己家里有哪些家庭成员，自己的出生时间，上学的学校，家乡的地址等信息；四是社工进行总结，最后给大家讲解了安置点的性质，告诉他们有问题可以寻求哪些人的帮助，在找到自己家人之前，在安置点安心地生活。备注：打印图片、准备纸和笔。

学做手指操。时间：10分钟。目标：训练灵活性，锻炼身体。内容：社工教小组成员做一套简单的手指操，并要求他们以后每天做3次，约定下次活动进行检查。

活动小结：

本次活动开始让小组成员自己选择位置就座，既培养他们的主观能动性，让他们知道他们可以安排自己的事情，也能让他们自由选择与好伙伴结伴而坐。考虑到小组成员智力上的特殊情况，第二次活动还安排了记忆名字的环节，让他们自己和其他人能把名字记住，强化自我意识，提高自信心。社工观察到，当他们被别人叫出名字时，脸上充满了喜悦的表情。成员 A 性格尤其开朗，在这一环节，她带动其他成员积极参与，大大活跃了气氛。在学习“爱的鼓励”鼓掌节奏时，有 3 名成员反应迟钝，跟不上节奏，经过多次练习，在其他成员及社工的带领下，整体能完成这个鼓掌仪式。对于这个鼓掌仪式，社工认为可以用于活动过程中，对表现出色的成员给予鼓励，目标已达到，并未安排过多时间进行练习。

接下来安排的活动是核心部分，在这个环节中，通过展示很多温馨的图片，以及社工讲述家庭小故事，看得出小组成员若有所思。有些小组成员心情沉重，仿佛想起了一些往事，或是惦记家人了，社工要求他们说出自己想起来的事情，或者在纸上写或画出想到的线索。成员 A 写出了自己的名字，成员 C 写出自己和父母的名字，成员 D 写出了一些名字及地址信息，成员 E 写出自己的名字以及自己的出生年月。

成员 F 是一个残疾人，但精神智力状态正常，离家有 6 年时间了，在这个环节，他感触最深刻，流下了复杂的泪水，该泪水估计包含着激动、思念、后悔等情绪。活动过后，他跟社工倾诉了他的想法，其实他家乡还有亲人朋友在，但一直以来他为了面子不敢回家，怕亲人看到自己落魄漂泊、穷困潦倒的窘境。经过这次小组活动，他决定回到家乡，跟亲人团聚。后来他主动提供了详细的身份户籍信息，经工作人员多方的协调和联系，他终于回到了属于自己的家，亲人朋友热烈欢迎，当地村委给他申请了低保，保障了他的基本生活，使他结束了多年在外流浪的生活。

活动最后一环节进行手指操的教学，滞站人员一天的生活比较枯燥，除每天天气允许的情况下，到操场上散步走动外，其他时间几乎只有吃、喝、睡。因此笔者教授他们手指操，希望他们在平常的生活中也能坚持做，从而提高身体素质。但是个别成员身体不灵活，在教学过程中出现了困难，后来社工采取相互教学的方式，让学会的成员当小老师，手把手教学，取得了较好的效果。

在这次活动中，充分发挥了社会学习理论的指导作用，尤其在学习“爱的鼓励”及手指操环节，社工协助小组成员创建了互助学习的团体，小组成员相互指导，在观察别人的过程中，不断调整动作，最终顺利完成。

（3）第三次小组活动

复习手指操。时间：5 分钟。目标：巩固学习成果，让成员感受自己的进步。内容：社工检查上次学习手指操的掌握情况，再次强化学习，要求成员坚持每天做。

迷途的小猫。时间：15 分钟。目标：引导小组成员学会面对困难和挫折，在困境中寻找解决问题的方法。内容：一是社工给小组成员展示一只迷途的小猫，声情并茂地描述小猫此时的心情，引导小组成员讨论如何帮助这只可怜的小猫。二是将迷途的小猫引申到小组成员，引导组员思考怎样利用资源让自己摆脱目前困境，坚强面对生活。备注：准备图片。

相互按摩。时间：15 分钟。目标：促进成员间的互动，培养合作精神，增进友情，活动身心。内容：社工先示范相互给对方进行肩膀、背部、手部、头部的按摩，让同性别的成员自由组合，认真学习。

康复知识讲解。时间：25 分钟。目标：让小组成员了解一些基本的精神疾病知识，以及在发病时保护自己的正确方法，传授精神病康复的一些知识，教导他们如何调整自己的心态。内容：社工联系了安置点的精神康复的医生和护士，还邀请了护理人员共同参与，进行知识的讲解，以及对成员进行简单的培训，示范了突发疾病的应对方法。备注：这两名医生和护士长期接触该类人员，熟悉他们的情况。

活动小结：

本次活动主要提高小组成员的抗逆力，使其精神得到逐渐的康复。在“迷途的小猫”这一环节，通过讲述小猫经历一路艰辛，利用身边的资源，最后终于找到妈妈的故事，使成员很自然地把迷途的小猫影射到自己身上，让小组成员感同身受，坚定了他们对抗逆境的决心，鼓励他们积极寻找资源，精神得到康复，对未来不轻言放弃，早日返乡。

接着在“相互按摩”环节，在示范阶段，小组成员聚精会神地看着，个别开朗的成员跃跃欲试，但个别成员，由于平时甚少与别人有肢体方面的接触，不敢去直接触碰别人，显得很害羞，后来社工进行了人员的重新安排，以及对其进行慢慢的引导，在音乐的熏陶下，其踏出了第一步，最终放开了自己，与同伴尽情地互动。

最后环节，很幸运邀请到专业人士进行精神康复知识的讲解、培训和示范，护理人员一起来参与，提高了他们对安置人员的护理能力，遇到突发情况，能用正确的方法进行处理。社工在此环节扮演了资源链接者的角色，把天天碰面的医生、护士、护理人员、安置人员链接起来，使资源得到充分利用。最后要求小组成员能够把在小组活动中学到的技能传授给其他安置人员。

（4）第四次小组活动

活动过程：

预告活动。时间：5 分钟。目标：特定的仪式，暗示小组成员开始活动，提醒其遵守小组规则。内容：播放欢快音乐欢迎小组成员，并预告这次活动将是最后一次活动。备注：准备背景音乐。

我会做健身操。时间：25 分钟。目标：活动筋骨，锻炼身体，提高生活的质量。内容：社工通过查找网络视频，结合实际情况，编排了一套简单易学的健身操，带领小组成员学做健身操。备注：准备好健身操和音乐。

大食会。时间：25 分钟。目标：丰富他们的生活，营造愉悦快乐的气氛，增强集体的归属感，给小组成员留下美好的回忆。内容：一是社工购买了适合小组成员的蛋糕、水果等小零食，一起分享零食，一起分享收获，以及缓解小组成员对小组即将解散的不舍。二是社工准备了一些幸运手链，让两个人搭档互系手链，社工给予大家深深的祝福。

合唱歌曲。时间：5 分钟。目标：把离别情绪推向高潮，增进友谊。内容：最后社工带领大家合唱歌曲《朋友》。

活动小结：

社工在活动室等待小组成员，看到他们欢快地跑进来，有些开朗的成员主动跟社工打招呼，可以感受到他们心情的愉悦。活动一开始先预告此次是最后一次活动，预热离别情绪，有助于顺利结束小组。在“我会做健身操”环节，社工编排的健身操既能站着做，也能坐着做，主要考虑到有些安置人员行动不便。在做的过程中，虽然动作并不整齐，小组成员只是手舞足蹈，但该环节并没有要求他们做到动作规范，目的只是让大家活动起来，多锻炼身体。大部分成员看起来很喜欢这个环节，做得非常投入，还自行改编，热情高涨。

接下来的“大食会”，应该是小组成员最期待的一个环节，因为社工购买了他们喜欢的零食，吃乃是他们生活中的一大乐事。成员 G 是一位得力助手，最喜欢跟别人分享，他会首先把零食分给每名成员，最后才给自己，表现出大度、慷慨，对于不够分的零食，还让给别人。社工也观察到，在吃零食过程中，有些成员还是会跟别人分享的，会拿给其他成员品尝，告诉别人说这个好吃。在互系幸运手链的时候，有些成员手脚不灵便，无法系上，成员 A 和成员 G 主动帮忙，呈现出其乐融融的团结精神。同时，伴随忧伤的离别音乐，几名成员表现出强烈的不舍情绪，一直问社工能不能不结束小组。在合唱歌曲环节，有些成员不会唱，但也跟着摆动身体。最后社工给大家送上最美好的祝福。

6. 小组活动的评估

（1）社工自我评估

该小组活动开展之前，社工内心是忐忑不安、犹豫不决的，一直担心由于该群体没有完全的行为意识能力，这个小组工作能否顺利开展，是否会出现社工在唱独角戏的局面，但社工还是把这个计划坚持执行下来。社工在小组开始前做了大量的准备工作，深入安置点了解他们，熟悉他们的身体、智力和精神状况，根据社会学习理论，最后精心挑选出的小组成员，性别搭配上是四男四女，身体精神方面有利于互助学习。与此同时，根据他们的实际情况设立小组目标及小组活动流程，准备好所需的材料和道具，也在脑海里模拟了活动的场景，预想到可能会出现的困难及应对方法。可以说，社工是经过充足的准备才开始这个小组工作的，这样才能让社工有信心坚持完成小组活动。

在整个活动过程中，社工基本处于主导者、组织者的地位，主要任务还是协助小组成员创建并达到一个能够互助的社会体系。在适当的环节让个别小组成员成为领导者，如在做手指操、健身操时，让学习能力较强的来当小老师，示范并指导其他成员。在“大食会”环节，由两个组员来主持、分发食物，激发组员的潜能，提升他们的自信，加强他们的互助意识，增强他们的信任感和归属感。社工非常注重在小组中学到东西的巩固及延续，鼓励组员把学到的东西运用到平时生活中，坚持每天运用。整个小组活动中，社工缺乏带领小组的实践经验，对于精神类疾病和康复知识也了解不多，处理某些小组出现的问题时存在不足之处，需要在今后工作中深入探讨精神障碍方面的社会工作实务方法，以便更好地为流浪乞讨人员中的精神障碍病人提供更好的服务。

（2）活动的效果评估

小组工作的成效评估主要通过社工亲身观察和跟进，以及服务对象身边其他成员提供信息，当然还有督导的专业指导和评价。通过社工有意识的观察，小组成员在参加小组的前后，具有一定程度的改变。从第一次活动的沉默不语、表情呆滞，只是一味地听从别人的安排，到后面欢快地跑进活动室，友好热情地跟社工打招呼，最后一次活动对小组的依依不舍，都体现出小组成员对小组的肯定和喜爱。工作人员和护理人员反映，参加了小组工作的受助人员，性格比以前开朗乐观了，更加愿意表现自己，有些成员更加喜欢帮助别人，成为护理人员的得力助手，在扫地、分饭、吃药等工作中主动帮忙，有两名成员有时还会在宿舍教其他人员做手指操和健身操，护理人员提醒他们相互按摩和做操，他们也能有模有样地做起来。总体而言，组员的心情更加愉悦，生活热情提高了，精神生活丰富了，小组的目标基本达到。另外，在后续的寻亲工作中，工作人员不断努力，获取线索，在公安机关的大力协助下，成员 C 寻亲成功，回到了父母身边。

三、社会工作介入存在的困难

社会工作者运用专业工作方法成功介入滞站人员群体的救助工作中，但是由于社工介入该群体的实践还处于起步探索阶段，结合实务工作，通过分析和总结，笔者认为社工介入方面存在以下的问题和困难。

（一）来自滞站人员本身的困难

首先，滞站人员由于自身的特殊性和复杂性，缺乏基本的自主意识，社工无法从案主自身获取真实第一手资料，而只能从旁人的角度去观察、搜索信息，对于所获信息的真实准确度不得而知，且对于服务对象真正的需求和想法也只能通过臆测所得，这给社工的介入带来一定的困难，对于介入的效果如何，是否能够真正解决滞站人员的问题，还让人大打问号。

其次，滞站人员的特殊性也是让社会工作者望而却步的，这是A市救助管理站一直未能顺利招聘到社工入职的一个重要原因。滞站人员是存在不同问题的群体，大部分无法正常交流，自我照顾能力差，个人卫生条件恶劣，甚至靠近都会闻到阵阵臭味，有些还伴有各种疾病，社工自然会担心潜在的危险性，存在偏见、顾虑、害怕的心理，在工作中会出现畏难情绪，甚至难以接受如此这般的服务对象。

最后，滞站人员来源复杂，原因多样，有精神障碍、智力障碍、肢体残疾、唐氏儿、传染病等，就算是精神障碍也有各种不同的症状类型，因此决定了社工的介入是困难重重的。

（二）来自救助站的困难

其一，救助站救助目标及社工介入目标存在冲突。社会工作介入的目标是挖掘滞站人员的优势，调动资源，促进服务对象的成长，实现个人发展，促进社会进步。而救助管理机构具有行政化的传统特点，只是单纯地希望高效高质完成救助安置任务，达到安全顺利安置滞站人员的行政目标，甚至引入社会工作的目的也是帮助滞站人员寻亲，尽量减少滞站人员数量，降低政府工作风险。因此，救助管理机构认为物质救助是最直接、最符合要求的实际需要。

其二，行政性的管理机制制约了社工专业介入。救助管理站作为政府的部门，有其行政化的管理模式，本着“不求有功，但求无过”的思想开展工作，往往会把安全放在工作之首，只求完成任务而不想去承担更多风险，害怕出现意外事故产生无谓的影响，同时也不想增加管理的成本。这也是导致社会工作在三四线城市的救助管理机构一直处于“围观”或者“了解”状态，迟迟未能全面介入的重要原因。

其三，滞站人员安置地点偏远，导致社工介入存在客观方面的困难。因为滞站人员需要长期安置和提供安静的环境，市区安置成本过高，因此一般救助管理机构都会把安置点设在位置比较偏远、僻静的地方，周边各种配套设施尚不完善。比如珠三角部分救助站，就会把安置点设在珠三角以外地区来降低成本，A 市救助管理站的安置点设在离市区 20 千米外的偏远地方。由于地理方面的不便利因素，难以吸引有志之社工长期进驻，组建社工团队的介入存在一定困难，且周边资源的缺乏也是社工介入的重要制约因素。

（三）来自社工自身的困难

首先，社工在该领域的专业素养有待提升。对滞站人员群体的介入，社工除了自身专业知识扎实，还需具备精神病学、医学、精神康复、残障等多方面的知识，需要在介入过程中掌握不同人员的特点，具体问题具体分析，不断克服困难，针对不同问题采取有针对性的措施。这无疑对社会工作者的要求比较高，有学者认为这是到目前为止社会工作甚少介入该领域的原因之一。

其次，社工获取和调动资源的能力有限。对于滞站人员的救助，无疑需要调动多方资源，社工在开展工作时发现，目前缺乏合理的协调机制来链接各方资源。而社会工作者几乎没有可分配和掌控的救助资源，无法链接更深层次的社会资源。如社工想调动更专业的精神康复方面的医疗资源介入，可是单凭社工个人能力，是难以实现的。对于滞站人员的救助内容还处于心理和情绪层面的辅导，偏差行为方面的矫正方面。因此服务开展的范围是有限的，效果难以保障，无法真正解决服务对象的实质性困难。

最后，救助站里的社工缺乏专业的培训。如上所述，该领域对于社会工作者的要求较高，要确保服务效果，必须先加强社会工作者的专业及该领域相关知识的培训。但以 A 市救助管理站的社工为例，他们没有任何机会进行过社会工作的相关培训，无论是省级的、市级的还是本单位的，站里的培训多集中于如何实施救助政策方面，有关社会工作方面尚未涉及。由于缺乏专业的培训和学习，社工在开展工作时感到有心无力，有时无法达到预期的效果，无法提供更优质的社工服务。笔者有时想把社工服务惠及 A 市救助管理站里更多的滞站人员，但是确实力不从心。

第四节 社会工作介入滞站人员的相关建议

《救助管理办法》颁布的初衷，主要针对的是城市生活无着的流浪乞讨人员的临时救助，解决他们的短期困境，帮助其渡过难关，最终的目的是护送其返乡，但是制度设立之初并没有把因各种原因滞留在站的受助人员详尽地考虑其中。这部分滞站人员是社会底层的特殊群体，基本丧失了生存和生活的能力，是最需要得到政府救助的对象。在根据笔者的救助实践提出的问题及梳理国内外对于该群体的救助现状的基础上，本章以地级城市 A 市救助管理站为研究对象，全面分析了滞站人员救助安置的现状，总结出滞站人员安置问题难以解决，寻亲工作难以推进，在救助安置工作中救助主体职责分界不清、救助人才缺乏、社会力量参与不足等问题。面对一系列的矛盾，进而分析社会工作介入的必要性及优势，能在一定程度上解决问题，应对困境。本章接着完整地呈现了典型个案工作及小组工作实务介入的过程，通过对实务案例的分析，为社会工作介入流浪乞讨长期滞留人员救助提供成功的例证，呈现了社工介入可以提供心理疏导、链接资源、康复训练、提高生活质量、寻亲寻家等方面的服务。这些深层次的救助目前缺乏专业的人才，沿用旧管理模式的救助管理机构是难以有效提供此类服务。

本章认为，无论是从社会工作的专业优势方面，还是从救助管理机构自身缺陷方面，抑或是从救助管理政策大方向来看，社会工作都应当介入流浪乞讨长期滞留人员群体的救助安置工作中。由于该群体的特殊性和复杂性，目前学者对其关注远远不够，社会工作的介入也无过多可供参考的模式，经笔者分析，目前社会工作的介入仍存在不少主观和客观方面的困难，但这是非常值得也是亟须社工介入的一个群体，同时也是非常需要社会各界共同关注、关心、帮助的群体。

通过以上研究，笔者提出社会工作介入滞站人员救助安置工作的一些建议，以促进滞站人员社会支持体系的构建，推动社会工作与社会救助的相互融合，改变低层次救助的旧局面，实现社会救助工作的专业化、多元化、高效化。

一、专业理念和方法的介入

利用社会工作价值理念和专业方法介入，帮助服务对象认识到自己的特长、优势所在，增强自信心，肯定自身拥有改变的潜能，从而增强社会支持体系中的主观社会支持方面。

（一）专业理念介入

面对目前救助理念滞后，服务意识不强，工作作风不良，常戴着有色眼镜施与救助的问题，在滞站人员救助安置工作中可引入以下专业价值理念。

首先是“尊重与接纳”。对于智力障碍的滞站人员，其常被认为是低人一等、遭人遗弃的，在日常救助工作中首先要做到的应当是尊重和接纳。只有从内心深处做到尊重与接纳，才能真正用心、用情、用爱去开展救助，用更人性化的态度去对待滞站人员，从而营造温暖、和谐、友爱的救助氛围，关爱救助、温情救助才能得到实现。

其次是利用“表达同理心”“平等对待”等价值理念，与案主建立专业的关系。在滞站人员实务工作中，需要运用社会工作专业的沟通技巧和方法，秉持专业的价值理念，走进受助人员的内心，拉近彼此的距离，获取受助人员的信任，让受助人员感受到人与人之间的真诚和热情，感受到尊重和关爱，从而为救助工作的开展奠定坚实的基础，建立专业的关系，最终使实务工作顺利开展。

最后是达到“助人自助”目的。通过社会工作的介入，使滞站人员充分发挥他们的主观能动性，帮助他们挖掘自身优势和潜能，提高解决问题、克服困难的能力，提高自我照顾和生存的能力，帮助其重新寻找人生的价值，实现精神上的康复和发展。在开展实务过程中，笔者就充分感受到，滞站人员会因自己能够照顾自己、为别人服务、得到别人的赞美肯定而无比自豪。

（二）专业方法介入

要改变目前滞站人员救助安置工作救助模式单一、救助层次的表面化等现状，社会工作的介入是必然选择。社会工作是利用科学的方法与技巧开展助人服务的活动，方法与技巧成为助人的基本前提，是社会工作者开展实践工作的前提和基础，也是实现社会救助专业化的重要法宝。社会工作中的个案、小组、社区等直接工作方法及社会工作行政、研究等的间接方法，都可被运用到滞站人员的救助安置中。

个案工作方法介入滞站人员救助工作，可以聚焦个体的困境和需求，有针对性地采取不同措施，合理运用专业的沟通、引导、支持、自我披露、重现场景等技巧，建立一对一的专业关系，满足滞站人员的具体需求。笔者认为小组工作方法尤其适用于滞站人员，该群体存在很多共性问题，可以通过开展支持小组、成长小组、治疗小组、康复小组等，利用社会学习理论，建立互帮互助的团体，大大地提高救助的效率及有效性。无论是个案还是小组工作的介入，都应努力达到以下目标：第一，通过心理辅导，调整他们的心态，培养乐观向上的情绪状态，使其积极面对生活；第二，帮助他们提高自信，增强能力，挖掘潜能，善于利用资源解决自身问题；第三，帮助他们矫正偏差的行为，提高自我照顾的能力，为再次融入社会奠定基础；第四，帮助他们进行身体和精神上的康复，这对于滞站人员来说是最迫切的需求，也是社工介入着重努力的方向。

其他社会工作方法在本章中尚未进行实证研究，但笔者认为其都是对个案、小组工作的有效补充。利用社区工作方法可以采用社区宣传的方式进行社会宣传，扩大社会影响力，首先，将救助管理政策及滞站人员群体的现状普及更多的社会公众，改变公众对流浪乞讨人员尤其是智障的滞站人员的认识，端正其不友好的态度，营造良好的外部救助环境。其次，可加大寻亲工作的宣传力度，让社会公众更多地了解寻亲，从而帮助更多滞站人员寻亲成功。最后，可以积极开展家庭社会工作，倡导社区照顾模式，有效防患于未然，减少流浪乞讨现象及家庭遗弃现象的发生。社会工作行政也是社工介入的一个重要方向，社工通过政策倡导，可以促进现行救助管理政策的完善及推进社会救助立法进程。社会工作研究方面，也需要更多的学者投入滞站人员救助工作领域的探讨，完善更多的介入方法与途径。由此可见，社会工作运用专业的方法和技巧，几乎可以介入救助的每一个环节，且在介入过程中，可以灵活贯通、适当调整，综合运用多种方法和技巧。

（三）多样化的服务介入

社会工作介入滞站人员救助，利用自身专业的优势，整合社会的支持资源，在工作中扮演服务提供者、组织策划者、资源调动者的角色，担当使能者、引导者、治疗者、联络人，为滞站人员提供多样化的服务，从而为滞站人员创造良好的社会环境，营造对滞站人员的关爱、接纳和包容的氛围，促进社会交往及社会融入。根据社会支持理论，有利于增强客观社会支持体系及提高对社会支持网络的利用度。

二、寻亲工作的介入

帮助滞站受助人员查找户籍信息、找寻家人可以说既是滞站人员救助工作的一个重要内容，也是救助工作的一大难题。对于滞站人员来说，他们心中始终存在对家的眷恋和思念，回家是他们最真切美好的愿望。

安置点工作人员：

今年我们站寻亲成绩“优异”，圆了一名名长期滞留人员的回家梦，离家30载的受助人员孙庆玉回到阔别多年的家乡，在外漂泊15年的湖北妈妈张旺华被儿女、兄弟姐妹欢天喜地接回家，滞站近9年的母女终于回到真正的家……身为救助人员，工作再苦再累，看到一幅幅团聚的画面，一个个团圆的家庭，就感觉我们的努力是值得的，立刻就有了力量。（来自访谈对象A2）

首先，对于社会工作介入滞站人员的寻亲工作，可以利用社会工作专业的沟通技巧介入滞站人员的寻亲信息问询收集过程。笔者认为，寻亲成功最重要的还是从受助人员自身出发，尤其对于表达能力较好的受助人员。社会工作者具有一套专业的交流技巧和手法，用充足的耐心循循引导。虽然滞站人员因语言沟通问题或者精神障碍问题，暂时不能告知身份户籍信息，但是社工通过建立专业的助人关系，综合运用社会工作方法，包括辨别口音、场景重现、线索追踪、分析风俗习惯、情景引导等，一步一步地获取有用信息。在夜幕降临、传统佳节时，滞站人员思乡情绪最为浓烈，抓住合适时机与他们拉家常、讨论各地节日风俗习惯等，激发滞站人员对家乡及亲人的记忆，从蛛丝马迹中捕捉他们在不经意间流露的寻亲线索，最后把零星的信息综合整理起来。获取信息后接着是对信息的分析、处理。对于姓名、出生年月、地址比较详尽的可以委托公安部门进行户籍查询。对于次详尽的，无法通过户籍系统查询的可以根据信息缩小范围，推测出可能的身份户籍信息，抱着大海捞针的希望请求其他救助管理机构、村居委进行协查。当然，与此同时还可配合其他公安科技手段及利用寻亲平台发布信息。近两年，社会上出现了一些专门从事流浪乞讨人员寻亲工作的志愿者组织，利用志愿者资源成了寻亲的一大创新手法。通过拍摄视频，利用志愿者遍布全国的网络资源，利用滚雪球的扩散方法，最终把受助人员信息扩散到全国各地，乃至每一个小村落，寻亲成功概率极高。A市救助管理站2019年70多名的滞站人员，寻亲成功28人，其中有15人是通过志愿者组织的网络资源寻亲成功的，28人中滞站时间超过3年的占 70%以上。社会工作者可以整合以上资源，大力开展寻亲工作。

其次，社会工作介入可以建立完善的寻亲机制。救助管理机构可以利用社会工作的专业优势，把滞站人员的寻亲工作交给社工来专门负责。这样既分担了救助管理机构的一项重点和难点工作，更重要的是也有利于建立一支专业的寻亲服务队伍，形成寻亲工作机制，使寻亲工作专业化、常态化，保障更多滞站人员寻亲返乡，回家团圆。

最后，滞站人员里面，有个别因为各种原因不愿返乡的受助人员故意隐瞒身份信息，通过社工介入，可以深入了解这部分滞站人员的家庭状况、身处困境或真实想法，引导他们对国家的救助管理政策有正确的认识，纠正偏激的想法，引导滞站人员解决其面对的困难，助力受助人员成功寻亲返乡。

三、满足深层次需求服务的介入

滞站人员需求的多样化，决定了社会工作服务的介入，要发挥专业人才优势，摒弃目前救助安置工作的表面化，为服务对象提供满足其深层次、多样化需求的专业服务，形成一个全面支持的服务体系，让服务对象回归社会，体会更美好的人生。

第一，要提供情绪疏导和心理救助服务，这是社工介入的首要任务。滞站人员大多有着不幸的经历，身体或精神上存在缺陷，被家人抛弃，被救助前在外过着流浪乞讨的生活，还有些染上传染病、性病等，有着不堪回首的过去。因此他们的心理尤其脆弱，存在复杂多样的心理问题和疾病。社会工作专业服务的介入，首先要进行情绪疏导和心理救助，弥补其心灵上的创伤，让他们在救助管理机构度过的余生也能具有温度和色彩。

第二，协调各职能部门，发挥部门联动机制的作用，这是社工介入的基础保障。滞站人员的救助安置工作是一项复杂性工程，绝不是凭单方的力量就能顺利完成的，需要民政、公安、卫生医疗、财政、教育、劳动保障、村居委等部门共同协作，形成联动机制，各司其职，才能形成救助安置合力，为社会工作介入和资源的获取奠定基础。在这个多部门联动配合的过程中，需要社工发挥协调者、沟通者、资源获取者的作用，为服务对象争取更多的资源，创造一个良好的救助安置环境，这样才能顺利完成各项工作，维护滞站人员的合法权益。

第三，链接医疗救助和精神康复资源，这是社工介入的重要任务。对于滞站人员本身的缺陷来说，医疗救助是重中之重，亟须为他们寻找医疗资源，进行身体上和精神上疾病的康复治疗。目前政府救助所提供的资源仅限于急病救治，没有注重长期的康复治疗，而滞站人员里部分的精神障碍患者是需要且可以通过康复治疗，重新获得正常人生的。社会工作介入可链接相关机构，对滞站人员的康复工作进行科学的指导，实现更深入、更有效的医疗救助。

第四，链接培训和教育资源，促进能力提升，这是社工介入的目标。对于部分滞站人员具有劳动能力但缺乏劳动技能的情况，可以邀请劳动保障部门及教育机构进行职业培训，使他们具备一定的劳动能力，还可以组织他们进行一些手工艺品的制作，这不但能利用闲置的劳动资源，而且能有效地促进这部分滞站人员能力的提升，使其增强自信心，丰富精神世界，提高其融入社会的能力。

第五，实现预防先行，救助在后，这是社工介入的延伸。针对家庭和社会责任弱化问题，社会工作者可深入受助人员家庭和社会，了解其背后遭受不幸的深层次原因，尤其对于滞站的未成年人，其背后总有一个复杂的家庭，只有把家庭问题解决了，才能彻底解决流浪人员问题，使其结束流浪生涯。为了防止返乡人员再流浪，笔者帮助护送返乡的困难滞站人员链接资源，通过社区照顾模式，以及申请低保等方式，解除受助人员的后顾之忧，保障其最基本的生活。对未成年人进行跟踪回访，建立追踪档案，助其步入正轨。

社会工作者在滞站人员救助工作中可以扮演好各种角色，应对形式多样的挑战，点燃滞站人员生存的希望，让他们获得不一样的人生。

四、类家庭模式的介入

“类家庭”模式本来是针对儿童福利机构的未成年人采取的一种养育

模式，近几年来不少学者对该模式进行了试验和深入研究，让孤残未成年人感受到“家”的温暖，在有“父母”关爱的环境中健康成长。笔者在救助实践中发现，滞站人员在其生活群体里，也可以组建一个类家庭模式。虽然滞站人员大多属于智障人员，但是每个人的内心深处，都有一个家的概念，建立一个完整的“家”，可以促进滞站人员精神世界的满足和康复。

这个“类家庭”模式就是模拟一个正常家庭的人员及职责分工，根据平常生活中人员相处的情况，分成数个家庭，这个家庭中有“爸爸”“儿子”“哥哥”“弟弟”等，或者有“妈妈”“女儿”“姐姐”“妹妹”等，每名家庭成员承担一定的家庭职责，久而久之，就会形成“类家庭”式的照顾模式。笔者在实务工作中发现，其实他们已经存在“类家庭”的模式，如在同一个宿舍居住的人员，总有其中较为健康的、能干的人员充当照顾者，其他人充当被照顾者。社工的介入，可以帮助他们组建真正的“类家庭”照顾模式。这样既能减轻护理人员的工作负担，降低护理成本，尤为重要的是也能让滞站人员感受到家的温暖、人与人之间的亲情所在，激发其生活的积极性，这有利于进行教育和行为矫正，培养其健全的人格。

五、社会工作介入途径

以上分析了社会工作专业方法与理念介入，多样化服务的介入，至于社会工作介入的途径，以哪种形式进行介入，笔者认为有以下几条途径。

第一，从救助管理机构内部介入，加强对救助管理机构工作人员的培训。毕竟救助站岗位有限，同时需要管理人员、财务会计人员、后勤工作人员等，大量设置社工岗位不一定符合实际，而开展对工作人员的社会工作专业知识的培训，提高其对社会工作的认同、接纳，使他们认识社会工作的优势，逐渐在救助工作中引入社会工作的理念和方法，这也是实现社会工作介入的有效方法。另外，积极鼓励工作人员参加社会工作职业水平的考试，持证上岗，制定激励措施，如提高待遇、设置晋升机会等。

第二，在救助管理机构加大力度开设社会工作专业岗位，使之成为救助管理的主体岗位，这是实现社会工作介入最直接的途径和重要的保障。社会工作岗位可以分成两类，即社会工作管理岗位和社会工作技术岗位，管理和技术相结合，互融共进。社会工作者成为救助的主体，同时可以带领社会力量建立一支专业的、稳定的、高效的社会救助队伍，发挥社会工作的“桥梁”作用。

第三，通过政府购买服务的形式介入。对长期滞站人员的救助安置工作，非政府组织社会工作服务机构扮演着重要的角色。社会工作服务机构能提供专业的社会工作服务，有专业的团队和丰富的资源，能更好地解决滞站人员的困境，为社会工作的有效介入提供坚实的保证，这种方式是优于前两种介入方式的。购买服务形式可以通过购买单个项目，开展合作性社会工作项目的运作，也可以通过购买社会工作机构服务的形式，进驻救助管理机构内，直接参与平日的救助工作。政府将滞站人员的一部分服务工作通过购买服务的方式转介给社工机构，将有利于转变政府职能，降低行政成本，改善救助服务的质量，提高救助水平和层次，同时也能让救助管理站的工作人员专心做好站内救助工作，取得事半功倍的效果。政府在购买服务的过程中要正确处理自身的角色和责任，既要做好引导、监督工作，也要提供大力的支持，包括政策、资金等的支持，为社会工作服务的介入搭建桥梁，提供便利，正确处理好国家层面及社会力量层面对滞站人员实施的救助。

总体来说，社会工作应利用专业的价值理念和方法，选择合适的途径，介入滞站人员的多样化服务。社会工作介入的框架如图 4-6 所示。

流浪乞讨滞站人员是《救助管理办法》政策下，逐渐滋生出的一个特殊群体。滞站人员救助安置问题，成为各救助管理机构面临的一个突出问题，如何对该群体进行科学高效的救助，需要政府各部门及社会力量共同努力。

社会工作介入长期滞留在站的流浪乞讨人员救助工作，将是社会工作发展的一个新领域，此领域中机遇与挑战并存。滞站人员情况复杂，从年龄上，有儿童、少年到老年人；从涉及的领域上，包括医疗社会工作领

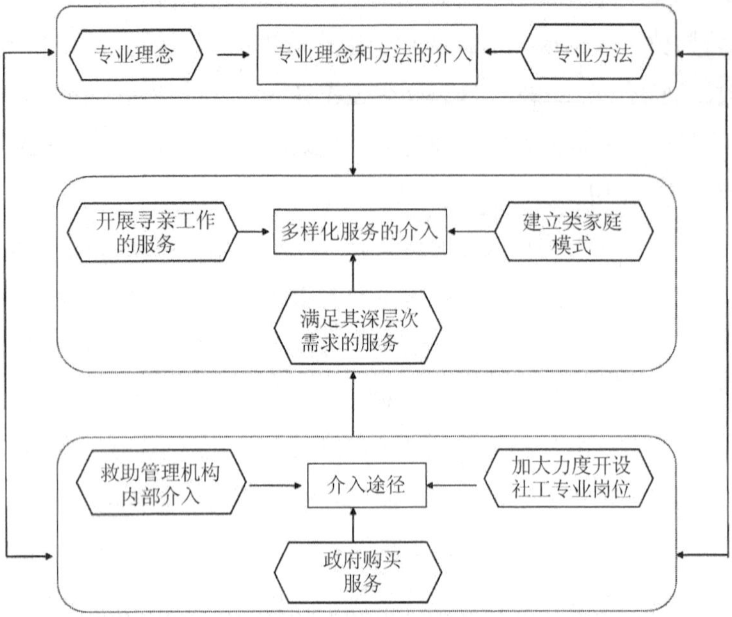

图 4-6　社会工作介入框架

域、精神障碍与康复社会工作领域、残疾人社会工作领域、矫正社会工作领域等。工作的复杂性对社会工作者的要求比较高，需要其综合运用社会工作知识。目前，我国社会工作介入滞站人员的救助管理工作处于起步阶段，国内甚少有关于该特殊群体的研究，但毋庸置疑，专业的社会工作方法介入救助工作，极具可行性和必要性。希望本章的研究能推动社会及更多的学者关注长期滞站的流浪乞讨人员，促进救助管理制度的完善和发展。由于笔者能力有限，对一些问题未能具体、深入研究，希望这些问题能为今后的研究和实践提供一个视角。

参考文献：

1. 丁茂柏．给流浪乞讨人员一个温暖的“家”［J］．中国民政，2023（5）．

2. 邵敏．流浪乞讨人员救助档案管理制度建构分析［J］．黑龙江档案，2023（4）．

3. 尹伟佳．“一带一路”沿线贫民窟居民“安居乐业”的研究［J］．山西建筑，

2018（6）.

4. 常莹，徐丽敏．社会支持理论视角下城市流浪乞讨人员救助：需求、现状与反思［J］．黑河学刊，2018（5）.

5. 马尔科姆·派恩．现代社会工作理论［M］．冯亚丽，叶鹏飞，译．北京：中国人民大学出版社，2008：103-123.

6. 丁运安，徐进．对流浪精神病人开展救助的几点设想［J］．社会福利，2006（10）.

7. 丁振明．社会工作介入精神病院康复模式的探索［J］．福建医科大学学报：社会科学版，2011（2）.

8. 杜艳丹．流浪精神病人救助管理存在的问题及对策探究：以河南省 B 市救助管理站为例［J］．社会政策研究，2019（2）.

9. 风笑天．论参与观察者的角色［J］．华中师范大学学报：人文社会科学版，2009（3）.

10. 高侠丽，侯春在．家庭功能理论的研究进展［J］．社会心理科学，2008 年增刊.

11. 高薪翔．解决长期滞留人员救助难题的途径分析：以陕西省汉中市救助管理站为例［J］．社会福利（理论版），2015（5）.

12. 韩丽丽．流浪乞讨人员社会救助中存在的问题和对策分析［J］．思想战线，2008（3）.

13. 韩延成，任静．为精神智障患者寻亲寻家的思考［J］．中国民政，2017（4）.

14. 邵俊霖，翟天豪，罗茜．城市贫困集聚治理的国际经验及其启示：以美国、日本、巴西、印度、墨西哥五国为例［J］．社会治理，2021（3）.

15. 贾玮．英国无家可归者相关救助政策研究及其借鉴启示［J］．劳动保障世界，2018（36）.

16. 李青．试论当代美国社会的无家可归者问题［J］．杭州师范学院学报：人文社会科学版，2001（1）.

17. 梁茂春．美国的“无家可归”问题与政府的救助政策浅析［J］．暨南学报：人文科学与社会科学版，2004（6）.

18. 李全彩．社会学视角下的社会救助效率问题思考：以 Z 市流浪乞讨人员救助管理为例［J］. 前沿，2011（10）.

19. 刘春燕. “对自我救助的帮助”：社会工作价值观对社会救助的介入［J］. 北京工业大学学报：社会科学版，2012（5）.

20. 刘风，谢鹏芳，谢娟. 回归与发展：流浪精神病人的救助对策研究：基于C市流浪精神病人的现状调查［J］. 社会工作与管理，2016（3）.

21. 罗亚女. 社会工作介入三无流浪人员精神慰藉研究［D］. 井冈山大学，2018.

22. 欧阳敏. 美国纽约市对无家可归者的救助研究［D］. 湖北大学，2012.

23. 童敏. 社会工作的机遇与挑战：精神病人社区康复过程中的社会服务介入［J］. 北京科技大学学报：社会科学版，2006（3）.

24. 汪净纯. 流浪乞讨人员救助中存在问题及对策研究［D］. 华南理工大学，2019.

25. 王昌勇，赵刚. 妥善解决流浪乞讨人员长期滞站问题［J］. 中国民政，2014（2）.

26. 张平. 健全三项机制妥善安置救助管理站滞站人员［J］. 中国民政，2015（7）.

27. 赵雄. 长期滞站流浪乞讨人员救助安置系统研究：以重庆市为例［D］. 西南政法大学，2015.

28. 王崇人. 济南市流浪乞讨人员社会救助研究［D］. 山东财经大学，2016.

29. 王玮婧. 云南省流浪乞讨精神病人收治现状和问题的研究［D］. 云南大学，2014.

30. 韦宏，罗仲楠，周全申. 站内照料是常态 站外托养是例外：广西柳州市救助管理站真情救助用心服务受助人员［J］. 中国民政，2017（12）.

31. 吴日乐. 社会工作介入流浪乞讨人员救助管理工作的研究［D］. 内蒙古大学，2017.

32. 萧素媚，杨策策，范关银. 不同性别流浪精神病患者特点分析及护理［J］. 现代临床护理，2016（8）.

33. 徐敏，马冬雪. 国际比较：智力障碍教育与康复研究现状与展望［J］. 闽南师范大学学报：自然科学版，2014（3）.

34. 严树源. 以人为本 科学救助［J］. 社会福利，2008（8）.

35. 杨嘉莹. 身源不清流浪乞讨人员安置保障研究：跨部门协同的视角［J］. 北

京工业大学学报：社会科学版，2018（3）.

36. 杨娟，刘风．流浪精神病人的社会支持网络重构研究：以 C 市救助管理模式为例［J］．湖南科技学院学报，2017（5）.

37. 杨雅华．论流浪乞讨的救助与规制［D］．福建师范大学，2011.

38. 姚槿曦．英国济贫法的历史演变及其对中国流浪乞讨人员救助管理制度的启示［D］．暨南大学，2014.

39. 于明潇．英国无家可归者的救助政策［J］．社会，2004（8）.

40. 于长洪，王会秋，孙威，等．流浪乞讨精神病患者收治情况的分析和体会［J］．中国民康医学，2007（17）.

41. 余木生．广东：破解滞留未成年人安置难题［J］．社会福利，2010（8）.

42. 张超．流浪精神病人救助管理模式初探［D］．广西大学，2016.

43. 张千帆．实现自由与秩序的良性平衡：对流浪乞讨问题的宪法学分析［J］．中国法学，2004（4）.

44. 赵琪．结构化理论视角下流浪乞讨人员的社会工作服务探究［D］．天津理工大学，2018.

45. 赵依健．城市流浪乞讨儿童的“类家庭”社会救助研究［D］．辽宁大学，2015.

46. 莫兰．别让托养中心在“暗箱”中躲避监督［N］．中国妇女报，2017-3-24.

47. 周茂华，张贤日．智力残疾流浪乞讨人员安置新途径［J］．社会福利，2010（7）.

48. 朱四倍．为流浪者留出财政预算的启示［N］．中国青年报，2007-11-22.

49. 左永仁，朱龙英，张齐安．法国、德国的救助管理工作［J］．社会福利，2007（11）.

50. 陈成文，潘泽泉．论社会支持的社会学意义［J］．湖南师范大学社会科学学报，2000（6）.

51. 陈玉英．关于中国乞丐和日本流浪汉现状的对比分析［J］．内蒙古民族大学学报，2007（1）.

52. 班杜拉．思想和行动的社会基础：社会认知论（上、下册）［M］．林颖，译，上海：华东师范大学出版社，2001 年版.

53. FRIEDMAN B D, LEVINE-HOLDOWSKY M. Overcoming barriers to homeless deliv-

eryServices：A community response［J］. Journal of social distress & the homeless，1997，6（1）：13-28.

54. LEE B A，TYLER K A，WRIGHT J D. The new homelessness revisited［J］. AnnualReview of sociology，2010，36（36）：501-521.

55. MANESS D L，KHAN M. Care of the homeless：An overview［J］. American familyPhysician，2014，89（8）：634-640.

56. ROYCROFT P，HAMES A. Local objections to community - based houses for people withmental handicaps［J］. British journal of learning disabilities，2009，18（1）：11-14.

本章附录　访谈提纲

（一）对救助站领导层的访谈提纲

1. 介绍结构式访谈的目的和要求。

2. 目前国家对于长期滞留人员的救助政策是怎样的？

3. 救助站目前在救助安置长期滞留人员方面的做法是怎样的？

4. 您认为目前在对于长期滞留人员的救助方面存在什么问题？

5. 您是如何评价目前对于长期滞留人员的救助政策的？

6. 您认为社会工作有必要介入长期滞留人员的救助工作吗？

7. 对于社会工作介入长期滞留人员救助工作，您希望能达到什么目标、有什么成效吗？

8. 您对于目前站内社会工作介入情况有什么评价？

（二）对主要负责救助业务的工作人员访谈提纲

1. 介绍结构式访谈的目的和要求。

2. 站内一直以来救助的长期滞留人员的情况如何？

3. 站内的长期滞留人员的身体、精神状况如何？

4. 您认为站内长期滞留人员的滞留原因有哪些？

5. 目前站内对于长期滞留人员的寻亲做法有哪些？

6. 您认为帮助长期滞留人员寻亲这项工作容易吗？

7. 在开展长期滞站人员救助工作过程中，您遇到过哪些困难？

8. 您对于目前站内社会工作介入的情况满意吗？

9. 您认为社会工作介入可以帮忙分担什么工作？对于您目前的救助工作有促进作用吗？

（三）对救助站资料整理员的访谈提纲

1. 介绍结构式访谈的目的和要求。

2. 请详细介绍站内救助业务的数据情况。

3. 请详细介绍长期滞留人员的救助业务数据情况。

4. 您在对未成年受助人员进行访谈的过程中有什么感想？

（四）对救助站社会工作者的访谈提纲

1. 介绍结构式访谈的目的和要求。

2. 目前站内长期滞留人员的滞留原因有哪些？尤其是未成年受助人员。

3. 请介绍目前社会工作介入站内救助工作的情况。

4. 请介绍目前社会工作介入长期滞留人员救助安置工作情况。

5. 您认为社会工作介入长期滞留人员救助安置工作遇到什么困境？

6. 您对于社会工作介入长期滞留人员救助安置有什么建议和意见吗？有什么具体介入策略？

（五）对安置点工作人员、护理人员的访谈提纲

1. 介绍社会工作者的个人信息及结构式访谈的目的和要求。

2. 目前在安置点的长期滞留人员的身体和精神状况如何？

3. 您长期面对这么一个智障人员群体，有什么感想？

4. 您在为这个群体服务的时候遇到过哪些困难？

5. 请详细介绍一下在安置点滞留的每一位受助人员具体情况，尤其是各方面表现较好的，自主意识、行为能力较强的受助人员。

6. 您在帮助他们寻亲的过程中，工作容易开展吗？会遇到什么困难？

7. 您对社会工作有所了解吗？

8. 您对于社会工作者开展社会工作实务介入还满意吗？有什么评价？对于受助人员是否有所促进、有所帮助？

（六）对安置点医护人员的访谈提纲

1. 介绍社会工作者的个人信息及结构式访谈的目的和要求。

2. 请介绍您对安置点滞留人员的了解情况。

3. 请详细介绍一下在安置点滞留的每一位受助人员的具体情况，尤其是各方面表现较好的，自主意识、行为能力较强的受助人员。

4. 您对社会工作有所了解吗？

5. 在刚才介绍社会工作实务介入的基础上，您认为这个介入方案可行吗？能够挑选出参与活动的受助人员吗？

6. 您对于社会工作者开展社会工作实务介入还满意吗？有什么评价？对于受助人员是否有所促进、有所帮助？

7. 您认为目前受助人员最需要的医学方面救助是什么？

第五章

社会救助“联”和“动”的督导服务

本章以 G 市社会力量参与流浪乞讨救助服务的联动机制为例，旨在打造政府、社会工作组织（以下简称社工组织）、志愿者、职业培训机构和企业，以及高校之间的创新机制，以促进流浪乞讨人员得到较为全面、深入、及时的救助服务。解析流浪乞讨社会救助联动机制的具体构成，对于提升流浪乞讨人员精准化救助高质量发展具有指导意义。

第一节　联动应该具有的基本要求和积极作用

一、联动应该具有的基本要求

（一）强调政府主导力量，以制度统领救助网络

政府作为社会救助的主体责任人，主导着整个社会救助活动。政府以一系列的制度安排和资源调配等促进社会救助活动的开展，达成跨部门、跨组织之间的合作，从而使之在共识之下完成社会救助。政府部门能够发挥其公共权威作用和威信，从而更好地介入社会救助过程，建立信任链接，协助其他社会力量参与社会救助。

政府也在资源链接和返乡政策上发挥着重要的作用。政府能够通过顶层设计和制度安排推动城市流浪乞讨人员返乡，并按照社会保障和社会福利的政策要求，为城市流浪乞讨人员提供实际的物质和服务层面的福利，为社会救助的开展制定资金支持、技术支持、监督管理、参与途径和参与角色方面的规定，使分散的社会救助力量能够参与实际的救助活动。

政府将公共服务的执行委托给社工组织等专业社会救助机构。政府通过项目购买的方式，不断加强社会救助的质量和实力，实现“政社联动”。

（二）重视救助“共同体”建设，汇聚多方力量介入

G市的社会救助体现出各种分散社会力量和社会支持网络融汇到服务对象的身上的格局，事实上形成了救助的“共同体”。G市“4+3”社会救助工作联动机制指由民政牵头，联合公安、城管、卫健、社工、志愿者以及其他社会力量，通过多种方法、多种途径，为滞留城市的流浪乞讨（露宿）人员提供寻亲返乡救助服务。多方主体汇聚在为城市流浪人员提供返乡救助服务这一共同目标下，并根据不同主体具有的优势和特色为共同目标助力。

在“4”这一维度上的代表民政、公安、城管、卫健均是政府部门，其具有较强的资源和社会职责。因此，在针对李某的救助案例中，这4个主体能够在科层制的管理下建立常态化沟通和协作机制，实现不同部门之间的信息交流和资源互补，以及实现跨部门、跨地区组织之间的沟通协作，从而不断衍生政府在社会救助的链条，提升民政部门以及救助队开展社会救助以及对城市流浪乞讨人员实战救助的易及性。

在“3”这一维度上的代表社工、志愿者和其他社会力量，具有灵活性和广泛的资源。社会力量和社会群体中具有专业开展社会救助的社会工作团队，能够更有效地开展城市流浪乞讨人员的返乡救助工作，并且能够配合政府部门统筹全市社会力量，联动社会公益慈善力量，打造参加社会救助的服务机制、网络平台，并协助政府开展寻亲返乡、心理疏导、源头治理、跟踪回访、联合服务、专项救助行动。政府和社会力量可以在联动救助过程中发挥各自的特色，实现优势互补。

（三）构建信息联动机制，以实现救助共建共享

G市“4+3”社会救助联动工作机制的重点在于“联动”二字，如何联动是重中之重，而实现信息共建共享、互通互联是达成联动和信任的基础和关键。各多元主体能够以救助站为平台，开展技术经验交流，实现资源和信息互通。城市流浪乞讨人员的返乡救助工作涉及多方部门，且每个部门所持有的资源和信息均存在差异，因此融汇各部门的信息，使其最大

限度地发挥社会救助的合力，才是G市“4+3”社会救助联动机制的重点。

G市的社会救助活动充分实现了政政联动、政社联动和社志联动。第一，在政政联动中，各公共部门之间能够打破信息壁垒，以推进社会救助作为总目标，共享信息，互相提供资源和优势，各级公安组织和民政部门协同接案主回家。在针对社会救助的帮扶中，建立了日常的沟通和信息共享的机制，提升了开展社会救助的易用性。第二，在政社联动中，社会工作通过专业优势介入案主并与其建立初步的关系，为后面政府作为正式支持网络为案主提供社会保障和社会福利提供便捷。第三，在社志联动中，街坊邻居在日常生活中支持城市流浪乞讨人员的生活，也有利于社会工作者在后期与案主建立信任关系时提供帮助。

二、联动机制应该展现的积极作用

（一）资源整合

社工扮演了资源链接者的角色，联络多方社会力量进行沟通和协调，协助流浪乞讨人员获得所需的相关资源，协助其满足多样化需求。

（二）社会倡导

社工发挥社会倡导功能，宣传社会救助服务经历，提高民众对流浪乞讨人员的认知和支持；建立流浪乞讨社会救助联动平台，倡导民众参与流浪乞讨人员的社会救助，在实践中改变对流浪乞讨人员的刻板印象。

（三）联络桥

美国社会学家马克·格兰诺维特提出的“弱关系”理论认为，强关系是群体、组织内部存在的维持内部的关系，而弱关系则是群体、组织之间的纽带。社工机构搭建社会力量的弱关系桥梁，使流浪乞讨社会力量的信息与资源交互，促进救助过程产生良性互动。

（四）增权与赋能

为流浪乞讨人员争取参与社会生活的资源，为其提供参加社会生活的机会和提高其参与社会生活的能力，促进其摆脱在非正常生活下的自我负向评价，增进他们的权能，以对抗环境的压力。

（五）构建社会支持网络

流浪乞讨社会救助联动机制综合多方社会力量，从政府到企业再到基层的各方服务力量，为流浪乞讨人员提供资源与联系，构建社会支持网络，帮助其重建自信，提高适应能力，从而更好地回归家庭、社会。

第二节　流浪乞讨社会救助联动机制的“联”和“动”

一、流浪乞讨社会救助联动机制的“联”[①]

所谓流浪乞讨社会救助联动机制中的“联”，就是“合”，合在一起的意思，就是在某些方面建立关系，整合资源，打破条块分割、各自为政的传统机制。所谓流浪乞讨社会救助联动机制中的“动”，就是行动或运作，与“联”并存共生。“联”是基础、目标、机制和方向，“动”是行动、结果、过程、发现和创新。

G 市流浪乞讨社会救助联动机制的总特征是政府引领、社会参与。政府作为主导者起着指导和支持作用，社工组织、志愿者、职业培训机构和企业则为流浪乞讨人员提供高效、有针对性的全方位帮助，让流浪乞讨人员回归正常的社会生活。

（一）政府与社工机构联动

政府与社工机构主要是通过项目联结在一起的。政府通过购买服务，社会工作机构通过承接项目，为流浪乞讨人员提供专业性、多样化的主动救助服务，包括临时安置、情绪疏导、就业辅导、返乡后的社会支持网络构建。在救助过程中，以救助队为代表的 S 社工机构与以城市管理行政执

① 李锦顺．五社联动：番禺先行探索概论［M］．北京：中国社会出版社，2022：13-15.

法、公安部门为代表的政府进行合作，确保流浪乞讨人员被及时发现、及时救助。城管充分利用数字化城市管理平台发现流浪乞讨人员后，就及时联系社工机构的救助服务队伍，然后社工机构出动；社工机构发现流浪乞讨人员，会在人脸识别、寻亲服务方面（查监控、祖籍鉴定、打拐血库鉴定等）主动寻求公安部门帮助；当社工发现街面出现危重病人时，机构会立即拨打“110”和“120”。社工机构发现虐待流浪乞讨人员的违法犯罪现象，及时报告给公安机关。

（二）社工机构与志愿者联动

S社工机构通过设置志愿者活动基地的形式，动员引导支持社会工作者和由社会热心人士组成的志愿队伍，去搜寻流浪乞讨人员线索，为流浪乞讨人员提供专业志愿服务。社工机构与志愿者联动还表现为，社工机构选派社工督导、救助站专业救助人员开展培训，赋能志愿者，帮助他们掌握救助技巧。培训内容包括流浪乞讨人员救助工作的政策法规和理论知识、救助管理的工作指引、流浪乞讨人员救助的基本知识、社会救助人员的基本素养和志愿服务的基本流程等。S机构的志愿者通过巡查发现流浪乞讨人员，社工机构通过“今日头条”平台发布寻亲启事。社工一般情况下很快就能与流浪乞讨人员的亲属、同事取得联系。志愿者还可以和社工机构一起，帮助流浪乞讨人员返回故乡、回归社会。

（三）社工机构与职业培训机构、企业联动

就业是解决流浪乞讨人员问题的有效帮扶方式。积极动员引导职业培训机构和爱心企业，为劳动年龄内具备劳动能力的流浪乞讨人员提供技能培训和就业帮扶，使其自立、自强，摆脱流浪乞讨的困境，促使其融入正常社会生活。社工机构与职业培训机构、企业联动表现为，社工机构与职业培训机构、企业合作，链接就业资源给服务对象，提高流浪乞讨人员的职业能力和解决其就业问题。社工机构通过联系企业，邀请其为流浪乞讨人员提供必要的应急救助服务，包括资金、物品、设施设备支持。更重要的是联系一些门槛较低的企业，为流浪乞讨人员提供就业岗位。

S社工机构在流浪乞讨人员中开展“劳动最光荣”宣传，帮助流浪乞讨人员就业和获取就业补贴。社工准备的就业海报宣传内容包括“你可以做哪些工作”“哪里可以找工作”“在就业服务管理中心可以享受哪些服务”，列举出F市2所大型劳动市场、3所劳动就业服务管理中心的地址，宣讲失业人员临时补助政策。社工还准备了就业资源，为流浪乞讨人员准备了清洁工、操作工、服务员、快递员等10余个门槛较低的工作岗位，鼓励流浪乞讨人员就业。

（四）社工机构与高校联动

高校服务实力强劲，处于科技第一生产力、人才第一资源、创新第一动力的结合点上。与高校联动，能让社工机构接触到更专业、更前沿的知识，提升社工机构的竞争优势和服务优势。社工机构与高校联动表现为，高校学者通过培训和督导，建立服务基地，派遣实习生，致力于流浪乞讨救助服务过程、介入技巧和实践经验的研究，形成研究著作及论文，以总结流浪乞讨社会救助联动机制，提升服务认知，实现研究者与实践者的合二为一，为科学服务、专业服务、精准服务、品牌服务提供指引。

S社工机构通过与高校签订督导协议，邀请多位来自高校社会救助相关领域的专家学者进行深度服务，提升了联动机制成员单位和运营管理人员的综合能力，同时，社工机构也越来越清晰地认识到自身的服务特色和发展方向。

二、流浪乞讨社会救助联动机制的“动”①

流浪乞讨社会救助联动机制的关键在“动”，即行动，有了“动”才可能有“联动”。“动”是联动的灵魂。只有把“联”与“动”相结合，才能发挥流浪乞讨社会救助联动机制应有的作用。离开“联”，“动”就成了无源之水、无本之木。

---

① 李锦顺．五社联动：番禺先行探索概论［M］．北京：中国社会出版社，2022：15-16.

（一）“动”强调党建

S社工机构成立的党支部发挥了突出的作用，和8家企业、事业单位和社会工作机构建立了党建联系。通过党建带动联动机制，发挥了思想引领、组织引领、服务引领的作用，通过S社工机构和其他党员的模范带头作用，筑牢了救助机制的思想基础、行动根基。

党建引领注重做社区思想工作。联合社区与驻区单位、社区居民，举办形式多样的文体活动，增进和社区居民的友谊，解决社区群众思想问题，引导居民树立正确的救助观，组织居民和网格人员实地走访，关注桥梁涵洞、未拆除房屋、公交站牌、地下通道等流浪乞讨人员集中活动和露宿区域，共同做好巡视和救助保护工作。

（二）“动”强调聚焦问题

从救助联动机制的实际出发，研究新情况，解决流浪乞讨救助服务过程中的各种实际问题。联动机制具有强烈的问题意识、鲜明的问题导向，聚焦联动机制的主要矛盾和矛盾的主要方面，敢于解决救助服务迫切需要解决的问题，主动弄清问题的历史、文化、实践渊源。

聚焦问题意味着强调创新。政府通过项目发挥统筹作用，S社工机构将志愿者、职业培训机构和企业、高校的力量调动起来，尊重和发挥联动机制的积极性、主动性、创造性，联合驻区单位、结对单位积极开展“爱心救助”“扶贫帮困”“就业指导服务”等创新活动，引领流浪乞讨救助服务出新出彩。

（三）“动”强调合作

合作就意味着分工明确。在联动机制中，各个元素之间是有明确分工的。没有明确分工就难以实现流浪乞讨社会救助联动机制之间的联动发展，就会造成各个元素之间的同构化，使恶性竞争剧烈，资源集聚效应无法显现。只有分工明确，才能应对找出的服务空白和死角。

流浪乞讨社会救助联动机制带动社区治理向深向好向宽前进，强调各个系统之间的合作是深度合作。各个系统并存共生，相互依赖，各展优势，对话互动，伙伴合作，从而形成超过单个系统的综合实力，形成“1+1+1+1>4”的合力，形成结构的横向联合与纵向联合，产生立体效应，以达到既定目标。

合作意味着要发挥自身优势。各个联动各个系统要素以多元平等的治理理念和公共利益最大化为治理目标，这之中，它们各有自己的相互区别的角色、任务和目标。要顺利实现自身的追求和角色，就必须发挥各自的优势，从而实现自身公益效益的最大化。

第三节　“联”和“动”的督导经验

担任社会工作督导不易，担任社会救助工作督导更是不易。督导起着督促、训练和指导救助社工开展专业服务的作用，既要有丰富的实务经验及高度的社会责任感、专业的认同感，接受过全面、系统的社会工作专业训练，拥有良好的专业知识和督导技巧，又要有效承担工作职责，保障服务对象权益，实现社工的专业成长。在督导S机构的服务过程中，通过与机构、社工和服务对象的长期磨砺，积累了一些经验。主要有以下几点。

一、细化党建引领，提升救助服务水平

党建引领能画最大的同心圆，也是联动机制最大的公约数。党建引领要体现出政治引领力、思想引领力、组织引领力、作风引领力、纪律引领力和制度引领力。党建引领联动机制首要的是把坚持党的领导落到实处。这就需要对联动机制成员单位的党建工作情况进行系统摸查，弄清楚各个要素的党建优势，与成员单位签署党建共建协议，形成联动机制的“战斗堡垒”，联合介入救助服务，联合帮扶流浪人员返乡或就业。联动机制要细化党建引领抓手，夯实联动机制成员单位的思想意识基础，提升成员单位的战斗力，更好地开展街面救助管理工作。

细化党建引领，需要建立健全引领机制和服务体系，提升社会力量参

与救助服务的制度化水平。为提升社会力量参与救助服务的制度化水平，要对现有的联动机制和制度体系进行整体优化，优化联动内容涉及工作指引、外展巡查劝导的服务流程和工作方法、项目指引、能力建设、资源管理及源头治理指引等。通过优化，成员单位及项目社工得到更加清晰的指引，进而提升社会力量参与救助服务的整体水平。

细化党建引领，要体现出机制擅长解决重难点个案。细化党建引领，就是要突出党建引领的有用性，要配备实务能力强的专业团队，服务人员应是长期从事流浪乞讨人员救助服务的资深人士，在寻亲、就业、志愿服务等方面具备丰富的经验，并形成了相应的处置流程，可以快速、有效地对流浪乞讨人员进行帮扶，尤其擅长介入处理“钉子户”，对重点个案密切关注、难点个案长期持续关注、危重个案第一时间介入，积极有效开展对长期流浪乞讨（20 年以上）、病危、精神障碍等重难点流浪乞讨人员的救助帮扶工作。这些拔“钉子”工作，不仅体现对生命的尊重，还有效降低负面舆情产生的概率，最大限度地避免负面事件的产生，能够体现出联动机制的责任和担当。

细化党建引领，要体现出机制能坚持一人一档原则，实现流浪乞讨人员的建档全覆盖和动态管理。联动机制安排专人负责街面流浪乞讨人员建档工作，坚持一人一档原则，力争实现流浪乞讨人员建档全覆盖和动态管理，为街面救助管理工作的精准开展提供支撑。

细化党建引领，要体现出机制能链接到更多的资源。联动机制要高度重视公益慈善资源对项目开展的助力作用，并充分发挥联动机制的平台作用，安排专人进行公益慈善资源的链接，并将链接到的公益慈善资源进行统一调配，支持成员单位开展救助服务。成员单位可以把链接到的资源，如物资，常见的有棉被、衣物、热饭、热粥、八宝粥、面包、饼干、点心、饺子、汤圆、清凉饮品、矿泉水、消毒液、一次性口罩等，向街面流浪乞讨人员派发。

细化党建引领，要体现出对志愿服务力量的培育，保持活跃度，为街面救助管理提供补充力量。培育稳定的救助服务志愿队伍是联动机制的核心任务之一，应逐步引导其介入流浪乞讨人员的救助管理工作。联动机制社工要积极联动成员单位，组织志愿者介入重大时间节点和传统节日巡查工作中，即联动市民政局、市区分站、属地街道、城管、各区救助队及医护人员等单位，在中秋、国庆、党的二十大、元旦、春节、元宵、广交会、五一、端午等重大节点和重要节日开展街面巡查，劝导劝离流浪乞讨人员，提供核酸检测、疫苗接种、物资派发及属地政策普及等服务，实现流浪乞讨人员肇事肇祸零发生。

细化党建引领，既要深耕返乡帮扶平台，也要与源头地社会组织合作，借助源头地社会组织的力量开展寻亲返乡工作。

细化党建引领，要精准开展“寒冬送温暖”及“夏日送清凉”等专项行动，杜绝冲击道德底线的事件发生。入冬，联动机制寒冬送温暖专项行动，让流浪乞讨人员切实感受到政府和社会的关心，确保流浪乞讨人员可以安全、温暖地过冬。夏季要帮助生活无着的流浪乞讨人员避暑降温，发挥党员先锋模范作用和社会力量参与救助流浪乞讨人员联动机制作用。切实提高他们抵御极端天气的能力，让他们真切地感受到党和社会的关心和关爱。

细化党建引领，要广泛开展救助宣传工作，提升市民群众对救助信息的知晓度和认同度。具体来说，要宣传流浪乞讨人员救助管理政策法规，展示工作成效，扩大社会影响，推动形成社会广泛参与的流浪乞讨人员救助管理工作新格局，进一步提升居民对社会救助工作的知晓率和认同感，推动社会救助政策的宣传和落实。要增加联动机制在政府主流媒体上的曝光率，不断提升联动机制的知晓度，进而吸引更多的社会力量参与进来。可以通过现场宣传、派发物资、宣传手册、现场活动等多种方式向大众普及救助管理知识，提升社区居民对流浪乞讨救助工作的认识。

二、做好人力资源配备及组织架构

笔者所督导的“促进社会力量参与生活无着的流浪乞讨人员救助服务联动机制项目”是广州市民政局的计划项目。助力广州市救助管理站市区分站开展街面救助管理工作，过去主要是由广州市 D 机构承接。到了 2022 年 8 月，该项目进入第三个服务年度，才开始由 S 社工机构承接运营。中标该项目以后，首先需要配备社工，建立架构。本项目共有专职工作人员 15 名，督导 1 名。

人力资源是第一要务。机构要发展、项目要进步，靠的是人才。只有聚社会服务英才，才能带动机构发展和项目进步。社会服务人才是社工机构发展的第一资源，有了这个资源，机构才能应对未来发展和转型。因此，做好人才的吸纳工作成为机构发展的重中之重。

招聘的时候，首先要讲清讲明流浪救助服务与社会工作的关系。社会工作就是肇始于救助流浪群体，对城市中那些无家可归的流浪者、儿童和老人、因失业等原因而致的贫困对象给予帮助。在服务过程中，社会工作走向专业化，才能慢慢地实现社会化、本土化，为经济建设提供强有力的人才支撑和智力支持。

服务人才被吸纳进来后还要对其进行培训。制定相关的管理规定，让员工明白做任何事情都要有规矩、懂规矩、守规矩。要教育他们做机构的人，长机构的脸，说机构的话，办机构的事，以遵纪守法为荣，以违法乱纪为耻，把自己对公益事业的热爱和法律结合起来，该做的事情做，不该做的事情不做，个人才能圆满，公益事业才会圆满。

在挑选服务人员的时候，要严把人选品德关，坚决防止“带病报名”“带病工作”。要求员工政治过硬，理想信念坚定，是根本中的根本。这不是不痛不痒的小问题。不管哪个社工岗位，都要保持头脑清醒，政治立场坚定，站稳脚跟，不受社会不良风气的干扰，自觉做到严以修身，这样才能认真地对待分内工作，真正把工作干出水平。

根据以上要求，在人员配备方面，首先是积极争取项目原有的工作人员，对有意向继续留在项目工作的工作人员积极挽留和认真考察，确保留存项目的服务基础。最终形成联动机制现有正式员工 15 名，兼职寻亲社工 2 名，兼职财务人员 2 名，长期参与流浪救助服务的志愿者 830 名。团队人员具备丰富的流浪救助工作经验，就能够在流浪乞讨救助服务中发挥重要作用。

2022年8月，经过机构的努力，邀请到34家组织参与联动机制服务。截至目前，联动机制共有4家指导单位、3家支持单位、1支专家团队（5名专家学者）、69家参与单位。其中，参与单位包括1家基金会、1家研究组织、1家医院、2所学校、24支志愿团队、14家企业、26家专业社工机构。为了保障联动机制的顺畅运营，3家召集人单位成立了联合办公室负责整体统筹和沟通联络。

三、掌握服务对象的基本特征

流浪救助服务对象多数是困难群体、贫弱群体和边缘群体，掌握他们的价值观念、行为方式、生活方式和表达方式等特征，能够更好地开展服务。

掌握流浪乞讨人员的流出地。在已知的完成建档的1010名流浪乞讨人员中，除了199名未能有效核查身份，已核查身份的811名流浪乞讨人员共来自29个省份，其中河南省流出的流浪乞讨人员最多，流出人员达137名，占比16.89%，广东省内的流浪乞讨人员次之，最后是湖南。而这3个省份也将是街面救助管理工作中源头治理工作的焦点。

掌握流浪乞讨人员的帮扶情况。在现有的1010名流浪乞讨人员的档案中，自行离穗的流浪乞讨人员共319名，占比32%；完成帮扶的流浪乞讨人员共261名，占比26%；目前仍滞留广州的流浪乞讨人员共430名，占比43%。目前，街面救助管理工作虽然已完成了较多流浪乞讨人员的帮扶工作，取得较为显著的成效，但仍有42%的流浪乞讨人员滞留广州，而这其中长期滞留人员较多，占比23%，这部分人将是街面救助管理工作需要攻克的难点和重点，需要各级部门协同探索有效的方式和方法，逐步减少滞留人员数量，提升街面救助管理工作的效率。

掌握流浪乞讨人员聚集区域。经街面救助服务工作人员在长期工作中摸查和汇总，总结出G市市内5区的流浪乞讨人员的聚集区域，L区和Y区范围内存在的流浪乞讨人员聚集区域最多，均有34处，其他3区略少，但最少也有 26 处，5 区的聚集地数量差别并不大，整体分布较为平均。由此可见，G 市内各区街面救助管理工作压力较大，需要政府及社会力量协同开展救助服务，这样才能尽最大可能地提升流浪乞讨人员的服务覆盖面和加大帮扶力度。

掌握流浪乞讨人员的身体情况。滞留 G 市的 430 名在册流浪乞讨人员中，以身体健康人员为主，共 330 名，占比 76.74%，此类流浪乞讨人员具备劳动能力，工作人员需要通过救助宣传、社会化教育和返乡教育等方式加强对他们的教育感化工作，让其能够停止流浪，用双手创造幸福生活。病症和残疾两类流浪乞讨人员共 100 名，占比 23.26%，这两类人劳动能力较弱，需要政府和相应的社会组织提供帮助，工作人员需要加强对其劝导，引导他们进站接受帮助，同时促进对他们寻亲返乡和源头治理工作的深入开展，让他们可以得到妥善的帮扶和安置。

掌握流浪乞讨人员的主要谋生方式。滞留 G 市的流浪乞讨人员的谋生方式主要包括打散工、捡拾废品、示残示弱乞讨、乞要救助物资及其他五类，其中以捡拾废品人数最多，共 183 人，其中又以 Y 和 T 两区捡拾废品的比例最高，占比 34.97%。其次是示残示弱乞讨，共 138 人，Y 区在册示残示弱乞讨 76 人，占比 55.07%，此类人多为职业乞讨人员，停止流浪乞讨的意愿非常低，这也是街面救助管理工作的重点，需要多部门协同处理。工作人员可从环境、意识等方面进行介入（一方面压缩流浪乞讨人员的乞讨空间，另一方面宣传救助政策，推荐就业信息或返乡安置），逐步改变示残示弱乞讨人员的意识和行为，促使他们停止乞讨，恢复正常生活。

四、以满足服务需求为核心

（一）要满足流浪乞讨人员的需要

1. 要想方设法满足流浪乞讨人员的生存需要

流浪乞讨人员是社会的边缘群体，他们没有稳定的工作和住所，缺乏经济来源和社会保障，无法满足基本的生活需要，他们在住房、食品、水、医疗、教育、心理健康等方面存在需求。这些需求直接影响着他们的生存和健康，需要得到及时有效的帮助和支持。因此，我们必须关注并尊重他们的需求和尊严，并为其提供全方位、持续性的支持和援助，帮助他们获得更好的生活和发展机会，助力他们恢复正常生活。

2. 要想方设法满足流浪乞讨人员的安全需要

流浪乞讨人员生活环境恶劣，安全性较差，容易遭受盗窃、抢劫等安全威胁。此外，流浪乞讨人员通常缺乏社会认知和防范意识，对于如何保护自己和避免危险，存在认知和行为习惯方面的不足。因此，联动机制项目可以在日常工作中开展安全教育方面的服务，以提升流浪乞讨人员的安全意识和能力。

3. 要想方设法满足流浪乞讨人员教育和培训的需要

流浪乞讨人员往往由于贫困、缺乏技能、缺乏关注和支持而无法获得生计，他们需要通过技能培训，提高自身的专业能力和得到就业机会。流浪乞讨人员常常面对诸多困难和挑战，心理压力较大，为其开展心理辅导、社交和卫生常识等教育和培训，可以提高流浪乞讨人员的心理健康、社会融入和自我保健能力，帮助他们更好地适应生活环境，提高生活满意度。

4. 要想方设法满足流浪乞讨人员就业的需要

流浪乞讨人员一般由于缺乏技能、缺乏资源和贫困而无法获得独立的生计，因此就业成为他们摆脱困境的唯一途径。提供就业机会、职业技能培训和就业规划等服务可以帮助流浪乞讨人员更好地适应就业市场，提高就业能力和竞争力，增加他们就业的机会。此外，流浪乞讨人员在就业过程中还面临着不少的困难和障碍，如缺乏资金、找不到合适的工作岗位和无法适应工作环境等。因此，提供一系列的支持和帮助，如提供就业指导、职业规划和心理支持等，可以更好地帮助他们稳定就业，恢复正常生活。

5. 要想方设法满足流浪乞讨人员心理慰藉的需要

流浪乞讨人员经常处于落单、无依无靠的状态，不仅缺乏温暖的家庭关爱，也缺少朋友和社交支持。这时他们往往需要一些心理上的慰藉，如对他们的经历和遭遇的理解和同情、面对生活中一些困难和挑战的指导和支持以及鼓励和肯定。这些慰藉可以激发他们内心的希望和动力，增强他们的自信心和自尊，促进他们向积极的方向发展。同时，通过提供心理慰藉，我们也能够与他们建立信任和互动的关系，为他们提供更多的帮助和支持。

6. 要想方设法满足流浪乞讨人员返乡安置的需要

流浪乞讨人员作为社会特殊群体，缺乏社会保障和资源，往往面临着失业、无家可归、生病等问题。这些问题无法在异地暂住甚至无家可归的情况下得到很好的解决。因此，流浪乞讨人员需要有机会返乡安置，重新回到自己的家乡，重建人际关系和社会支持网络。返乡安置可以给流浪乞讨者提供更多的就业和社会资源，提高他们的生活质量和社会融入度。同时，返乡安置也能帮助流浪乞讨人员在家乡得到更多的关爱和支持，增强他们的自尊和自信，帮他们重建家庭关系和道德信仰，使他们重新步入正常生活的轨道。总之，返乡安置是对流浪乞讨人员的一种关怀和帮助，有助于让他们有机会走出困境，重返正常生活。

（二）要满足流浪乞讨项目购买方的需求

1. 要想方设法满足项目购买方加强和创新社会治理的需求

流浪乞讨人员救助管理工作是一项综合性的系统工作，涉及民政、公安、城管、医护等多个部门，单一部门很难有效解决流浪乞讨人员面临的问题或困难。此外，完全使用政府的工作方式很难与流浪乞讨人员建立良好的工作关系，因此，需综合采取社会治理和社会参与的多元方式。

2. 要想方设法满足项目购买方加强源头综合治理的需求

流浪乞讨现象发生的主要原因是家庭贫困，流浪乞讨人员是特殊困难群体，要从源头上减少流浪乞讨人员，就要加强源头综合治理，从根本上解决贫困人员“两不愁三保障”的问题，将其稳固在当地，防止其外出流浪乞讨。

3. 要想方设法满足项目购买方整合和调动社会力量的需求

市内5区地域范围大，常住人口多，流浪乞讨人员分布广，但救助体系工作人员有限，想要在不对等的人员比例基础上构建救助服务网络，高质量地完成流浪乞讨人员救助管理工作，需要庞大的社会力量队伍给予支持。因此，整合和调动社会力量参与救助服务成为必然。

4. 要想方设法满足项目购买方开展教育宣传工作的需求

社工通过对市区分站副站长的访谈和在外展过程中了解到，流浪乞讨人员普遍存在获取信息的渠道窄、对政策了解不清晰、对救助站的认识过于片面等现象，这些现象直接导致了流浪乞讨人员对救助管理工作不信任，无法独立解决自身困境和问题等情况，因此，开展教育宣传工作，提升流浪乞讨人员对政策、信息的获取能力，改善其不合理认知尤其必要。

5. 要想方设法满足项目购买方开展专业服务研究的需求

广东省是流浪乞讨人员的流入大省，G市更是排前，G市流浪乞讨人员救助管理工作形势复杂，其在长期的实践过程中总结了一套可复制、可推广的工作流程和方法。开展专业研究工作将救助管理工作的经验和方法进行固化，不仅可以增强救助管理工作的成效，而且可以树立G市救助管理工作的品牌，更可以为全国救助管理工作的发展提供借鉴和参考。

（三）要满足流浪乞讨项目联动机制成员单位的需求

1. 要想方设法满足项目联动机制成员单位服务能力建设培训的需求

联动机制各成员单位的类型较多，有社工机构、企业、志愿者团队以及基金会等，超过半数的成员单位为企业和志愿者团队，这些组织多数是通过志愿服务和公益慈善行为聚集而成的，对于组织的运营、救助服务的开展缺少相关的能力支持。联动机制社工在与各成员单位沟通和互动中了解到，成员单位在能力提升方面有强烈的需求，为此，要满足联动机制单位开展能力建设培训服务的需要。

2. 要想方设法满足项目联动机制成员单位自我展现的需求

通过对联动机制成员单位的互动了解到，联动机制成员单位对自我的宣传多是通过自己的公众号、微信群等渠道进行的，影响的范围小、很难被社会公众、政府等持份者看到和了解，对单位的发展有很大的制约。成员单位通过更大的平台展示自身的优势和风采，因此，联动机制可以充分发挥项目的优势，构建成员单位的自我展示平台，让成员单位的服务被看到、被认可，提升成员单位的影响力。

3. 要想方设法满足项目成员单位资源支持的需求

联动机制各成员单位因自身的局限性，聚合资源的能力有限，自身服务和发展受到了极大的限制，为了维持组织的生存，往往需要组织负责人自掏腰包。它们需要得到政府和社会的支持。联动机制可以充分发挥项目优势，加强对政府和社会公益慈善资源的聚合和再分配，为成员单位解决最基本的资源需求，助力成员单位救助服务的常态化开展。

五、做好年度项目服务目标、服务计划、服务方法

联动机制服务对象主要包括联动机制成员单位的工作人员、在G市流浪的乞讨人员及临时遇困人员。其重点服务对象为老、弱、病、残及妇女等需要重点关注的流浪乞讨人员；一般服务对象为市内5区的流浪乞讨人员。这就要充分发挥联动机制的“引擎”作用，整合社会资源，理顺社会关系，搭建社会力量参与救助服务平台，统筹协调G市社会力量有序参与流浪乞讨人员救助服务，为站内受助人员提供心理疏导、寻亲返乡、就业指引等服务，最大限度地减少街面流浪乞讨人员数量，提高救助服务成效，打造G市救助服务品牌。

做好项目服务目标、服务计划和服务内容，是机构和服务人员与服务对象进行沟通的重要工具。通过服务计划，可以和服务对象和项目购买方明确服务目标和期望的结果，从而帮助服务对象厘清自己的问题和需求，明确自己想要的是什么。

要明确项目服务总目标。在G市救助管理站市区分站的指导和支持下，健全救助服务机制，构建救助服务平台，促使联动机制各成员单位形成救助合力，最大限度地减少街面流浪乞讨人员数量，不断提升G市救助

服务的影响力。

要明确项目服务分目标。持续优化健全联动机制的各项机制，逐步实现联动机制的规范化；在专家团队的支持下，研发并开展能力建设和流浪救助系列性培训课程，促使成员单位在组织的运营管理和业务能力等方面实现全面提升；构建救助服务平台，逐步实现社会力量参与救助服务的联动支援和资源整合调配，促使联动机制各成员单位形成救助合力，不断拓展救助服务深度；优化驻站社工服务，用有趣的、温馨的服务和环境缓解进站受助的流浪乞讨人员的情绪，并与其建立良好的专业关系，进而更好地为其提供帮助；总结服务经验，撰写成经典案例，提炼成可复制、可推广的服务模式，扩大G市救助服务的影响力。

要明确项目服务计划。

“凝聚合力”救助服务平台建设计划。在上级主管部门的指导下，联动机制在巩固上一标期取得成果的基础上，继续完善联动机制的各项机制，探索建立救助服务平台，并设置社会力量参与救助服务的数据中心、服务中心、资源中心等功能。每月定期举行联动机制联合会议，及时总结救助服务经验，加强成员单位间的沟通和交流。链接社会公益慈善资源，逐步实现社会力量参与救助服务的联动支援和资源整合调配，促使联动机制各成员单位形成救助合力，不断拓展救助服务深度。

“固基、增能、培新”能力建设和救助培训计划。联动机制以“固基、增能、培新”为核心进行能力建设和救助培训的设计和开展，在巩固各成员单位掌握的救助服务基础知识的基础上，对各成员单位机构运营管理人员、一线工作人员、新入职员工以及志愿者等群体进行全方位的能力培训及专业指导，一方面提升新员工对G市社会救助领域的整体认识；另一方面提升各成员单位机构运营管理人员在党建引领、法人治理、规范运作等方面的综合能力。

“暖心同行”救助帮扶计划。在辖区内，组建并培育志愿者队伍，开展综合建账、寻亲返乡、专项联动、返乡教育等多元化社会救助服务，不断探索社会力量参与流浪乞讨救助服务的专业化和多元化，推动社会救助服务不断走深走实。在流浪乞讨人员流出地，建立源头治理试验点，与当地民政部门、救助管理机构、社会组织加强合作，搭建源头地家庭和社会支持网络。为两地返乡后的高龄老人、携带未成年人人员、女性等重点群体提供持续性跟进服务，进一步提升救助服务成效。

“流动课堂”教育服务计划。联动机制充分发挥成员单位的优势，打造教育培训系列课程，将教育培训服务化整为零，深入流浪乞讨人员聚集点，开展“流动课堂”教育培训服务，为其送上卫生健康、政策法规、社会保障、返乡安置和就业信息等提升综合能力的学习内容。联动机制通过潜移默化的教育和影响促进流浪乞讨人员认知和行为的改变，促使流浪乞讨人员返乡或就业，恢复正常生活。

“温馨港湾”驻站社工服务计划。联动机制驻站社工充分发挥“缓冲器”作用，建立救助站和受助人员之间的沟通桥梁。驻站社工通过环境改造、服务开展等方式，在站内营造温馨、有趣的生活环境，缓解受助人员的焦虑情绪，并与其建立良好的专业关系，进而更好地为其提供帮助。

服务经验提炼计划。总结救助服务经验，撰写成经典案例，将创新做法和服务经验总结提炼成可复制、可推广的服务模式，向市区分站报告，并在主流媒体、专业期刊上发表，提升项目的知晓度和影响力，打造广州市救助服务品牌。

掌握社工寻亲网络矩阵，学会常用的服务方法。

（1）抖音寻人

抖音寻人是近几年流行的寻亲方式，抖音平台用户多，传播范围广，直观清晰的短视频记录、舆论关注度高等特点能够极大地提升寻亲效率。联动机制借助承接机构成熟的抖音账号（粉丝 2.8 万，播放量 2395.4 万）进行寻亲返乡工作开展，一方面提升寻亲的效率；另一方面提升大众对寻亲对象的关注度，对属地政府、家属形成一定的舆论压力，促使属地政府介入、协助家属接回流浪乞讨人员。在督导服务周期内，联动机制通过抖音发布 102 名流浪乞讨人员的寻亲信息，播放量达到 252.76 万，成功促使 31 名流浪乞讨人员返乡安置。

（2）头条寻人

头条寻人也是近几年流行的寻亲方式，其与抖音寻人的不同之处在于，头条以文字为主。头条寻人因其具备定向推送的功能，在发布人清晰知晓家庭住址的情况下，可以精准推送到其家庭所在的村/社区，相较于抖音寻人，头条寻人的成功率更高。本服务周期内，联动机制通过头条发布263名流浪乞讨人员的寻亲信息，阅读量达到364722人次，成功促使53名流浪乞讨人员返乡安置。

（3）S寻亲网

S寻亲网是机构打造的新的寻亲平台，用于发布寻人信息，招募寻亲志愿者，开展公众筹款（待上线）等。因网站建设时间短，未能与其他寻亲网站达成互联互通，故其知名度不高，点击量和阅读量也不高。本服务周期内，联动机制通过S寻亲网发布36名流浪乞讨人员的寻亲信息，暂时未能成功帮助流浪乞讨人员返乡安置。

（4）高科技手段寻人

在无法获取流浪乞讨人员详细信息的情况下，联动机制会采集流浪乞讨人员的清晰照片、血液样本等材料，并借助承接机构的资源和力量使用高科技手段进行寻人，常用的手段有人脸识别（非救助管理系统）和DNA比对两种。本服务周期内，联动机制通过人脸识别和DNA比对等高科技手段成功为6名无法获取身份信息的流浪乞讨人员寻找到亲人，并成功助其团聚返乡。

（5）全国寻亲社会力量网

得益于联动机制承接机构理事长在长达30年的流浪救助服务中积累下来的丰富资源，当遇到无法通过线上方式直接寻亲的流浪人员时，理事长会与该名流浪乞讨人员户籍地专注于寻亲的社会力量取得联系，联合开展寻亲工作，这种方式通常会取得非常好的效果。本服务周期内，联动机制在全国寻亲社会力量网的支持下，共计为30余名流浪乞讨人员（含重难点）找到亲人并帮助其返乡安置。

六、讲究服务策略

（一）针对联动机制对各成员单位的“黏性”较弱，加强“黏度”

目前，联动机制项目与成员单位的互动以沟通拜访、联合会议、专项联动及物资支持四种方式为主，这些方式多以情感和共同的任务目标为维系纽带，对成员单位缺少“黏性”，成员单位参与联动机制提供的服务时存在极大的选择性，这让联动机制各项服务的开展极为被动。

联动机制需要继续扩大成员单位规模，将联动机制服务范围内的街道社工站也纳入联动机制的成员单位范围，并与其建立牢固的流浪救助合作关系，联动机制对成员单位的“黏性”会自然形成。联动机制一方面通过每月组织成员单位开展联合会议，为成员单位搭建交流和互动的平台，让成员单位通过会议对当月救助管理工作的成效进行分享，对遇到的困难和挑战进行探讨，对下月的救助服务工作进行敲定，对重大事项进行表决。

联动机制通过此种正式会议的方式增强成员单位之间的“黏性”，推动救助合力的形成；一方面通过定期拜访成员单位，建立成员单位档案，掌握成员单位的业务范围、优势资源和需求。联动机制可以根据掌握到的成员单位的基本资料，通过优势互补的方式策划专项联动，推动救助服务的高质量开展。另一方面，联动机制已经和G市慈善会达成合作，成立流浪救助专项基金。联动机制可以借鉴公益创投的模式，链接社会慈善资源，开展面向流浪救助服务的公益创投。通过创投一方面可以为联动机制聚合较多的专业力量，推动救助服务的高质量发展；另一方面可以用慈善资源制约成员单位，大大提升联动机制的“黏性”，有利于联动机制的壮大和经验成果的提炼和推广。

（二）针对就业帮扶平台不健全，增强就业支持的深度和广度

联动机制初步探索就业帮扶平台，构建了供需桥梁，实现了企业和流浪乞讨人员的配对，但在就业培训、后续跟踪等环节未能发挥很好的作用。就业平台亦缺少相应的制度保障，需要通过后续的探索不断健全。

联动机制应继续拓宽“流动学堂”就业板块的服务深度和广度。流浪救助服务对象存在以下特点：一是流浪乞讨人员有集中露宿地点，人员相对固定；二是流浪乞讨人员流浪时间较长，文化程度偏低；三是流浪乞讨人员中适龄人员就业难，改变意愿不强。“流动学堂”就是针对这些特点设计的。“流动学堂”系列教育服务是针对流浪乞讨人员这些特点量身定制的教育培训服务，可以围绕返乡教育和社会化教育两大核心，探索包括法律宣讲、政策宣传、卫生健康、自我保护及就业支持等主题的系列公益课程。返乡教育可以涵盖居民身份证、五险一金、公民权利、情感支持、低保政策、疫情防控等内容；社会化教育涵盖刑法、劳动法、民法、节日习俗、疫情防控、就业指导、垃圾分类等内容。这样一方面需要研发心理建设、就业培训等方面的就业支持服务，在流浪乞讨人员就业前做好教育指导工作；另一方面需要扩大和提升合作企业的数量和质量，通过联动公益企业为流浪乞讨人员提供就业岗位和机会，引导流浪乞讨人员通过就业，逐步恢复正常生活，实现流浪乞讨人员的在地化安置帮扶。此外，还要做实流浪乞讨人员就业后的跟踪回访工作，在其就业后给予一段时间内的跟踪和指导，确保其可以在工作岗位上稳定就业，进而恢复正常生活。

联动机制项目还应发挥返乡帮扶平台的作用，充分发挥承接机构的优势，使用各类高科技手段，与全国各大寻亲组织开展深度合作，不断提高流浪乞讨人员寻亲返乡的成功率和效率。该项目还应发挥平台的研究推广的作用，对救助服务进行经验总结和提升，并通过政府和公众接纳的公共媒体、期刊进行宣传和报道，有利于提升联动机制项目的公信力和知晓率，促进G市救助服务品牌效应的构建。

（三）针对受助人员进站时间短，提升公共服务的专业服务水平和活跃度

许多受助人员进站求助返乡，在站内停留的时间较短，通常1~2天便离站回家，因此通常只能参加少许几次社工服务，服务时限较短。且对于有跟进需求的受助对象来说，离站后联系较为困难，有些受助对象不愿留下手机号码，或手机丢失无法联系，从而导致社工无法跟进，服务持续较难。

对于该问题，一方面驻站社工应在受助对象在站的有限时间内给予重点关注及跟进，尽最大能力帮助受助对象解决困难；另一方面社工站应加强和流浪救助站社工的联络，提升社工的沟通水平、表达能力，增强社工的流浪救助服务专业知识和服务水平，突出社工的专业性。机构还要以培训促进服务，高度重视社工能力建设和救助技能培训，提升其组织管理能力、救助服务技能以及价值理念。

市区救助站是一个政府对流浪乞讨人员临时安置的场所，平时氛围较为严肃，开展多样化的文娱活动可以缓解站内受助人员的情绪，让他们更好地适应站内生活，从而与他们建立专业关系，提供更精准的服务。

社会救助的“联”和“动”的经验是多方面的，其成功的依据是什么，可以制定一个评价标准。总体而言，第一是要有一份稳定的工作，第二是受助者要被家庭接受，家庭不排斥他。

江山就是人民，人民就是江山。及时有效救助生活无着的流浪乞讨人员既是党和政府保障和改善民生的重要职责，也是加强和创新社会治理、维护社会公平正义的必然要求。社会救助作为救助战线堡垒工作的重要环节，应该发扬工匠精神，不断开拓创新，精益求精，打造救助服务的新名片，树立中国新形象，充分体现中国的高度和温度。

参考文献：

1. 习近平．习近平著作选读（第 1–2 卷）［M］．北京：人民出版社，2023.

2. 习近平．习近平谈治国理政（第 2 卷）［M］．北京：外文出版社，2017.

3. 习近平．习近平谈治国理政（第 3–4 卷）［M］．北京：外文出版社，2020.

4. 李锦顺，尚丙辉．流浪乞讨社会救助联动机制的“联”与“动”解析［J］．大社会，2023（6）．

5. 李锦顺，刘静好，刘鹏．流浪乞讨救助服务的联动特色研究：以 G 市的探索为例［J］．大社会，2023（7）．

6. 李锦顺，卢梓麟，张国琪，等．降低城市流浪乞讨人员过度戒备心理研究［J］．大社会，2023（9）．

7. 李锦顺，梁冠杰，尚丙辉．介入城市流浪乞讨个案社会工作的服务过程及其高质量发展［J］．大社会，2023（10）．

8. 李锦顺，李先春，王焕坤，等．对城市流浪乞讨人员社会工作实务若干经验的探析［J］．大社会，2023（11）．

9. 侯斌，慈勤英．社会救助对受助者获得感的影响：基于“完善社会救助制度研究”调查数据的分析［J］．调研世界，2019（7）．

10. 李迎生，韩央迪，肖一帆，等．超越统合救助模型：城市低保制度改革中的分类救助问题研究［J］．学海，2007（2）．

11. 廖慧卿，张兴杰，张开云．社会救助提升农村贫困残障者的生活机遇了吗?：残障污名与街头官僚、救助政策的交互效应研究［J］．公共行政评论，2020（6）．

12. 林闽钢．城市贫困救助的目标定位问题：以中国城市居民最低生活保障制度为例［J］．东岳论丛，2011（5）．

13. 刘小年．“孙志刚事件”背后的公共政策过程分析［J］．理论探讨，2004（3）．

14. 彭华民．中国社会救助政策创新的制度分析：范式嵌入、理念转型与福利提供［J］．学术月刊，2015（1）．

15. 朴美兰，金宝森．民族地区流浪乞讨人员社会救助路径创新研究：以延边地区为例［J］．黑龙江民族丛刊，2020（4）．

16. 时正新．中国社会救助体系研究［M］．北京：中国社会科学出版社，2002.

17. 汤秀娟．城市流浪乞讨人员救助管理视角下的社会治安防控［J］．广州大学学报（社会科学版），2014（1）．

18. 王傅，刘忠．社会组织基本知识［M］．广州：广东人民出版社，2017.

19. 王浦劬．政府向社会力量购买公共服务的改革机理分析［J］．北京大学学报：哲学社会科学版，2015（4）．

20. 于秀丽．排斥与包容：转型期的城市贫困救助政策［M］．北京：商务印书馆，2009.

21. 肖艳辉，王保庆．“乞讨权”的法理分析：从人权和自由的角度［J］．湖南师范大学社会科学学报，2005（1）．

22. 谢敏．社会工作介入流浪乞讨人员社会救助中的伦理困境［J］．理论月刊，2018（8）．

23. 闫亚平．太平洋战争爆发后广东地区民间力量对回国难侨的救济［J］．广东石油化工学院学报，2018（2）.

24. 杨团，朱健刚．慈善蓝皮书：中国慈善发展报告（2020）［R］．北京：社会科学文献出版社，2020.

25. 尹铎，蔡慕言，梁金多，等．广州城市流浪乞讨者的空间管治与日常生活实践［J］．地理科学，2019（3）.

26. 张浩淼．发展型社会救助研究：国际经验与中国道路［M］．北京：商务印书馆，2017.

27. 刘斌志，沈黎．社会工作督导反思：学习成为有效的社会工作督导老师［J］．社会工作，2006（9）.

28. 何芳．“流浪儿”在美国：社会救助的制度、实践与培养［M］．上海：上海人民出版社，2013.

29. 丁茂柏．给流浪乞讨人员一个温暖的“家”［J］．中国民政，2023（5）.

30. 邵敏．流浪乞讨人员救助档案管理制度建构分析［J］．黑龙江档案，2023（2）.

31. 尹伟佳．“一带一路”沿线贫民窟居民“安居乐业”的研究［J］．山西建筑，2018（18）.

32. 常莹，徐丽敏．社会支持理论视角下城市流浪乞讨人员救助：需求、现状与反思［J］．黑河学刊，2018（5）

33. 派恩．现代社会工作理论（第三版）［M］．冯亚丽，叶鹏飞，译．北京：中国人民大学出版社，2018.

34. 丁运安，徐进．对流浪精神病人开展救助的几点设想［J］．社会福利，2006（10）.

35. 丁振明．社会工作介入精神病院康复模式的探索［J］．福建医科大学学报：社会科学版，2011（2）.

36. 杜艳丹．流浪精神病人救助管理存在的问题及对策探究：以河南省B市救助管理站为例［J］．社会政策研究，2019（2）.

37. 风笑天．论参与观察者的角色［J］．华中师范大学学报：人文社会科学版，2009（3）.

38. 高侠丽，侯春在．家庭功能理论的研究进展［J］．社会心理科学，2008（3）.

39. 高薪翔．解决长期滞留人员救助难题的途径分析：以陕西省汉中市救助管理站为例［J］．社会福利（理论版），2015（5）．

40. 邵俊霖，翟天豪，罗茜．城市贫困集聚治理的国际经验及其启示：以美国、日本、巴西、印度、墨西哥五国为例［J］．社会治理，2021（3）．

41. 赵琪．结构化理论视角下流浪乞讨人员的社会工作服务探究［D］．天津理工大学，2019.

42. 关信平．论我国社会救助制度的结构调整与制度优化［J］．山西大学学报：哲学社会科学版，2020（5）．

43. 张浩淼．织密兜底社会安全网：社会救助高质量发展研究［M］．北京：中国社会科学出版社，2023.

44. 曹述蓉，侯国凤．社会福利视野下的发展型社会救助制度研究［M］．长沙：湖南大学出版社，2022.

45. 刘晓兵．刑事被害人社会救助研究［M］．北京：中国政法大学出版社，2021.

46. 胡芳肖．社会救助概论［M］．西安：西安交通大学出版社，2022.

47. 宁雯雯．非典型福利依赖：城市贫困者的就业选择与行动逻辑［M］．北京：社会科学文献出版社，2022.

48. 黄静．社会救助实务［M］．成都：西南交通大学出版社，2022.

49. 李鹏．兜底保障目标下中国社会救助瞄准机制研究［M］．北京：经济科学出版社，2022.

50. 刘娟，何少文．社会救助政策与实务［M］．广州：广东经济出版社，2016.

51. 刘娟．社会保障政策与实务［M］．北京：中国农业出版社，2018.

52. 王治坤．中国社会救助发展报告［M］．北京：中国社会出版社，2015.

53. 李鹏．兜底保障目标下中国社会救助瞄准机制研究［M］．北京：经济科学出版社，2022.

54. 刘苏荣．战后英国社会救助制度研究［M］．昆明：云南大学出版社，2015.

55. 王海燕．日本社会救助［M］．北京：中国劳动社会保障出版社，2022.

56. 龙时．中国社会救助制度［M］．北京：社会科学文献出版社，2022.

57. 刘晓雪．我国城市老年照护社会救助研究［M］．上海：复旦大学出版社，2022.

58. 赵国玲，徐然．社会救助视野下的犯罪被害人救助实证研究［M］．北京：北京大学出版社，2016.

59. 埃莉诺·奥斯特罗姆．公共事物的治理之道：集体行动制度的演进［M］．余逊达，陈旭东，译．上海：上海译文出版社，2012.

60. 李锦顺．五社联动：番禺先行探索概论［M］．北京：中国社会出版社，2022.

61. SOLOMON B B. Black Empowerment: Social Work in Oppressed Communities［M］. New York: Columbia University Press, 1976.

62. DANIEL, HAILU. An ethnography of social assistance to ethiopian children by non-governmental organizations: types, adequacy and Predictability［J］. Social policy & administration, 2015, 51 (5): 817-836.

63. DAVIES C S L, POUND J. Poverty and vagrancy in tudor england［J］. Economic history review, 1972, 25 (2): 361.

64. FOURRIER-NICOLAI E. How family transfers crowd-out social assistance in germany［J］. AMSE Working Papers, 2020.

65. FOX N C. A snapshot of family homelessness across America［J］. Political science quarterly, 1999, 114 (2): 289-307.

66. JAN-ERIK, LANE, DOMINIC, et al. Institution building and spillovers［J］. Swiss political science review, 2004.

67. KARGER H J, STOESZ D. American Social Welfare Policy［M］. American Social Welfare policy. Longman, 2009.

68. KAUL, I. Global public goods: what role for civil society?［J］. Nonprofit & voluntary sector quarterly, 2001, 30 (3): 588-602.

69. RAPPAPORT, J. Terms of empowerment exemplars of prevention: toward a theory for community psychology［J］. American journal of community psychology, 1987: 15 (2).

70. ROELEN K. Receiving social assistance in low-and middle-income countries: negating shame or producing stigma?［J］. Journal of social policy, 2020, 49 (4): 705-723.

71. SAMUELSON P A. The pure theory of public expenditure［J］. Review of economics & statistics, 1954, 36 (1): 1-29.

72. SCHMITZ P, ECONOMICS J O P, Boadway R, et al. Government versus private

ownership of public goods: The role of bargaining frictions [J]. Journal of public economics, 2015.

73. SIMONET D. The new public management theory and the reform of european health care systems: An international comparative perspective [J]. International journal of public administration, 2011, 34 (12): 815–826.

74. SOSIN M, PILIAVIN I, WESTERFELT H. Toward a longitudinal analysis of homelessness [J]. Journal of social issues, 2010, 46 (4): 157–174.

75. STRUYK R J, CORVINGTON P A. Russian social assistance nonprofits as potential contractors to local governments [J]. nonprofit review, 2003, 2: 63–72.

76. THOMAS, LEMIEUX, et al. Incentive effects of social assistance: A regression discontinuity approach [J]. Journal of Econometrics, 2008, 142 (2): 807–828.

77. DERELI T, ELIGÜZELN, ETINKAYA C. Content analyses of the international federation of red cross and red crescent societies (ifrc) based on machine learning techniques through twitter [J]. Natural hazards, 2021: 4–5.

附　录

一、规章制度

城市生活无着的流浪乞讨人员救助管理办法

第一条　为了对在城市生活无着的流浪、乞讨人员（以下简称流浪乞讨人员）实行救助，保障其基本生活权益，完善社会救助制度，制定本办法。

第二条　县级以上城市人民政府应当根据需要设立流浪乞讨人员救助站。救助站对流浪乞讨人员的救助是一项临时性社会救助措施。

第三条　县级以上城市人民政府应当采取积极措施及时救助流浪乞讨人员，并应当将救助工作所需经费列入财政预算，予以保障。

国家鼓励、支持社会组织和个人救助流浪乞讨人员。

第四条　县级以上人民政府民政部门负责流浪乞讨人员的救助工作，并对救助站进行指导、监督。

公安、卫生、交通、铁道、城管等部门应当在各自的职责范围内做好相关工作。

第五条　公安机关和其他有关行政机关的工作人员在执行职务时发现流浪乞讨人员的，应当告知其向救助站求助；对其中的残疾人、未成年人、老年人和行动不便的其他人员，还应当引导、护送到救助站。

第六条　向救助站求助的流浪乞讨人员，应当如实提供本人的姓名等基本情况并将随身携带物品在救助站登记，向救助站提出求助需求。

救助站对属于救助对象的求助人员，应当及时提供救助，不得拒绝；对不属于救助对象的求助人员，应当说明不予救助的理由。

第七条　救助站应当根据受助人员的需要提供下列救助：

（一）提供符合食品卫生要求的食物；

（二）提供符合基本条件的住处；

（三）对在站内突发急病的，及时送医院救治；

（四）帮助与其亲属或者所在单位联系；

（五）对没有交通费返回其住所地或者所在单位的，提供乘车凭证。

第八条　救助站为受助人员提供的住处，应当按性别分室住宿，女性受助人员应当由女性工作人员管理。

第九条　救助站应当保障受助人员在站内的人身安全和随身携带物品的安全，维护站内秩序。

第十条　救助站不得向受助人员、其亲属或者所在单位收取费用，不得以任何借口组织受助人员从事生产劳动。

第十一条　救助站应当劝导受助人员返回其住所地或者所在单位，不得限制受助人员离开救助站。救助站对受助的残疾人、未成年人、老年人应当给予照顾；对查明住址的，及时通知其亲属或者所在单位领回；对无家可归的，由其户籍所在地人民政府妥善安置。

第十二条　受助人员住所地的县级人民政府应当采取措施，帮助受助人员解决生产、生活困难，教育遗弃残疾人、未成年人、老年人的近亲属或者其他监护人履行抚养、赡养义务。

第十三条　救助站应当建立、健全站内管理的各项制度，实行规范化管理。

第十四条　县级以上人民政府民政部门应当加强对救助站工作人员的教育、培训和监督。

救助站工作人员应当自觉遵守国家的法律法规、政策和有关规章制度，不准拘禁或者变相拘禁受助人员；不准打骂、体罚、虐待受助人员或者唆使他人打骂、体罚、虐待受助人员；不准敲诈、勒索、侵吞受助人员的财物；不准克扣受助人员的生活供应品；不准扣压受助人员的证件、申诉控告材料；不准任用受助人员担任管理工作；不准使用受助人员为工作人员干私活；不准调戏妇女。

违反前款规定，构成犯罪的，依法追究刑事责任；尚不构成犯罪的，依法给予纪律处分。

第十五条 救助站不履行救助职责的，求助人员可以向当地民政部门举报；民政部门经查证属实的，应当责令救助站及时提供救助，并对直接责任人员依法给予纪律处分。

第十六条 受助人员应当遵守法律法规。受助人员违反法律法规的，应当依法处理。

受助人员应当遵守救助站的各项规章制度。

第十七条 本办法的实施细则由国务院民政部门制定。

第十八条 本办法自 2003 年 8 月 1 日起施行。1982 年 5 月 12 日国务院发布的《城市流浪乞讨人员收容遣送办法》同时废止。

城市生活无着的流浪乞讨人员救助管理办法实施细则

第一条 根据《城市生活无着的流浪乞讨人员救助管理办法》（以下简称《救助管理办法》）的规定，制定本实施细则。

第二条 《救助管理办法》规定的“城市生活无着的流浪乞讨人员”是指因自身无力解决食宿，无亲友投靠，又不享受城市最低生活保障或者农村五保供养，正在城市流浪乞讨度日的人员。

虽有流浪乞讨行为，但不具备前款规定情形的，不属于救助对象。

第三条 流浪乞讨人员向救助站求助时，应当如实提供本人的下列情况：

（一）姓名、年龄、性别、居民身份证或者能够证明身份的其他证件、本人户口所在地、住所地；

（二）是否享受城市最低生活保障或者农村五保供养；

（三）流浪乞讨的原因、时间、经过；

（四）近亲属和其他关系密切亲戚的姓名、住址、联系方式；

（五）随身物品的情况。

第四条　救助站应当向求助的流浪乞讨人员告知救助对象的范围和实施救助的内容，询问与求助需求有关的情况，并对其个人情况予以登记。

第五条　救助站对属于救助对象的，应当及时安排救助；不属于救助对象的，不予救助并告知其理由。

对因年老、年幼、残疾等原因无法提供个人情况的，救助站应当先提供救助，再查明情况。

对拒不如实提供个人情况的，不予救助。

第六条　受助人员不得携带危险物品进入救助站，随身携带的物品，除生活必需品外，由救助站保管，待该受助人员离站时归还。

第七条　省、自治区、直辖市人民政府民政部门应当制定救助站受助人员的作息、卫生、学习等制度。受助人员应当遵守救助站的规章制度。

第八条　救助站为受助人员提供的食物和住处，应当能够满足受助人员的基本健康和安全需要。受助人员食宿定额定量的标准，由省级人民政府民政部门商财政部门具体规定。

第九条　受助人员在站内突发急病的，救助站应当及时送医疗机构治疗。救助站发现受助人员在站内患传染病或者为疑似传染病病人的，应当送当地具有传染病收治条件的医疗机构治疗，并向当地疾病预防控制机构报告，采取必要的消毒隔离措施。

第十条　救助站应当根据受助人员提供的有关情况，及时与受助人员的家属以及受助人员常住户口所在地或者住所地的乡（镇）人民政府、城市街道办事处、该地的公安、民政部门取得联系，核实情况。

救助站发现受助人员故意提供虚假个人情况的，应当终止救助。

第十一条　受助人员返回常住户口所在地、住所地或者所在单位时没有交通费的，由救助站发给乘车（船）凭证，铁道、公路、水运等运输单位验证后准予搭乘相应的公共交通工具。救助站应当将有关情况通知受助人员的亲属及前往地的有关组织、所在单位。

第十二条　救助站应当根据受助人员的情况确定救助期限，一般不超过10天；因特殊情况需要延长的，报上级民政主管部门备案。

第十三条　对受助人员中的残疾人、未成年人或者其他行动不便的人，救助站应当通知其亲属或者所在单位接回；亲属或者所在单位拒不接回的，省内的由流入地人民政府民政部门通知流出地人民政府民政部门接回，送其亲属或者所在单位；跨省的由流入地省级人民政府民政部门通知流出地省级人民政府民政部门接回，送其亲属或者所在单位。

第十四条　对无法查明其亲属或者所在单位，但可以查明其户口所在地、住所地的受助残疾人、未成年人及其他行动不便的人，省内的由流入地人民政府民政部门通知流出地人民政府民政部门接回，送户口所在地、住所地安置；跨省的由流入地省级人民政府民政部门通知流出地省级人民政府民政部门接回，送户口所在地、住所地安置。

第十五条　对因年老、年幼或者残疾无法认知自己行为、无表达能力，因而无法查明其亲属或者所在单位，也无法查明其户口所在地或者住所地的，由救助站上级民政主管部门提出安置方案，报同级人民政府给予安置。

第十六条　受助人员自愿放弃救助离开救助站的，应当事先告知，救助站不得限制。未成年人及其他无民事行为能力人和限制民事行为能力人离开救助站，须经救助站同意。

受助人员擅自离开救助站的，视同放弃救助，救助站应当终止救助。

第十七条　救助站已经实施救助或者救助期满，受助人员应当离开救助站。对无正当理由不愿离站的受助人员，救助站应当终止救助。

第十八条　受助人员户口所在地、住所地的乡级、县级人民政府应当帮助返回的受助人员解决生产、生活困难，避免其再次外出流浪乞讨；对遗弃残疾人、未成年人、老年人的近亲属或者其他监护人，责令其履行抚养、赡养义务；对确实无家可归的残疾人、未成年人、老年人应当给予安置。

第十九条　受助人员在救助站期间应当遵纪守法，不得辱骂、殴打救助站工作人员或者其他受助人员，不得破坏救助设施，不得毁坏、盗窃公私财物，不得无理取闹、扰乱救助工作秩序。

对受助人员的违法行为，救助站工作人员应当及时制止；受助人员违规违纪情节严重的，或者发现受助人员有犯罪嫌疑的，应当及时报请公安机关依法处理。

第二十条　救助站应当建立健全岗位责任制、安全责任制、工作人员行为规范等规章制度，实行规范化管理。

救助站应当将受助人员入站、离站、获得救助等情况如实记载，制作档案妥善保管。

第二十一条　救助站及其工作人员应当严格遵守《救助管理办法》第十条、第十四条第二款规定。对违反规定的，由该救助站的上级民政主管部门责令改正；情节较重的，对直接负责的主管人员和其他直接责任人给予纪律处分；构成犯罪的，依法追究刑事责任。

第二十二条　县级以上地方人民政府民政部门应当加强对救助站的领导和监督管理，履行以下职责：

（一）监督救助站落实救助措施和规章制度；

（二）指导检查救助工作情况；

（三）对救助站工作人员进行教育、培训；

（四）调查、处理救助站及其工作人员违法违纪问题；

（五）帮助救助站解决困难，提供工作条件。

第二十三条　救助站的上级民政主管部门不及时受理救助对象举报，不及时责令救助站履行职责，或者对应当安置的受助人员不报请当地人民政府予以安置的，对直接负责的主管人员和其他直接责任人员依法给予行政处分。

第二十四条　本实施细则自 2003 年 8 月 1 日起施行。

社会救助暂行办法（2019 修订）

第一章 总 则

第一条 为了加强社会救助，保障公民的基本生活，促进社会公平，维护社会和谐稳定，根据宪法，制定本办法。

第二条 社会救助制度坚持托底线、救急难、可持续，与其他社会保障制度相衔接，社会救助水平与经济社会发展水平相适应。

社会救助工作应当遵循公开、公平、公正、及时的原则。

第三条 国务院民政部门统筹全国社会救助体系建设。国务院民政、应急管理、卫生健康、教育、住房城乡建设、人力资源社会保障、医疗保障等部门，按照各自职责负责相应的社会救助管理工作。

县级以上地方人民政府民政、应急管理、卫生健康、教育、住房城乡建设、人力资源社会保障、医疗保障等部门，按照各自职责负责本行政区域内相应的社会救助管理工作。

前两款所列行政部门统称社会救助管理部门。

第四条 乡镇人民政府、街道办事处负责有关社会救助的申请受理、调查审核，具体工作由社会救助经办机构或者经办人员承担。

村民委员会、居民委员会协助做好有关社会救助工作。

第五条 县级以上人民政府应当将社会救助纳入国民经济和社会发展规划，建立健全政府领导、民政部门牵头、有关部门配合、社会力量参与的社会救助工作协调机制，完善社会救助资金、物资保障机制，将政府安排的社会救助资金和社会救助工作经费纳入财政预算。

社会救助资金实行专项管理，分账核算，专款专用，任何单位或者个人不得挤占挪用。社会救助资金的支付，按照财政国库管理的有关规定执行。

第六条　县级以上人民政府应当按照国家统一规划建立社会救助管理信息系统，实现社会救助信息互联互通、资源共享。

第七条　国家鼓励、支持社会力量参与社会救助。

第八条　对在社会救助工作中作出显著成绩的单位、个人，按照国家有关规定给予表彰、奖励。

第二章　最低生活保障

第九条　国家对共同生活的家庭成员人均收入低于当地最低生活保障标准，且符合当地最低生活保障家庭财产状况规定的家庭，给予最低生活保障。

第十条　最低生活保障标准，由省、自治区、直辖市或者设区的市级人民政府按照当地居民生活必需的费用确定、公布，并根据当地经济社会发展水平和物价变动情况适时调整。

最低生活保障家庭收入状况、财产状况的认定办法，由省、自治区、直辖市或者设区的市级人民政府按照国家有关规定制定。

第十一条　申请最低生活保障，按照下列程序办理：

（一）由共同生活的家庭成员向户籍所在地的乡镇人民政府、街道办事处提出书面申请；家庭成员申请有困难的，可以委托村民委员会、居民委员会代为提出申请。

（二）乡镇人民政府、街道办事处应当通过入户调查、邻里访问、信函索证、群众评议、信息核查等方式，对申请人的家庭收入状况、财产状况进行调查核实，提出初审意见，在申请人所在村、社区公示后报县级人民政府民政部门审批。

（三）县级人民政府民政部门经审查，对符合条件的申请予以批准，并在申请人所在村、社区公布；对不符合条件的申请不予批准，并书面向申请人说明理由。

第十二条　对批准获得最低生活保障的家庭，县级人民政府民政部门按照共同生活的家庭成员人均收入低于当地最低生活保障标准的差额，按月发给最低生活保障金。

对获得最低生活保障后生活仍有困难的老年人、未成年人、重度残疾人和重病患者，县级以上地方人民政府应当采取必要措施给予生活保障。

第十三条　最低生活保障家庭的人口状况、收入状况、财产状况发生变化的，应当及时告知乡镇人民政府、街道办事处。

县级人民政府民政部门以及乡镇人民政府、街道办事处应当对获得最低生活保障家庭的人口状况、收入状况、财产状况定期核查。

最低生活保障家庭的人口状况、收入状况、财产状况发生变化的，县级人民政府民政部门应当及时决定增发、减发或者停发最低生活保障金；决定停发最低生活保障金的，应当书面说明理由。

第三章　特困人员供养

第十四条　国家对无劳动能力、无生活来源且无法定赡养、抚养、扶养义务人，或者其法定赡养、抚养、扶养义务人无赡养、抚养、扶养能力的老年人、残疾人以及未满16周岁的未成年人，给予特困人员供养。

第十五条　特困人员供养的内容包括：

（一）提供基本生活条件；

（二）对生活不能自理的给予照料；

（三）提供疾病治疗；

（四）办理丧葬事宜。

特困人员供养标准，由省、自治区、直辖市或者设区的市级人民政府确定、公布。

特困人员供养应当与城乡居民基本养老保险、基本医疗保障、最低生活保障、孤儿基本生活保障等制度相衔接。

第十六条　申请特困人员供养，由本人向户籍所在地的乡镇人民政府、街道办事处提出书面申请；本人申请有困难的，可以委托村民委员会、居民委员会代为提出申请。

特困人员供养的审批程序适用本办法第十一条规定。

第十七条　乡镇人民政府、街道办事处应当及时了解掌握居民的生活情况，发现符合特困供养条件的人员，应当主动为其依法办理供养。

第十八条　特困供养人员不再符合供养条件的，村民委员会、居民委员会或者供养服务机构应当告知乡镇人民政府、街道办事处，由乡镇人民政府、街道办事处审核并报县级人民政府民政部门核准后，终止供养并予以公示。

第十九条　特困供养人员可以在当地的供养服务机构集中供养，也可以在家分散供养。特困供养人员可以自行选择供养形式。

第四章　受灾人员救助

第二十条　国家建立健全自然灾害救助制度，对基本生活受到自然灾害严重影响的人员，提供生活救助。

自然灾害救助实行属地管理，分级负责。

第二十一条　设区的市级以上人民政府和自然灾害多发、易发地区的县级人民政府应当根据自然灾害特点、居民人口数量和分布等情况，设立自然灾害救助物资储备库，保障自然灾害发生后救助物资的紧急供应。

第二十二条　自然灾害发生后，县级以上人民政府或者人民政府的自然灾害救助应急综合协调机构应当根据情况紧急疏散、转移、安置受灾人员，及时为受灾人员提供必要的食品、饮用水、衣被、取暖、临时住所、医疗防疫等应急救助。

第二十三条　灾情稳定后，受灾地区县级以上人民政府应当评估、核定并发布自然灾害损失情况。

第二十四条　受灾地区人民政府应当在确保安全的前提下，对住房损毁严重的受灾人员进行过渡性安置。

第二十五条　自然灾害危险消除后，受灾地区人民政府应急管理等部门应当及时核实本行政区域内居民住房恢复重建补助对象，并给予资金、物资等救助。

第二十六条　自然灾害发生后，受灾地区人民政府应当为因当年冬寒或者次年春荒遇到生活困难的受灾人员提供基本生活救助。

第五章　医疗救助

第二十七条　国家建立健全医疗救助制度，保障医疗救助对象获得基本医疗卫生服务。

第二十八条　下列人员可以申请相关医疗救助：

（一）最低生活保障家庭成员；

（二）特困供养人员；

（三）县级以上人民政府规定的其他特殊困难人员。

第二十九条　医疗救助采取下列方式：

（一）对救助对象参加城镇居民基本医疗保险或者新型农村合作医疗的个人缴费部分，给予补贴；

（二）对救助对象经基本医疗保险、大病保险和其他补充医疗保险支付后，个人及其家庭难以承担的符合规定的基本医疗自负费用，给予补助。

医疗救助标准，由县级以上人民政府按照经济社会发展水平和医疗救助资金情况确定、公布。

第三十条　申请医疗救助的，应当向乡镇人民政府、街道办事处提出，经审核、公示后，由县级人民政府医疗保障部门审批。最低生活保障家庭成员和特困供养人员的医疗救助，由县级人民政府医疗保障部门直接办理。

第三十一条　县级以上人民政府应当建立健全医疗救助与基本医疗保险、大病保险相衔接的医疗费用结算机制，为医疗救助对象提供便捷服务。

第三十二条　国家建立疾病应急救助制度，对需要急救但身份不明或者无力支付急救费用的急重危伤病患者给予救助。符合规定的急救费用由疾病应急救助基金支付。

疾病应急救助制度应当与其他医疗保障制度相衔接。

第六章　教育救助

第三十三条　国家对在义务教育阶段就学的最低生活保障家庭成员、特困供养人员，给予教育救助。

对在高中教育（含中等职业教育）、普通高等教育阶段就学的最低生活保障家庭成员、特困供养人员，以及不能入学接受义务教育的残疾儿童，根据实际情况给予适当教育救助。

第三十四条　教育救助根据不同教育阶段需求，采取减免相关费用、发放助学金、给予生活补助、安排勤工助学等方式实施，保障教育救助对象基本学习、生活需求。

第三十五条　教育救助标准，由省、自治区、直辖市人民政府根据经济社会发展水平和教育救助对象的基本学习、生活需求确定、公布。

第三十六条　申请教育救助，应当按照国家有关规定向就读学校提出，按规定程序审核、确认后，由学校按照国家有关规定实施。

第七章　住房救助

第三十七条　国家对符合规定标准的住房困难的最低生活保障家庭、分散供养的特困人员，给予住房救助。

第三十八条　住房救助通过配租公共租赁住房、发放住房租赁补贴、农村危房改造等方式实施。

第三十九条　住房困难标准和救助标准，由县级以上地方人民政府根据本行政区域经济社会发展水平、住房价格水平等因素确定、公布。

第四十条　城镇家庭申请住房救助的，应当经由乡镇人民政府、街道办事处或者直接向县级人民政府住房保障部门提出，经县级人民政府民政部门审核家庭收入、财产状况和县级人民政府住房保障部门审核家庭住房状况并公示后，对符合申请条件的申请人，由县级人民政府住房保障部门优先给予保障。

农村家庭申请住房救助的，按照县级以上人民政府有关规定执行。

第四十一条　各级人民政府按照国家规定通过财政投入、用地供应等措施为实施住房救助提供保障。

第八章　就业救助

第四十二条　国家对最低生活保障家庭中有劳动能力并处于失业状态的成员，通过贷款贴息、社会保险补贴、岗位补贴、培训补贴、费用减免、公益性岗位安置等办法，给予就业救助。

第四十三条　最低生活保障家庭有劳动能力的成员均处于失业状态的，县级以上地方人民政府应当采取有针对性的措施，确保该家庭至少有一人就业。

第四十四条　申请就业救助的，应当向住所地街道、社区公共就业服务机构提出，公共就业服务机构核实后予以登记，并免费提供就业岗位信息、职业介绍、职业指导等就业服务。

第四十五条　最低生活保障家庭中有劳动能力但未就业的成员，应当接受人力资源社会保障等有关部门介绍的工作；无正当理由，连续 3 次拒绝接受介绍的与其健康状况、劳动能力等相适应的工作的，县级人民政府民政部门应当决定减发或者停发其本人的最低生活保障金。

第四十六条　吸纳就业救助对象的用人单位，按照国家有关规定享受社会保险补贴、税收优惠、小额担保贷款等就业扶持政策。

第九章　临时救助

第四十七条　国家对因火灾、交通事故等意外事件，家庭成员突发重大疾病等原因，导致基本生活暂时出现严重困难的家庭，或者因生活必需支出突然增加超出家庭承受能力，导致基本生活暂时出现严重困难的最低生活保障家庭，以及遭遇其他特殊困难的家庭，给予临时救助。

第四十八条　申请临时救助的，应当向乡镇人民政府、街道办事处提出，经审核、公示后，由县级人民政府民政部门审批；救助金额较小的，县级人民政府民政部门可以委托乡镇人民政府、街道办事处审批。情况紧急的，可以按照规定简化审批手续。

第四十九条　临时救助的具体事项、标准，由县级以上地方人民政府确定、公布。

第五十条　国家对生活无着的流浪、乞讨人员提供临时食宿、急病救治、协助返回等救助。

第五十一条　公安机关和其他有关行政机关的工作人员在执行公务时发现流浪、乞讨人员的，应当告知其向救助管理机构求助。对其中的残疾人、未成年人、老年人和行动不便的其他人员，应当引导、护送到救助管理机构；对突发急病人员，应当立即通知急救机构进行救治。

第十章　社会力量参与

第五十二条　国家鼓励单位和个人等社会力量通过捐赠、设立帮扶项目、创办服务机构、提供志愿服务等方式，参与社会救助。

第五十三条　社会力量参与社会救助，按照国家有关规定享受财政补贴、税收优惠、费用减免等政策。

第五十四条　县级以上地方人民政府可以将社会救助中的具体服务事项通过委托、承包、采购等方式，向社会力量购买服务。

第五十五条　县级以上地方人民政府应当发挥社会工作服务机构和社会工作者作用，为社会救助对象提供社会融入、能力提升、心理疏导等专业服务。

第五十六条　社会救助管理部门及相关机构应当建立社会力量参与社会救助的机制和渠道，提供社会救助项目、需求信息，为社会力量参与社会救助创造条件、提供便利。

第十一章　监督管理

第五十七条　县级以上人民政府及其社会救助管理部门应当加强对社会救助工作的监督检查，完善相关监督管理制度。

第五十八条　申请或者已获得社会救助的家庭，应当按照规定如实申报家庭收入状况、财产状况。

县级以上人民政府民政部门根据申请或者已获得社会救助家庭的请求、委托，可以通过户籍管理、税务、社会保险、不动产登记、工商登记、住房公积金管理、车船管理等单位和银行、保险、证券等金融机构，代为查询、核对其家庭收入状况、财产状况；有关单位和金融机构应当予以配合。

县级以上人民政府民政部门应当建立申请和已获得社会救助家庭经济状况信息核对平台，为审核认定社会救助对象提供依据。

第五十九条　县级以上人民政府社会救助管理部门和乡镇人民政府、街道办事处在履行社会救助职责过程中，可以查阅、记录、复制与社会救助事项有关的资料，询问与社会救助事项有关的单位、个人，要求其对相关情况作出说明，提供相关证明材料。有关单位、个人应当如实提供。

第六十条　申请社会救助，应当按照本办法的规定提出；申请人难以确定社会救助管理部门的，可以先向社会救助经办机构或者县级人民政府民政部门求助。社会救助经办机构或者县级人民政府民政部门接到求助后，应当及时办理或者转交其他社会救助管理部门办理。

乡镇人民政府、街道办事处应当建立统一受理社会救助申请的窗口，及时受理、转办申请事项。

第六十一条　履行社会救助职责的工作人员对在社会救助工作中知悉的公民个人信息，除按照规定应当公示的信息外，应当予以保密。

第六十二条　县级以上人民政府及其社会救助管理部门应当通过报刊、广播、电视、互联网等媒体，宣传社会救助法律、法规和政策。

县级人民政府及其社会救助管理部门应当通过公共查阅室、资料索取点、信息公告栏等便于公众知晓的途径，及时公开社会救助资金、物资的管理和使用等情况，接受社会监督。

第六十三条　履行社会救助职责的工作人员行使职权，应当接受社会监督。

任何单位、个人有权对履行社会救助职责的工作人员在社会救助工作中的违法行为进行举报、投诉。受理举报、投诉的机关应当及时核实、处理。

第六十四条　县级以上人民政府财政部门、审计机关依法对社会救助资金、物资的筹集、分配、管理和使用实施监督。

第六十五条　申请或者已获得社会救助的家庭或者人员，对社会救助管理部门作出的具体行政行为不服的，可以依法申请行政复议或者提起行政诉讼。

第十二章　法律责任

第六十六条　违反本办法规定，有下列情形之一的，由上级行政机关或者监察机关责令改正；对直接负责的主管人员和其他直接责任人员依法给予处分：

（一）对符合申请条件的救助申请不予受理的；

（二）对符合救助条件的救助申请不予批准的；

（三）对不符合救助条件的救助申请予以批准的；

（四）泄露在工作中知悉的公民个人信息，造成后果的；

（五）丢失、篡改接受社会救助款物、服务记录等数据的；

（六）不按照规定发放社会救助资金、物资或者提供相关服务的；

（七）在履行社会救助职责过程中有其他滥用职权、玩忽职守、徇私舞弊行为的。

第六十七条　违反本办法规定，截留、挤占、挪用、私分社会救助资金、物资的，由有关部门责令追回；有违法所得的，没收违法所得；对直接负责的主管人员和其他直接责任人员依法给予处分。

第六十八条　采取虚报、隐瞒、伪造等手段，骗取社会救助资金、物资或者服务的，由有关部门决定停止社会救助，责令退回非法获取的救助资金、物资，可以处非法获取的救助款额或者物资价值 1 倍以上 3 倍以下的罚款；构成违反治安管理行为的，依法给予治安管理处罚。

第六十九条　违反本办法规定，构成犯罪的，依法追究刑事责任。

第十三章　附　　则

第七十条　本办法自 2014 年 5 月 1 日起施行。

二、联动机制案例

失忆老人走失 13 年，终在广州圆了团圆梦

杨欣　李国全　覃汉鹏　张萌

2023 年 10 月，在广州市尚丙辉社会工作服务中心等待的李先生见到多年未见的父亲，无比激动地揽住了父亲的肩膀，他身后的姐姐忍不住红了眼眶。此时，距离李老伯出门意外走失，已经过去了整整 13 年。就在广州，这场寻亲之路终于走向圆满的终点。而每一个参与过寻亲工作的人都知道，其中充满不易。

一、出门理发，不慎走丢

2010 年，原籍四川省广元县的李先生一家在增城新塘镇开快餐店。中秋节这天，李老伯捏着 10 元钱去楼下理发，后不知所终。李老伯因曾做过手术导致神经错乱，记忆模糊，搬到新城市后又失去了方向感，因而才出门没多远就失去了踪影。

父亲走丢后，一家人心急如焚，李先生和家人在街上找寻了两天未果，便到当地派出所报了案。原以为父亲行动不便利走不了多远，没想到找寻多年，杳无音信。每每提到当时情景，李老伯的女儿情不自禁落下眼泪。

二、路遇好人，幸得收留

2010 年的冬天，广州气温急剧下降，行人都裹上了厚厚的外套，何先生照常开车去拉废品。然而车没开出多远，就在街边发现了一位衣着单薄的流浪老人，旁边还有堆积如山的废品。在同情心的驱使下，何先生下车走到老人跟前进行简单的交流，老人自述姓茅，来自四川，但不知道老家具体在哪里。

天寒地冻，老人站在寒风中瑟瑟发抖。何先生就对他说："这么冷的天还在外面流浪，要不要我帮你找个活干?"闻言，老人不假思索地答应了下来。就这样，老人随何先生来到废品站。在后来的工作中，何先生发现老人经常忘事，干不了复杂的活，平日里就让李老伯坐着守厂子的仓库门。在长达13年的时间里，何先生一家早已把他当作亲人，每到饭点还要亲自帮他打饭，甚至每年都会带他回家过年。当然，他也曾尝试帮老人寻找亲人，后来都没了下文。2023年9月，何先生的厂房面临拆迁，他找到尚丙辉社会工作服务中心，请求暂时安置李老伯，并帮助其寻找家人。

三、合力救助，听音辨人

9月21日上午，何先生怀着忐忑不安的心情来到了广州市尚丙辉社会工作服务中心寻求帮助。对此，尚丙辉表示将竭尽全力帮李老伯寻找亲人，然而一开始就遇到了困难。

李老伯不会讲普通话，家乡口音浓重，且记忆模糊、叙事逻辑混乱，这些都成为帮他找回家人的难点问题。尚丙辉尝试与李老伯交流，发现李老伯能听懂普通话，但他很难听懂李老伯的方言。

大家问他的名字，他说他叫"茅布伟大。"众人闻言不敢相信，反复询问多遍依然得到了相同的回答。

"那你哥哥叫什么名字?"尚丙辉继续追问。

"他叫茅布伟大布。"他的回答让众人陷入沉默，也给寻亲增加了不少难度。

考虑到他是四川人，当天中午，尚丙辉邀请了广州开发区善德助学促进会会长夏晓英助力寻亲。夏晓英也来自四川，多年前曾与尚丙辉合作，成功帮助一名四川老乡返乡。在夏晓英的帮助下，语言沟通不再那么困难。交流过程中，大家发现老人的记忆总是断断续续，语言逻辑比较混乱。经过几个小时的不懈努力，终于得知他来自四川广安。而令人意外的是，虽然他记不清自己的名字，却仍记得有一个儿子叫茅良军，孙子叫茅江南。在他的身上，我们看到了亲情的力量。不管自己变成什么样子，他永远都把儿女放在心上。

四、圆团圆梦，筑返乡路

当天下午，尚丙辉通过老人提供的地址联系到当地村书记，被告知没有“茅布伟大”这个人，却有一个叫李某军的人，而且他的父亲的确已经走失多年。尚丙辉立即向村书记发起视频通话，视频中村民纷纷认出，李老伯就是本村失踪多年的“李某华”！13 年的谜题此刻终于真相大白，而尚丙辉也和李老伯的亲属取得了联系。

故事总是出人意料，原来多年前的一场医疗事故，让李老伯的神经受损，时常失去记忆。2010 年的八月十五中秋节，他独自出去理发，从此和家人失去了联系。当时女儿已经怀孕，得知父亲失踪她只能干着急，以至于变成了自己的心病。一家人试遍了所有的办法，都没有找到他的踪迹。殊不知，李老伯一直就在广州。

9 月 22 日中午，联动机制联合办公室组织了一场认亲会，在广州市救助管理站市区分站、尚丙辉社会工作服务中心、善德助学促进会以及志愿者们的见证下，李老伯一家人终于得以相聚。团圆时刻，女儿不停地倾诉这些年的思念，不觉已泪流满面。李老伯神经受损，忘记了很多事情，花了好一会才认出自己的一双儿女。李老伯的女儿情绪激动，几度落泪，对父亲的一声声呼唤令在场之人无不动容。李老伯虽记忆混乱，但仍记得儿子、女儿的名字，还记得孙子的小名是江南。李先生哽咽地告诉他爸爸，他走丢那年孙子才 1 岁多，现在都上初中了。

李老伯走丢时恰逢中秋，如今经过联动机制的高效寻亲手段，一家人在今年中秋节前喜获团圆。相关负责人表示，这恰恰是开展寻亲工作的意义所在，而近年来，广州市救助站市区分站高度重视社会力量参与救助管理和寻亲工作，拓宽救助寻求工作渠道，不断提升救助及寻亲工作的时效性，帮助了一个又一个家庭重归团圆。

（本案例由李锦顺根据 2023 年 10 月 20 日《广州日报》的报道改编而成）

广州建立“救助联动机制”，帮助在外流浪 31 年的听障人士返回家乡

李斯璐　潘芝珍　严蓉

很难想象，一个不识字不懂手语的听障人士，与亲人失散流落异乡数十年后，怎么才能圆他的“回家梦”？广州公益机构通过救助管理部门织密救助网，大批社工和志愿者千方百计为流浪者铺就“回家路”。致力于服务外来人员的广州公益人尚丙辉，对口不能言，手不能写，耳不能听的听障“街友”，他与团队早已练就“十八般武艺”——引导对方模仿亲人特征、让他们“画”出记忆中的家乡、观察饮食习惯分析南北特征……蛛丝马迹，都可能是助其返乡的重要线索。

一、在外流浪 31 年，亲人赴穗

2023 年 6 月 28 日晚上，70 多岁的黄老伯带着二妹和五妹一家，风尘仆仆地驱车赶赴广州。黄老伯解释，一大家子从安徽赶来，是为了与失踪 31 年的弟弟相认。

黄老伯手上攥着一张年代久远的一代手写身份证。这张身份证是他弟弟的，他弟弟在家中排行第四，先天听障。1991 年，安徽发生特大洪水灾害，慌乱之中弟弟突然失踪。黄老伯回忆说，因为弟弟是听障人士，寻找过程尤其艰难，亲友都以为他在洪水中遇难了，黄老伯的父亲，日夜盼着弟弟回家，直到离世前还嘱咐他们要继续打听老四的下落。

2023 年 5 月，当地民警通过曾经的报警记录联系到黄老伯，询问尘封 30 多年的人口失踪旧案。“弟弟可能活着！广州有好心人联系到镇里的派出所了。”黄老伯激动地将好消息告知大家族内的每个人。

在民警的指引下，黄老伯进行了 DNA 采集。一个月后，喜讯从遥远的广州传来：一名被公益机构救助的听障流浪人员——“黄一”，与他的 DNA 成功匹配。

救助黄一的正是天河好人尚丙辉关爱外来人员工作室。今年 3 月底，黄一在朋友陪同下登门求助。一见面，黄一就拍着自己胸口，双手交叠成三角形，并用两根手指比画着走路的动作。这个动作表明，黄一想找到自己的家。

这位年过五旬的听障老人只会写“黄一”两个字，所用手语也是自创，很难通过交流获取更多线索。最近，黄一看见有其他听障人士通过尚丙辉团队成功找到亲人，他也想试试。

看似毫无头绪的寻亲，对于有强大后援的尚丙辉团队而言，并非难题。他们就像是广州市救助管理站的前哨，可以委托站内通过一系列高科技的比对查询寻找突破口。尚丙辉带黄一完成了 DNA 样本的采集，同时通过多个开通寻亲功能的社交网络平台发布了他的视频。在视频镜头前的黄一，归心似箭的心情溢于言表。他尽管忘了自己来自何处，怎样来到广州，但不断重复手语里“爸爸”的动作，模仿爸爸一瘸一拐的走路模样，看得让人又好笑，又心酸。

通过先进的“祖籍鉴定”法，黄一被确定是安徽、河南一带人氏，在尚丙辉团队与安徽警方联动下，他终于与合肥的亲人“视频见面”。视频联通那一刻，远在合肥的黄老伯一眼就认出了弟弟，不禁老泪纵横。他叫阿明，是他弟弟黄老四！

6 月 28 日拿到 DNA 鉴定报告后，黄老伯就带着家人迫不及待地赶往广州。

听障人士耳不能闻，口不能言，与流浪的健全人相比，他们谋生更加不易，很容易误入歧途，寻亲之路障碍更多。努力促使听障人员成功回家，他们才能在家人的温情中走出新路、获得新生，避免因漂泊流落引发风险，甚至危害社会。

为听障人士寻亲主要有三种方法：人脸识别比对；通过 DNA 比对或祖籍鉴定来确定；通过手语翻译与听障人士交流，根据他们的记忆圈定其“来处”。流浪人员提供的家庭信息，是寻亲成功的重要依据。以 2022 年一年为例，通过尚丙辉团队求助的寻亲听障人，绝大多数没有身份信息，认字不多，手语不规范，既不知自己姓名又不知籍贯所在，他们的真名实姓，大多是找到家人后才知道的。

有困难，就要想办法，尚丙辉团队在多年“实战”中摸索出不少经验。对于地域指向不明的，常常根据我国南北饮食、风俗、自然风光等一系列地域特征罗列出信息，然后一一与求助人比画交流，搜罗有效回应，先从南方、北方的大方向定位。

任何细节都可能是寻亲的突破口。比如，引导听障人士回忆家乡任何人名、山水形状，甚至坟墓建造特点等。救助团队会像侦探一样，抓住任何蛛丝马迹，然后发布到网络查询，收集线索。2023 年 3 月，一名听障流浪人员画出自家房后墓地，其独特的外形立刻引起志愿者关注，循着这条线索，成功地找到该名流浪人员的家人。

同时，不管求助听障人士是否记得个人信息，尚丙辉团队都会依托广州市救助管理站搭建的“全国交流、省内互享、市内共享”的三级寻亲资源共享平台展开快速比对查询、人口数据模糊查询、DNA 指模信息比对、智慧寻亲、流出地协查、救助系统推送、传统纸媒公告、网络媒体等，多管齐下，提高寻亲成功率。

二、突破层层壁垒，半年送十多名听障人士回家

坚持梳理方法、不断积累经验。2023 年以来，广州市救助站联动尚丙辉团队，促使超过 10 名听障“街友”成功认亲。

2023 年 6 月 15 日，离家 18 年，在广州拾荒为生的 40 岁听障人员陈小东，在尚丙辉工作室顺利与父亲、哥哥、妹妹“网络认亲”。为小东寻家，尚丙辉团队花了大约半年时间。和阿明一样，没读过书的小东只会写“陈小东”3 个字。在社工和志愿者的耐心引导下，小东比画出一些指向家乡、亲人的关键信息。他小时候最常吃的是馒头，所以大致推测小东是北方人。尚丙辉找来致力为听障人士寻亲的“酱油寻亲志愿服务队”广州分队的志愿者，让小东看图片、画图，与他深度沟通。最终，大家为小东梳理出一个方向：小东的家乡冬天积雪大约 20 厘米厚，主食吃馒头，地里庄稼

套种黄豆，各种信息符合河南一带地貌风俗。

联动机制的队友遍布全国各地，只要找准方向，当地志愿者通过走访很快就能锁定寻亲人员的居住地。正是千百名志愿者接力“筑路”，流浪人员才一步步被送回到亲人身边。根据“只吃牛肉、羊肉”的饮食习惯，往宁夏方向成功为一名听障流浪人员寻回亲人；根据求助人提供的 5 个“同学姓名”，锁定他曾经入读的特殊学校，顺藤摸瓜找到求助者父母。这完全得益于现代高科技。当前，资讯、网络信息、人脸识别、鉴定技术应用范围越来越广泛，寻亲的家属不妨到派出所录入 DNA，有了“双向奔赴”条件，更多家庭就能更快团聚，哪怕身体有障碍，难度也相对缩小。

三、温暖亲情陪伴，“游子”安然回归社会

回归家庭后，听障人士自内而外会焕然一新。有人因为自己的经历自发劝导其他听障伙伴到工作室求助，也有人迅速融入家庭，重拾失去多年的家庭温暖。有人平时在家里帮着做家务，主动和侄儿、外甥玩耍，现在是家里的孩子王。

小东回家后，广州市救助站还帮忙对接了当地民政部门和派出所办理证件，回家不到一个月，他的身份证、社保卡就已经办好，也用回了原来的名字。

对部分流落异乡又身份不明的听障人士来说，他们日常能通过拾荒或打散工自给自足。但救助社会工作者仍然鼓励他们回家。只有回到亲人身边，取得身份认证，国家对残障群体的兜底保障政策才能落实到位。他们在老家有了生活保障，就不用外出拾荒。身份信息经过数字信息录入，也能在二次走失后及时找回。

（本案例由李锦顺根据 2023 年 7 月 5 日《新快报》的报道改编而成）

后　记

流浪救助服务工作是社会工作的天然元素。社会工作最初的服务就是救助贫困者，对象是物质生活最困难的群体。早期的慈善家帮助的是城市中那些无家可归的流浪者、儿童和老人、因失业等原因而致的贫困者等基本物质生活或生存受到严重威胁的人。在服务的过程中，社会工作不断走向专业化、社会化、本土化。

流浪社会救助是针对困难人员的基本生活和衣食冷暖的兜底性服务。在流浪乞讨社会救助过程中，我意外创作了《广州救助之歌》。这首歌曲唱出了救助工作人员主动作为，关注、关爱、关心服务对象的工作态度和暖心情怀。该歌曲由我作词，星海音乐学院唐宏杰作曲，蒲明琪、邹欣晨演唱。这是我继《帝田之恋》《神奇凤二》《布衣院士之歌》《你我都是慈善家》后创作的第五首歌曲。其歌词是：

风风雨雨，大街小巷，我们不知你的模样。

风风雨雨，送温送暖，我们都是你的避风港。

你的流浪，是我们的忧伤。木棉花开的大地上，一人有难大家帮。

你的流浪，是我们的忧伤。紫荆花开的大地上，人间真情暖心房。

风风雨雨，茫茫人海，我们寻找你的足迹。

爱在传递，爱在接力，我们用爱创造奇迹。

你的风雨，是我们的风雨。你回家的笑容，是我们的幸福在荡漾。

你的坎坷，是我们的坎坷。你家人的笑容，是我们的幸福在荡漾。

啊，在新时代的征程上，我们追逐我们的梦想。

啊，在新时代的征程上，我们要实现我们的梦想。

我从 2015 年开始关注流浪救助实务，时光荏苒，岁月如梭，一转眼就过去了 10 年。反思这 10 年，失去的特别多，得到的也特别多。若从职称上来看，从未来退休工资上来看，失去的是整个“地球”。但是我也得到了很多快乐，可以说是得到了整个“宇宙”。在服务的过程中，我结识到了众多真正的好人，真正有良心的人，真正脱离了名利追逐的人，真正愿意服务别人的人，特别是服务流浪乞讨人员的人。要知道，流浪乞讨人员，是很多人唯恐避之不及、一生都不愿意见到的，更不要说蹲下身子，冬天去送温暖，夏天去送清凉了。

这群人的的确确是需要得到社会帮助的人，也考验着社会工作专业学生和从业人员是不是具有真正的社工精神，是社工真正的试金石。有的学生父母认为，自己的孩子好不容易考上大学，就是奔着自身的光明前程而来的，从事流浪乞讨救助服务有什么出息？支持自己的孩子当社工可以，但是从事流浪乞讨救助服务绝对不可以。父母有这种想法很正常，说明社会的文明程度还没有达到应有的水平，还有待提升。但是，对一个有专业训练的社会工作人员来说，如果有这种想法，就很难理解了。

“落其实者思其树，饮其流者怀其源。”本书之所以能够出版，是因为得到了诸多领导和朋友的支持，是他们唤醒了我的迷惘，哺育了我的自信，催发了我的青春和征帆。

非常感谢民政部门的领导和学院领导。广东省民政厅、广州市民政局以及广州市救助站的相关领导严谨认真指导我从事流浪救助服务。向他们请教时，他们画龙点睛的点评常常让我有一种“问渠那得清如许？为有源头活水来”之感。和他们谈话、聊天，常常有“忽如一夜春风来，千树万树梨花开”的快乐。我有自身的短板，学院领导包容我、理解我，使我有了更强劲的动力。

非常感谢大社会杂志社允许我开设专栏。《大社会》杂志是广东省民政厅主管、广东省社会工作协会主办的杂志，有着突出的“大社会，大视野，大治理，大和谐”的特色，是广东全省民政工作和社会组织的权威媒体及平台，是宣传民政和社会组织工作的主阵地之一。非常感谢《大社会》给我提供开辟专栏、宣传流浪救助研究的平台。本书第五章就是糅合了我主笔的几篇专栏文章进行新的加工而成。这5章内容实际上就是5篇专业研究。本书是广州市尚丙辉社会工作服务中心和华南农业大学签订，由我承接的“促进社会力量参与生活无着的流浪乞讨人员救助服务联动机制服务项目社会工作督导出新出彩服务”项目的重要延伸成果。

非常感谢从事流浪乞讨救助的社会工作服务团队。赵广军、尚丙辉、王连权、胡誉怀、李桂泉、肖锐成、陈伟焯、张世伟、何延妍等都是开展流浪社会救助服务的领军人。非常感谢广州市救助管理站市区分站领导和朋友的支持。他们求实务实、敢闯敢拼的奋进精神，平易近人、精力充沛的服务风貌和处事方式，一直是我学习和钦佩之处。他们全身心投入、工作勤奋刻苦及没有假期概念的奉献精神，一直激励着我努力学习流浪乞讨救助的知识和实务经验，以期更上一层楼。

感谢我的研究生。应该承认，我对我的研究生要求是比较严格的，有时候甚至苛刻。我要求我的研究生一定要有扎实的专业素养、严谨的学术态度和乐观的人生态度。感谢他们能够理解我，默默地支持我。他们的支持和赞许的眼神，何尝不是最美的眼神？师生的前行，是相互支持的。“三人行，必有我师焉”，学生也是我的老师。新竹高于旧竹枝，不正是缘于他们的扶持和帮助吗?!

学海无涯。活到老，学到老，干到老，这就是人生的追求。人生要过得快乐和有意义，愿意承担社会责任和义务是一种选择。把自己学到的知识应用于公益事业，承担社会责任和义务，我想我才能在人生中真正得到更多的成就感、获得感和满足感。

在写作的过程中，我们参考了一些专家和学者的论文和专著，在此向这些作者表示感谢和敬意。本书的分工如下，第一章由李锦顺、叶媛媛、胡妮琴、陈少颜整理撰写；第二章由叶媛媛、李锦顺撰写；第三章由胡妮琴撰写；第四章由陈少颜撰写；第五章和后记主要由李锦顺撰写。本书的提纲由李锦顺拟定，全书由李锦顺统稿。附录中的联动机制案例由李锦顺分别根据 2023 年 10 月 20 日的《广州日报》和 2023 年 7 月 5 日的《新快报》的报道改编而成。

写到这里，很想对在墨尔本大学攻读计算机硕士的儿子李昌文说几句话。成功来之不易，你今天的成功是爷爷姥姥辈、父亲母亲辈长期积累的结果。“碧玉妆成一树高，万条垂下绿丝绦。不知细叶谁裁出，二月春风似剪刀。”单靠你自己，是很难成功的。学到的技能更不要荒废。是否还每天练习小提琴？是否还记得你读过的文科经典书籍？文科和理科是两个看似没有交叉的学科领域，但在现代社会中两个领域已经相互融合了。文科和理科相结合可以促进跨学科交流和合作，可以提高人的综合素养，可以培养人的创造力和创新意识，有助于更好地理解自己和社会。期望你琴声永远悠扬，期望你的专业水平和学习能力也能够百尺竿头更进一步。

让我们以更谦卑的态度、更严格的要求、更用心的付出，来提升自己的服务能力和服务水平，去获取更多的快乐！

李锦顺

2023 年 12 月 30 日于广州花仙谷